페이머스:
왜 그들만 유명할까

페이머스

왜 그들만 유명할까

캐스 선스타인 지음 | **박세연** 옮김

How To Become Famous

한국경제신문

서맨사 파워에게 바칩니다.

로큰롤 스타가 되고 싶은가?

그렇다면 지금부터 내가 하는 말을 잘 듣길

먼저 전자 기타를 한 대 장만하자

그리고 시간을 들여 연주법을 배우자

-버즈(The Byrds)

빠르다고 경주에서 이기는 게 아니며, 강하다고 전쟁에서 승리하는 게 아니며, 똑똑하다고 빵을 얻는 게 아니며, 지식이 있다고 부유한 게 아니며, 기술이 있다고 은총을 받는 게 아니다. 다만 그들 모두에게 시간과 기회가 임함이니라.

-전도서

기자: 자신이 왜 유명해졌는지 전혀 모르고 계신 것 같군요.

밥 딜런: 유명해지려고 노력한 적이 없습니다. 그냥 유명해졌습니다. 다른 모든 일처럼 그렇게 됐습니다. 그냥 그렇게요. 이미 벌어진 일을 이해하려고 하지 마세요. 지금 당신은 벌어진 일을 파헤치고 있군요. 그것에 대해서는 한마디도 하지 않을 겁니다.

차례

How To Become Famous

갈림길

1964년 2월 9일. 약 7,300만 명의 미국인이 TV 앞에 모여 앉았다. 모두 잔뜩 흥분해 있다. 표정은 기대로 가득하다. 그들은 지금 새로운 밴드가 미국에 와서 처음으로 공연하는 장면을 지켜보고 있다. 그런데 밴드의 이름이 좀 특이했다. 그들은 비틀스(The Beatles)였다.

그 밴드에서 존 레넌(John Lennon)과 링고 스타(Ringo Starr)는 가장 나이가 많은 스물세 살이었다. 그리고 폴 매카트니(Paul McCartney)는 스물한 살, 조지 해리슨(George Harrison)은 겨우 스물이었다. 그 어린 뮤지션들은 유명하지만 좀 지루한 연예 프로그램인 〈에드 설리번 쇼(Ed Sullivan Show)〉에 출연했다. 그 방송국의 입장권 728장은 모두 매진되었다. 공연을 보려고 신청했던 사람은 5만 명에 이르렀다.[1] 설리번은 출연자들을 이렇게 소개했다.

어제와 오늘 전국에서 온 신문기자와 수백 명의 사진가들이 공연장을 가득 메워줬습니다. 이들 전문가는 비틀스라는 리버풀 출신 청년들이 우리 도시에서 한 번도 느껴보지 못한 흥분을 선사했다는 제 말에 모두 고개를 끄덕였습니다. 이제 오늘 밤 여러분은 그 즐거움을 두 번 만끽하게 될 겁니다. 지금 바로, 그리고 프로그램 후반부에 또 한 번 말이죠. 신사 숙녀 여러분, 비틀스를 소개합니다! 무대로 나와주세요.[2]

비틀스는 매카트니가 노래하는 〈All My Loving〉으로 무대를 열었다. "눈을 감아요, 키스해줄게요 / 내일이면 그리울 거예요(Close your eyes and I'll kiss you / Tomorrow I'll miss you)." 청중석 10대 소녀들이 비명을 질렀다. 소리가 너무 커서 매카트니의 목소리가 묻힐 정도였다. 멤버들은 열광하는 관중을 바라보며 미소를 지었다. 믿기 힘든 일이었다.

실제로 그것은 정말로 믿기 힘든 일이었다. 2년 전만 해도 영국 음반사 중 어느 곳도 비틀스와 계약하려 하지 않았다. 그들은 포기하기 직전이었다.

어떤 이는 행운의 벼락을 맞는다. 비틀스는 바로 그 벼락을 맞았다. 그리고 테일러 스위프트(Taylor Swift)와 밥 딜런(Bob Dylan)도 맞았다. 레오나르도 다빈치(Leonardo da Vinci)와 제인 오스틴(Jane Austen), 윌리엄 블레이크(William Blake)도 그랬다. 또한 스티브 잡스(Steve Jobs)와 요한 제바스티안 바흐(Johann Sebastian Bach), 버락 오바마(Barack

Obama)도 그랬다.

하지만 어떤 이는 그런 벼락을 맞지 못한다. 그래서 우리는 그들의 이야기를 듣지 못한다. 벤저민 프랭클린(Benjamin Franklin)은 이런 말을 했다. "최고 유명인만큼 위대하지만 알려지지 않은 영혼들이 있다."[3] 알려지지 않은 비틀스와 스위프트, 딜런, 다빈치, 오스틴, 블레이크, 잡스, 바흐, 오바마들이 있다. 기회를 잡지 못했던, 즉 벼락을 맞지 못했거나 맞았지만 이후로 사람들의 기억에서 사라져버린 놀라운 재능을 지닌 인물들이 있다. 또는 어떤 이들은 죽은 뒤에 벼락을 맞는다[바흐, 그리고 한참의 세월이 흘러 뒤에 언급되는 마거릿 캐번디시(Margaret Cavendish, 철학자이자 극작가 겸 시인)가 좋은 사례다].

물론 '벼락을 맞는다'는 표현은 은유다. 우리는 각각의 사례를 수많은 우여곡절을 통해 봐야 한다. 다시 말해 태어난 곳, 태어난 때, 만난 사람, 용기를 준 사람, 분노하게 만든 사람, 도움을 준 사람, 영감을 준 사람, 미소를 지어줬던 사람, 사랑에 빠졌던 사람, 소개나 발언(또는 계약)의 기회를 통해 편승 효과(bandwagon effect, 유행에 따라 소비하는 현상-옮긴이)를 만들어낸 사람, 널리 홍보해준 사람 모두를 고려해야 한다.

어떤 사건은 다른 사건과 같지 않다. 어떤 변화는 다른 변화와 같지 않다. 그리고 만남과 영감, 미소가 존재하듯이 이뤄지지 않은 만남, 드러나지 않은 영감, 실망한 눈빛, 무관심한 표정, 인연이 되지 못한 소개, 찡그린 얼굴이 존재한다.

이 책의 한 가지 목표는 행운의 중요성을 강조하는 것이다. 그것은 엄청난 성공을 거둔 이유를 오로지 개인의 내적 자질에서 찾으려는 실수를 우리가 종종 범하기 때문이다. 물론 성공한 이들은 특별하다. 비틀스는 특별했다. 테일러 스위프트도 특별했다. 특별하지 않았다면 그들은 큰 성공을 거두지 못했을 것이다.

그런데 그들은 어떻게 특별해진 걸까? 어떤 방식으로 특별한 재능을 얻었던 걸까? 모든 사례에서 그들은 개인의 특별함만으로 성공을 거두지는 못했다. 그리고 비즈니스와 정치, 과학, 예술 분야에서 수많은 특별한 사람들이 큰 성공을 거두지 못했다. 여기서 나는 행운이라고 하는 블랙박스의 뚜껑을 열어 그 안에 뭐가 들어 있는지 살펴보고자 한다. 우리는 적어도 어느 정도의 행운은 만들어낼 수 있다.

우리는 다음과 같은 관점으로 행운을 바라볼 수 있다. 인생은 복권의 연속이다. 우리는 자신도 모른 채 수많은 복권을 산다. 그리고 지금 이 순간에도 수많은 복권이 널려 있다. 어떤 복권을 선택할 것인가? 어떤 이는 커다란 인기를 가져다주는 복권을 뽑는다. 물론 복권은 확률 게임이다. 그래도 우리는 그 확률을 높일 수 있다.

인기라는 주제는 그 자체로 흥미롭다. 그것은 단지 훨씬 더 광범위한 주제인 '성공'과 중첩되기 때문만은 아니다. 나는 여기서 성공과 행운 모두에 관해 이야기하고자 한다. 지금 무엇이 인기 있는지, 또는 작년이나 지난달, 어제 무엇이 유행했는지 살펴보는 일은 흥미로운 작업이다. 그 과정에서 우리는 최신 소셜 미디어 플랫폼과 신기술, 새롭게 불거진 스캔들, 갑작스럽게 등장한 새로운 얼굴, 놀라운 재능, 밝게 빛나는 존재, 그리고 재능이 없는데도 놀라운 인물을 발견하게 된다. 그러나 인류는 사실 크게 달라지지 않았다. 이러한 점에서 여기서 다뤄볼 일반 원칙과 메커니즘은 인류만큼 오래되었으면서 모레만큼이나 새롭다.

앞으로 살펴보겠지만, 인기라는 주제는 대단히 근본적인 사안들, 관련된 기억, 비즈니스, 문화, 스포츠, 정치, 과학, (특히) 종교를 들여다보는 창문이기도 하다. 나는 그 창문을 통해 기독교의 성공과 영지주의(Gnosticism), 칭기즈칸(Genghis Khan), 홀로코스트, 버지니아 울프(Virginia Woolf), 알베르트 아인슈타인(Albert Einstein), 바비(Barbie), 마틴 루서 킹(Martin Luther King Jr.), 무하마드 알리(Muhammad Ali), 스티븐 킹(Stephen King), 오프라 윈프리(Oprah Winfrey), 스파이더맨을 살펴볼 생각이다.

밥 딜런은 자신이 유명해진 이유에 대해 말하기를 거부했다. "이미 일어난 일을 이해하려고 애쓸 필요는 없습니다. 당신은 그런 일을 파헤치고 있군요. 이와 관련해서는 한마디도 하고 싶지 않군요." 하지만 딜런에게는 대단히 미안하지만, 사람들은 이미 일어난 일을 이해하려고 애쓴다. 그래서 나는 그 이야기를 해볼까 한다.

광풍

18세기 중반에 최초의 영어사전을 집필하고 《시인들의 삶(The Lives of the Poets)》을 쓴 새뮤얼 존슨(Samuel Johnson)은 벼락과 인기, 광풍에 관한 많은 이야기를 했다. 그는 사람들이 너무 바빠서 그들의 관심을 붙잡기가 대단히 어렵다는 사실을 지적하면서 이렇게 말했다. 그래서 "영향력을 미칠 수 있는 사람들의 범위는 지극히 제한적이다".[4]

게다가 살아 있을 때 인기가 높았다고 해도 대부분 금방 잊힌다. 존슨은 특히 작가들에 대해서 이렇게 말했다. "과거를 돌아보면 한때 인기가 높았던 수많은 저자의 이름을 발견하게 된다. 아마도 아름다운 사람들이 그들의 글을 읽고, 재치 있는 사람들이 표현을 인용하고, 근엄한 이들이 언급했을 테지만, 오늘날 우리가 아는 것이라고는 그들이 오래전에 살았다는 사실뿐이다."[5]

존슨은 살아 있는 동안의 명성과 사후로 이어진 명성을 엄격하게 구분했다. 그리고 인기가 지속되는 짧은 세월을 회의적으로 바라봤다. 그는 이렇게 표현했다. "유행의 숨결로 한때 이어지다가 한번 시들고 나서 흩어져버리는 인위적인 인기의 거품."[6] 존슨은 예전에 유명했지만 이제 기억 저편으로 사라진 과거 작가들의 작품을 되살려낸다고 해도, 오늘날 사람들은 별 감흥을 얻지 못할 것으로 생각했다. 사람들은 이렇게 물을 것이다. 왜 그들이 특별하다고 생각했을까? 대체 어떻게 인기를 얻었던 걸까? 존슨은 이렇게 말한다. 사람들은 아마도 "대체 무슨 광풍이나 변덕이 있었기에 그들이 유명해졌던 것인지" 의아해할 것이다.[7]

우리는 광풍과 변덕을 통해서 한 개인이 평생에 걸쳐 누린 인기를 이해할 수 있다. 그러나 존슨은 오랜 세월의 검증이야말로 훨씬 더 믿음직한 기준이라고 생각했다.

존슨은 어떤 사례를 좋아했을까? 바로 윌리엄 셰익스피어(William Shakespeare)였다. 그가 셰익스피어에 주목한 한 가지 이유는 그가 비견할 수 없는 천재였기 때문이다. 또 다른 이유로, 그의 작품은 지속적인 것들에 대해, 그리고 자신이 살았던 시대와 장소를 넘어서 인류에게 더 보편적인 것들에 대해 이야기했다는 사실이다. 그러나 존슨은 오래 이어지는 명성조차 그리 쉽게 이해할 수 없다는 점을 알았다. 존슨은 셰익스피어에 대해 이렇게 썼다. "하지만 우리가 그에게 모든 걸 빚지고 있는 것처럼 그 역시 우리에게 뭔가를 빚지고 있다는 사실을 결국 털어놓을 수밖에 없다. 다시 말해 사람들의 이해와 평가가 그에게 많은 칭송을 준 것처럼 관습과 숭배 또한 그렇게 했다."[8] 존슨은 이렇게 이야기를 이어나갔다. "우리는 그의 우아함에는 주목하면서 그의 결함에는 눈을 감는다. 그리고 다른 사람이 그랬다면 혐오하고 경멸할 것을 그에게서는 참는다."[9] 이러한 모습은 사랑에 빠진 사람과 비슷하다. 그렇지 않은가?

존슨은 "거품(bubble)"이라는 표현을 썼다. 오늘날 우리도 그 표현을 쓴다. 많은 '다른' 사람이 검증되지 않은 상품이나 인물을 좋아한다는 생각에 의해 인위적으로 부풀려진 가격이나 인기를 언급할 때, 종종 거품이라는 용어를 쓴다. 이러한 거품은 쉽게 발견할 수 있다. 부동산 거품이나 팝 가수 거품, 팟캐스트 거품, 노트북 거품, TV 프로그램 거품, 주식 거품, 심지어 주식 시장 거품, 인기 영화배우 거품, 소설가 거품, 온라인 잡지 거품 등 다양하다.

그런데 거품은 터지기 마련이다. 어제의 아이콘이 내일의 퇴물이 된다. (밥 딜런은 〈Like a Rolling Stone〉이라는 곡의 가사에 이러한 생각을 담았다. “아, 당신은 저글러와 광대가 묘기를 부릴 때 그들을 보고 인상을 쓴 사람들을 돌아보지 않았다.”) 존슨의 눈으로 볼 때 인기는 거품과 같으며 광풍과 변덕의 산물이다.

존슨은 세월의 힘을 믿어야 한다고 생각했다. 그런데 정말 그럴까? 〈시민 케인〉은 종종 역사상 최고의 영화로 거론된다. 그러나 1942년에 그 작품은 〈나의 계곡은 푸르렀다〉에 오스카상을 빼앗겼다.[10] 그런데 지금 이 영화를 기억하는 사람이 얼마나 될까?

데이브 클라크 파이브(Dave Clark Five)는 1960년대 초 큰 인기를 누린 밴드다. 당시 그들은 최고의 경쟁자인 비틀스와 비교되곤 했다. 음악 잡지들은 ‘두 밴드 중 누가 더 뛰어난가’라는 대단히 논란이 되는 질문에 많은 지면을 할애했다. 1964년에는 〈데이브 클라크 5 vs 비틀스〉라는 잡지가 나오기까지 했다. 그 잡지는 표지 기사에서 “그들은 그냥 베낀 겁니다!”라고 했던 링고 스타의 말과 “링고와 결투를 벌일 것이다!”라고 했던 데이브 클라크의 말을 실었다. 당시 데이브 클라크 파이브는 1억 장이 넘는 음반 판매고를 기록했다.

나는 지금도 데이브 클라크 파이브를 기억한다. 안타깝게도 그들은 제대로 평가받지 못했다. 〈Glad All Over〉라는 노래도 좋고 〈Bits and Pieces〉와 〈I Like It Like That〉도 좋아할 수밖에 없지만, 뭐니 뭐니 해도 〈Catch Us If You Can〉이 단연 으뜸이다. 이 노래는 에너지가 마구 넘치고 전염성이 강하다. 후렴부 가사는 이렇다. “그들이 돌아왔다, 음 / 잡을 수 있으면 잡아봐, 음 / 가야 할 시간이야, 음 / 우린 있는 힘껏 소리칠 거야(Here they come again, mhm / Catch us if you can, mhm / Time to get a move on, mhm / We will yell with all of our might).” 그러나 누구나 알고 있듯이 데이브 클라크 파이브는 비틀스의 언저리에도 가지 못했다.

존슨의 주장이 옳았다면 〈시민 케인〉은 옳았고 〈나의 계곡은 푸르렀다〉는 틀렸다. 모차르트(Mozart)는 옳았고 살리에리(Salieri)는 틀렸다. 제인 오스틴은 옳았고 메리 브런턴(Mary Brunton, 스코틀랜드의 소설가)은 틀렸다. 존슨은 광풍이나 변덕으로는 지속적인 인기를 만들어낼 수 없다고 믿었다.

그런데 그가 언급한 조건을 떠올려보자. 지속적인 인기를 누린 이들은 '사람들에게 뭔가를 빚졌다'. 누군가, 또는 무언가가 상징적인 존재가 될 때, 사람들은 그 우아함에 주목하면서 다른 대상에 대해 경멸할 것을 참는다.

여기서 거품은 이 논의의 핵심 개념이다. 하지만 존슨은 실수를 범했다. 그는 핵심 질문에 대해서 아무런 언급을 하지 않았다. 누가 기회를 얻었고, 누가 얻지 못했는가? 누가 행운을 얻었고, 누가 얻지 못했는가? 누가 힘 있는 지지자를 얻었고, 누가 얻지 못했는가? 모든 경우에서 '단기적인 인기와 장기적인 인기는 크게 다르지 않다'. 한 세대 내의 사례는 여러 세대 간 사례의 축약본이다. 그리고 세대 간 사례는 세대 내 사례의 확장본이다. 그러므로 우리는 세월의 평가를 무조건 신뢰할 수는 없다. 관습과 숭배, 그리고 광풍과 변덕이 모든 차이를 만들어낸다. 수 세기에 걸친 사례도 예외가 아니다.

과거에 칭송을 받았지만 오랫동안 잊힌 작품을 발견해낸다고 해도 사람들은 그 수준에 실망할 것이며, 왜 예전에 칭송을 받았는지 의아해할 것이라고 했던 존슨의 주장은 분명히 틀렸다. 오랫동안 사람들의 기억에서 사라졌던 작품 중 대단히 훌륭한 것들이 꽤 많다. 오늘날 우리는 종종 오랫동안 묻혀 있던 작품을 새롭게 발견하고서 강한 충격을 받는다. 벼락이 친다. 평생 외면받았던 사람이 말년에 성공을 거둔 순간에, 또는 시나 상품이 오랜 세월이 흘러 비로소 인정을 받은 놀라운 순간에, 벼락이 친다.

우리는 여기서 소중한 교훈을 얻을 수 있다. '고전' 안에는 무엇이 들어 있는가? 지금? 20년 후? 50년 후? 이와 관련해서 깜짝 놀랄 만한 일이 종종 벌어진다.

악마에게 영혼을 팔다

이와 관련해서 또 다른 존슨[새뮤얼이 아니라 로버트(Robert)]에게로 시선을 돌려보자. 그 이름을 들어본 적이 있는가?

블루스를 연주하는 뛰어난 기타리스트이자 작곡 및 작사가인 로버트 존슨은 1938년에 세상을 떠났다.[11] 당시 그의 나이는 겨우 스물일곱이었다. 존슨의 짧은 생애는 인기와 거리가 멀었다. 돈도 별로 벌지 못했다. 그는 거리 모퉁이에서 연주하곤 했다.[12] 그리고 두 번의 녹음 작업(그게 전부였다)을 통해 총 29곡을 남겼다.[13] 사실 그의 생애와 관련해서 알려진 바가 거의 없다.

1961년 컬럼비아 레코드(Columbia Records)는 우여곡절 끝에 "킹 오브 더 델타 블루스 싱어스(King of the Delta Blues Singers)"라는 제목으로 존슨의 음반을 발표했다.[14] 이 앨범은 조금 인기를 끌었다. 그리고 사람들의 입을 통해서 1960년대에서 오늘날에 이르는 수많은 유명 뮤지션을 포함하는 종교와 같은 숭배 문화를 만들어냈다.

존슨은 오늘날 로큰롤 음악의 기반을 닦았을까? 아마 그렇게 말할 수 있겠다. 실제로 에릭 클랩튼(Eric Clapton)은 존슨을 "지금까지 가장 중요한 블루스 가수"라고 칭송했다.[15] 밥 딜런은 존슨의 "노랫말이 내 신경을 피아노 선처럼 울리게 만들었다"고 했다.[16] 그리고 이렇게 설명했다. "그의 날카로운 기타 선율은 창문을 깨트릴 것 같았다. 노래를 시작하는 존슨의 모습은 완전무장을 하고 제우스의 머리에서 튀어나온 것처럼 보였다."[17] 그리고 이렇게 덧붙였다. "로버트 존슨의 음악을 듣지 않았다면 그동안 썼던 수많은 가사를 잠에서 깨워내지 못했을 것이다."[18]

존슨은 그 정도로 대단한 인물이었다. 그의 인생은 문화(미술과 음악, 문학, 비즈니스, 종교, 정치)가 어떻게 움직이는지와 관련해서 우리에게 중요한 이야기를 들려준다.

존슨은 평생 존재감을 뚜렷하게 드러내지 못했지만, 오늘날 상징적인 존재로 우뚝 섰다. 그에 관한 책이 출판되었고 그를 다룬 다큐멘터리가 제작되었다. 사람들은 신비에 싸인 그의 삶에 대해, 그리고 그의 천재성이 어떻게 만들어졌는지에 대해 지금도 계속해서 추측을 내놓고 있다. 존슨이 어느 날 미시시피의 한 사거리에서 악마와 거래했다는 소문까지 떠돌 정도였다. 존슨의 전기는 "업 점프드 더 데빌(Up Jumped the Devil)", "크로스로즈(Crossroads)", 그리고 "어 미팅 앳 더 크로스로즈(A Meeting at the Crossroads)"라는 제목으로 출간되었다.[19]

미국 싱어송라이터 모비(Moby)는 이렇게 말했다. "로버트 존슨이 자신의 영혼을 악마에게 팔았다는 사실은 그에게는 참으로 유감이다. 하지만 우리와 음악에게는 말하자면 참으로 다행이다."[20] 물론 존슨은 영혼을 팔지 않았다. 하지만 영혼을 파는 이야기는 놀라운 성취를 일궈낸 사람들을 설명하는 과정에서 종종 등장하는 매력적인 은유다. 존슨은 세상을 떠나고 수십 년이 흘러서야 벼락을 맞았다.

여기서 내가 강조하려는 한 가지 사실은 유명해지기 위한 비결은 없다는 것이다. 이러한 점에서 이 책의 제목(원제: How To Become Famous)은 속임수에 가깝다. 이 책은 인기를 얻는 방법을 알려주는 지침서가 아니다. 복권 당첨은 무작위 추첨으로 이뤄진다. 구약 성경의 전도서에 나오는 한 구절은 이렇게 말한다. "빠르다고 경주에서 이기는 게 아니며, 강하다고 전쟁에서 승리하는 게 아니며, 똑똑하다고 빵을 얻는 게 아니며, 지식이 있다고 부유한 게 아니며, 기술이 있다고 은총을 받는 게 아니다. 다만 그들 모두에게 시간과 기회가 임함이니라."

여기서 이 구절의 의미를 놓고 논쟁을 벌일 생각은 없다. 그러나 앞으로 살펴보겠지만, 중요한 것은 우리가 객관적으로 인식할 수 있는 요소다. 우리는 이러한 요소들을 목록으로 작성해볼 수 있다. 물론 수준은 중요하다. (수준이란 무엇인가? 참 좋은 질문이다.)[21] 지칠 줄 모르는 지지자도 아주 중요하다. 그들은 때로 결정적인 역할을 수행한다. 지지자의 범주에는 개인적인 옹호자나 매니저, 팬, 사회적 모임, 제자나 후손, 열성적인 자녀, 불꽃을 지키는 수호자(전통과 이념을 지켜나가는 가치 계승자-옮긴이)가 포함된다. 존슨의 경우, 충직한 전기 작가들이 지지자였다. 그리고 비틀스의 경우, 브라이언 엡스타인(Brian Epstein)이 그 역할을 맡았다.

시대정신(Zeitgeist)은 도움을 줄 수도 방해를 할 수도 있다. 때로는 시대정신이 모든 차이를 만들어내기도 한다. 어떤 이는 거대한 파도를 타고, 어떤 이는 아무런 파도도 발견하지 못한다. 나중에 자세히 살펴볼 코니 컨버스(Connie Converse, 싱어송라이터)도 파도를 발견하지 못했다. (그녀는 우리 시대의 로버트 존슨인가? 비록 지금 판단하기는 이르지만 그러길 바란다.) 드라마와 물음표로 가득한 흥미진진한 삶의 여정은 하나의 불꽃이 될 수 있다. 신비로움은 도움이 된다.

그래도 개인의 생애에서 벌어지는 일은 예측이 불가능하다. 그리고 역사의 판단은 변덕이 심하다. 많은 이들은 놀라운 일을 하지만 기회를 얻지 못한다. 로버트 존슨에게 주어졌던 지극히 제한적인 기회도 얻지 못한다. 지금부터는 앞으로 소개할 인물들의 명성을 결정했던 중요한 순간과 사회적 기준의 변화, 후세의 재조명, 경제적, 정치적 상황, 기회에 따라 그들의 명성이 겪은 마법 같은 여정에 관해 이야기해 보고자 한다.

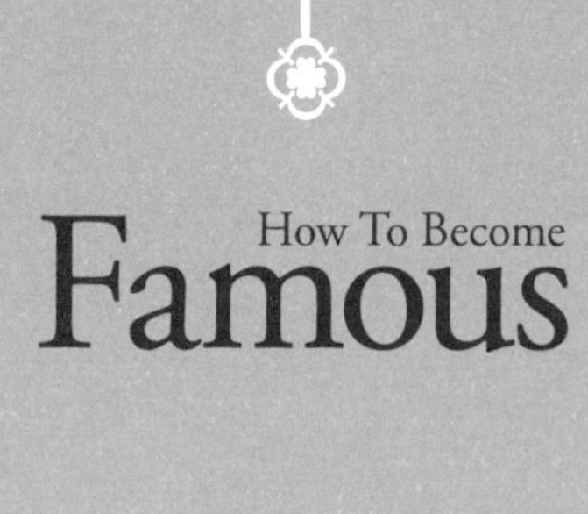
How To Become
Famous

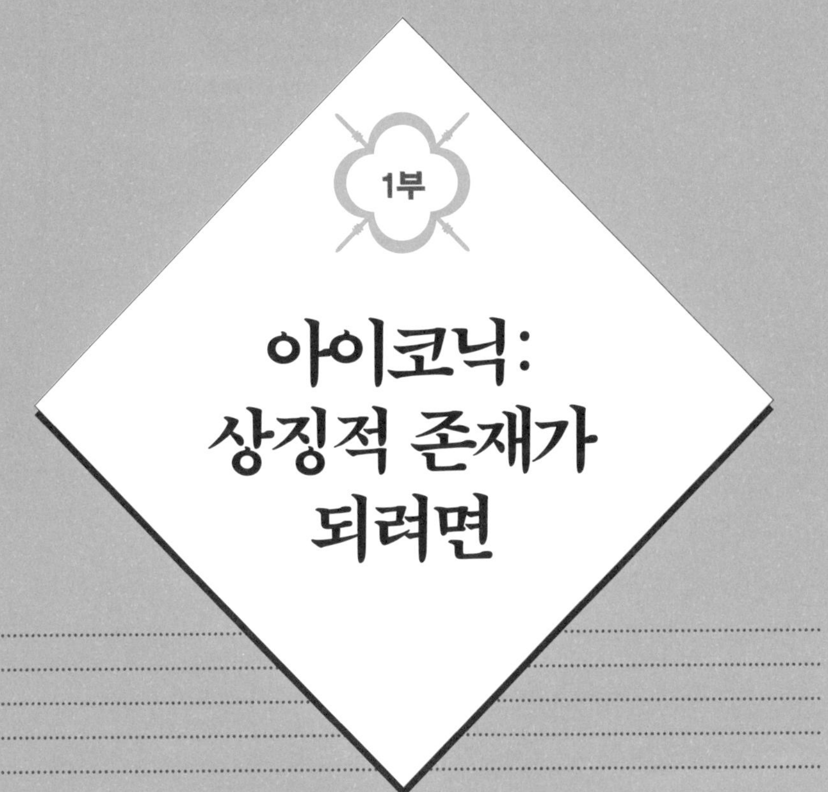

1부

아이코닉: 상징적 존재가 되려면

1장

슬라이딩 도어

2019년에 개봉된 훌륭한 영화 〈예스터데이〉는 우리에게 도발적인 질문을 던진다. 비틀스가 존재한 적 없는 세상에서 마법의 힘을 빌려 그들의 노래를 모두 알고 있는 사람이 그 노래들을 발표한다면 무슨 일이 벌어질까?

이 영화의 주인공 잭 말릭은 평범한 싱어송라이터다. 그러나 그는 사람들의 관심을 끌지 못했고 결국 음악가로서의 인생을 포기할 순간에 이르렀다. 그런데 어느 날 밤 온 세상에 갑자기 정전이 일어난다. 그리고 그때 말릭은 자동차 사고를 당한다.

다행스럽게도 큰 부상은 아니었다. 말릭은 퇴원하고 나서 친구들을 만나 함께 점심을 먹었다. 그들은 말릭에게 기타를 선물한다. 그리고 말릭은 보답으로 비틀스의 〈예스터데이〉를 친구들에게 불러준다. 친구들은 그 노래를 무척 마음에 들어 한다. 당연한 일이다. 그런데 이상하게도 친구들 모두 그 노래를 처음 들었다고 한다. 게다가 비틀스라는 이름도 들어본 적이 없다고 한다.

친구들이 자신을 놀리고 있다는 생각에 말릭은 온라인으로 검색을 한다. 하지만 자신이 살고 있는 이 세상이 비틀스의 존재를 전혀 알지 못한다는 사실을 확인하고는 충격에 빠진다. 구글조차 비틀스에 대해 아는 바가 없다.

대체 어찌 된 영문인가? 존 레넌의 아름답고 사랑스러운 어머니 줄리아가 아들에게 기타를 사주지 않았던 걸까? 존 레넌과 폴 매카트니가 애초에 만나지 않았던 걸까? 매카트니가 너무 수줍음이 많은 나머지 리버풀의 운명의 날(1957년 7월 6일)에 자신을 레넌에게 소개하지 못했던가? 레넌이 별로 기분이 좋지 않았던 탓에 매카트니에게 자신의 밴드인 쿼리먼(Quarrymen)에의 합류를 제안하지 않았던가? 줄리아가 트럭 사고를 당하지 않아서 레넌이 좀 더 평범한 삶을 살았고, 그래서 록 뮤지션을 꿈꾸지 않았던가?

아니면 비틀스가 비틀스일 수 있는 법을 배웠던 함부르크에 가려던 매카트니가 아버지 허락을 구하지 못했던 걸까? 비틀스의 성공에 핵심적인 역할을 한 엡스타인이 매니저를 맡지 않았던가? 엡스타인이 좌절하고 지쳤던가? 존, 폴, 조지, 링고가 비틀스를 결성하고도 음반 계약을 맺지 못했던가? (실제로 그럴 뻔했다.)

그 이유가 무엇이든 말릭은 믿기 힘든 기회를 발견했다. 자신은 비틀스의 노래를 모두 알고 있다. 그런데 아무도 그 노래를 알지 못한다. 말릭은 금광을, 그리고 보물함을 발견했다. 결국 그는 비틀스의 노래를 연주하고 녹음했다. 그리고 세계적인 돌풍을 일으켰다.

영화의 한 흥미로운 장면에서는 싱어송라이터 에드 시런(Ed Sheeran, 본인이 직접 연기한)이 말릭에게 도전장을 내민다. '누가 더 뛰어난 가수인가?' 시런은 멋지게 노래를 불러 청중의 마음을 사로잡는다. 그러자 말릭은 레넌과 매카트니가 만든 〈The Long and Winding Road〉로 응수한다. 시런은 자신의 패배를 곧바로 인정한다.

이 영화의 주된 매력은 비틀스의 노래를 마치 처음 듣는 것처럼 관중들을 유도했다는 사실에 있다. 〈I Saw Her Standing There〉나 〈Let It Be〉, 〈Yesterday〉, 〈Carry That Weight〉, 〈Here Comes the Sun〉과 같은 노래를 어젯밤이나 오늘 아침에 처음 들었다면 어떤 기분이 들었을까? 영화 〈예스터데이〉는 관객에게 이 질문을 던지면서 동시에 어떤 측면에서는 스스로 그 대답을 발견하게 만든다. 이 영화는 사람들이 비틀스를 끊임없이 새롭게 발견하도록 자극한다. 말릭은 세계적인 인기를 얻고, 영화는 비틀스 없는 비틀마니아(Beatlemania, 비틀스를 둘러싼 광신주의-옮긴이) 현상을 그려낸다. 게다가 더욱 미묘하고 흥미롭게도 이 영화는 그럴듯하고, 직관적이고, 거부하기 힘든 경험적 가설을 제시한다. 그 가설은 이런 것이다. '비틀스는 (내 생각에) 너무나 위대하며 그들의 음악이 언제 어디서 나왔든 간에 그들의 위대함이야말로 엄청난 인기의 근간이다.'

이렇게 생각해야 좀 낭만적이지 않을까? 우리는 이러한 주장을 쉽게 부정할 수 없다. 1966년에 존 레넌은 이런 말을 해서 사회적 물의를 일으켰다. "지금 우리는 예수보다 더 유명합니다." (인기와 무명의 관점에서 레넌의 전체 이야기는 훨씬 더 도발적이고 흥미롭다. "기독교는 사라질 겁니다. 시들어 없어질 겁니다. 굳이 그렇게 주장할 필요도 없습니다. 그렇게 밝혀질 테니까요. 지금 우리는 예수보다 더 유명합니다. 로큰롤과 기독교 중에서 무엇이 먼저 사라질지 모르겠군요. 예수는 훌륭했지만, 그의 사도들은 어리석고 평범했습니다. 제 생각에 바로 그들이 예수를 왜곡하고 망쳐버렸습니다.")[1] 레넌은 비틀마니아가 종교 집단처럼 되었다고 주장하면서 당시 그들이 누렸던 전 세계적인 환대와 숭배에 관해서 중요한 이야기를 했다. (레넌의 발언은 한 가지 의문을 제기한다. 그렇다면 어떻게 예수는 그렇게 유명해졌을까? 예수마니아에 관한 이야기로 설명할 수 있을까? 이 질문은 나중에 다시 살펴보도록 하자.)

비틀스는 과연 모든 우여곡절 끝에 성공할 운명이었을까? 어쩌면 그랬을지 모른다. 그런데 영화 〈예스터데이〉는 중요한 대목에서 속임수를 썼다. 사실 관객들 모두 비틀스의 노래를 이미 알고 있다. 그 노래를 실제로 처음처럼 들을 수 없다. 영화가 시작되면서 관객은 의심의 눈초리로 바라본다. 그들은 비틀스의 노래를 들어본 적이 없는 것처럼, 또는 비틀스에 관해서 전혀 알지 못하는 것처럼 살아갈 수 없다고 생각한다. '잠깐, 뭐라고? 〈Yesterday〉를 들어보지 못한 사람이 있다고?'

그래도 우리는 비틀스의 노래를 처음인 것처럼 듣는 흥분의 경험을 적어도 시도해볼 수 있다. 그리고 이 영화는 관객에게 그렇게 해보라고 권한다. 이러한 점에서 이 영화는 대단히 성공적이었다.

웰링턴 공항의 비틀스

출처: Archives New Zealand Te Rua Mahara o te Kāwanatanga, June 20, 2013, CC BY 2.0.

하지만 영화 속 청중과는 달리 우리 관객들은 그 노래들을 이미 알고 있다. 그리고 그 노래들을 사랑하고 있다. 그 노래에 대한 소개는 필요 없다. 그래서 이 영화는 일부러 핵심 주장을 내세우지 않는다. 그것은 비틀스의 성공과 비틀마니아의 등장은 비틀스의 음악이 너무나 훌륭했다는 점에서 필연적인 사건이었다는 생각이다.

이 주장은 반박하기 어렵다. 그것은 우리 마음을 편안하게 해주고 안정감을 주기 때문이다. 그리고 우리의 직관에 정확하게 들어맞기 때문이다. 또한 그럴 수 있는 이유는 단순한 인과관계를 들려주기 때문이다. 즉 놀라운 작품에는 마땅히 놀라운 보상이 따른다는 것이다. 천재는 어떤 방식으로든 인정받는다. 누군가, 또는 어떤 작품이 비틀스나 제인 오스틴, 윌리엄 워즈워스(William Wordsworth), 〈스타워즈〉, 《해리포터》, 테일러 스위프트를 능가해서 이들보다 더 주목받는 세상을 상상하기 어렵다. 우리는 이들에 필적할 만한 인물이나 작품 중에서 역사의 뒤안길로 쓸쓸히 사라진 사례는 없다고 믿는다. 누가 이들만큼 훌륭할 수 있겠는가?

그러나 직관은 때로 우리를 잘못된 길로 이끈다. 실제로 성공과 실패의 세상에서 인과관계는 그렇게 간단하지 않다. 역사의 여신 클레이오는 짓궂은 장난을 좋아한다. 그녀는 자비롭다가 때로는 잔혹하다. 사기꾼이면서 뛰어난 유머 감각의 소유자다.

어릴 적 이야기

1965년 열한 살의 나는 매사추세츠주 와반에 있는 공립학교인 앤지어 스쿨(지금도 있다)로 걸어가는 길에 가장 친한 친구인 로저를 만났다. 로저는 내게 리버스라는 사립학교(역시 지금도 있다)에 지원했다는 이야기를 들려줬다. 나는 사립학교가 뭔지도 몰랐지만, 왠지 모를 경쟁심이 일었다. 그리고 부모님에게 나도 사립학교에 들어갈 수 있는지 물었다.

아버지는 아무런 말씀이 없었지만(먼 훗날 아버지는 그때 엄청나게 비싼 등록금에 겁이 났었다는 사실을 알게 되었다) 어머니는 큰 관심을 보였다. 어머니는 곧바로 몇몇 학교를 알아봤다. 그리고 일 년 후 내게 세 군데 학교를 권해줬다. 그곳은 벨몬트 힐(Belmont Hill)과 노블 앤드 그리너프(Noble and Greenough), 그리고 미들섹스(Middlesex)였다. 공립학교 시절에 나는 공부를 잘했지만 아주 잘하지는 못했다. 그리고 도움을 받을 만한 친척도 없었다. 운동도 제법 했지만 아주 잘하지는 못했다.

벨몬트 힐과 노블 앤드 그리너프에서 본 면접은 엉망이었다. 두 곳의 입학처 담당자들은 모두 재미없고 불친절했다는 기억이 아직도 남아 있다. 그들은 내게 아무런 관심이 없어 보였다. 반면 미들섹스 스쿨의 카리스마 넘치는 입학처장인 보인턴 씨는 달랐다. 그는 나를 웃게 만들어줬다. 그에게서 편안함을 느낄 수 있었다. 결국 나는 미들섹스에 합격했다. 내가 합격했다는 사실이 믿어지지 않았다.

미들섹스의 생활은 내 모든 걸 바꿔놨다. 나는 거기서 읽고 쓰는 법을 배웠다. 공부하는 법을 배웠다. 달리는 법을 배웠다. 그리고 개인적인 배려가 뭔지 배웠다. 한번은 달리기를 하다가 넘어졌는데, 선생님이 나를 일으켜 세워주면서 아무 일 아니라는 듯 표정을 지어 보였다. 케이스 선생님에게서는 라틴어를 배웠다. 튤프 선생님에게서는 스포츠를 배웠다. 그리고 푸트밀러 선생님에게는 문학과 희곡[외젠 이오네스코(Eugene Ionesco), 에드워드 올비(Edward Albee), 사뮈엘 베케트(Samuel Beckett)]을 배웠다. 스콧 선생님에게는 프랑스어를 배웠다(내가 기숙사에서 룸메이트와 함께 마리화나를 피웠다는 의심을 받았을 때, 그냥 못 본 척 넘어가셨다). 데이비스 선생님에게는 생물학을 배웠다. 선생님들 모두가 나를 알았다. 그리고 내게 관심을 기울여줬다.

그동안 내게 많은 행운이 따랐다. 등굣길에 로저를 만나지 못했다면? 어머니가 간략한 추천 목록에 미들섹스를 포함하지 않았다면? 보인턴 씨가 나를 좋아하지 않았다면?

착각

오래전 한 똑똑한 하버드 학생(제인이라고 하자)이 흥미로운 연구 프로젝트를 들고 내 사무실을 찾았다. 제인은 성공의 원천을 찾고 싶다고 했다.[2] 그리고 이를 위해 다양한 분야(비즈니스와 정치, 음악, 문학)에서 큰 성공을 거둔 수십 명의 인물을 만나 그들의 공통점을 찾아볼 계획이라고 했다. 이들은 모두 힘든 어린 시절을 보냈을 수 있다. 또는 누구도 힘든 어린 시절을 겪지 않았을 수도 있다. 그들은 모두 쉽게 화를 내는 성격일 수 있다. 또는 그들은 모두 쉽게 화내지 않는 성격일 수도 있다. 그들은 모두 고등학교 시절부터 꿈을 키워왔을 수 있다. 또는 누구도 고등학교 시절부터 꿈을 키우지 않았을 수도 있다. 그들은 모두 끈기가 강할 수 있다. 또는 그들은 모두 끈기가 없을 수도 있다.

제인은 영민하면서도 열정적인 학생이었다. 그 프로젝트를 완성하지 못할 것이라는 걱정은 들지 않았다. 유명인을 만나기 위해서 아마도 자신의 요청을 거절하지 못하도록 만드는 방법을 알아낼 것 같았다. 그런데 제인의 아이디어에는 뭔가 문제가 있었다. 엄청난 성공을 거둔 많은 이들이 실제로 공통점을 갖고 있었다는 사실을 발견했다고 해보자. 그렇다면 그 공통점이 성공의 이유라고 장담할 수 있을까?

그렇지 않다. 그러한 공통점이 있음에도 큰 성공을 거두지 못한 사람도 아주 많을 것이기 때문이다(수백, 수천, 또는 수백만 명). 그렇다면 그 공통점은 성공을 위한 충분조건이 아니다. 예를 들어 엄청난 성공을 거둔 사람들이 쉽게 화를 내는 성격을 공통으로 갖고 있다는 사실을 발견했다고 해보자. 그러나 쉽게 화를 내지만 성공하지 못한 사람들도 많을 것이다. 그들은 기회를 잡지 못했을 수 있다. 또는 잘못된 시점에 잘못된 사람에게 투자했을지 모른다. 아니면 가난하게 태어났거나 피부색이 걸림돌이 되었을 수도 있다.

그렇다면 엄청난 성공을 거둔 사람들이 쉽게 화를 내는 성격이라는 사실을 발견했다고 해서 뭔가 새로운 것을 깨달았다고 말할 수 있을까? 아마도 아닐 것이다.

이러한 공통점은 성공의 충분조건은 아니라고 해도, 성공에 꼭 필요하거나 도움을 주거나, 또는 성공 가능성을 높여준다고 생각할 수 있다. 그러나 누군가 엄청난 성공을 거둔 사람들이 양손에 각각 다섯 개의 손가락을 갖고 있다는 사실을 발견했다고 주장한다면, 우리는 아무런 감흥을 느끼지 못할 것이다. 반면 공통점(가령 참을성 없음)이 성공과 그럴듯한 인과관계를 이룬다는 사실을 보여줄 때, 사람들은 관심을 기울일 것이다. 하지만 그렇다고 해서 그 주장이 사실인 것은 아니다. 우연일 수도 있다. 가령 성공한 사람들 백 명 모두가 참을성이 없을 수 있다. 하지만 그렇다고 해서 참을성이 없는 성격을 성공의 이유라고 말할 수 있을까? 또는 성공에 기여한 요인이라고 말할 수 있을까? 우리는 어떻게 판단할 수 있을까?

제인의 프로젝트에 내재한 이런 문제점을 일컫는 용어가 있다. 그것은 '종속 변수상 선택(selecting on the dependent variable)'이라는 것이다. 사실 수많은 유명 비즈니스 서적들 역시 제인의 접근 방식과 똑같은 방식을 따른다. 그 저자들도 발명가와 혁신가, 리더, 또는 다른 성공적인 사람들이 어떤 특성을 공유하는지 알아내고자 한다. 그리고 그런 공통점을 발견할 때, 그들은 모종의 비밀이나 실마리를 발견했다고 주장한다. 물론 그 공통점이 성공의 이유일 수 있다. 하지만 아닐 가능성도 여전히 있다.[3] (사실 그럴 가능성이 더 크다.)

예를 들어 미국의 경영 컨설턴트인 짐 콜린스(Jim Collins)는 《좋은 기업을 넘어 위대한 기업으로(Good to Great: Why Some Companies Make the Leap...and Others Don't)》에서 여러 성공적인 기업들을 연구해 그 공통점을 밝히고 있다. 그리고 이러한 공통점 중 하나로 "원칙의 문화(culture of discipline)"를 꼽는다.[4] 그런데 여기서 문제는 원칙의 문화를 갖춘 기업도 얼마든지 실패할 수 있다는 것이다. 게다가 그 가능성이 꽤 클 것이다. 또한 나는 원칙의 문화가 없음에도 큰 성공을 거둔 기업들도 쉽게 발견할 수 있다고 장담한다.

미국의 경영학자인 톰 피터스(Thomas Peters)와 로버트 워터맨(Robert Waterman)은 《초우량 기업의 조건》에서 43곳의 성공 기업이 "행동 편향(bias for action)"을 보인다는 사실을 발견했다. 하지만 그들은 800곳 또는 8,000곳에 달하는 실패한 기업도 그런 행동 편향을 보였는지에 관해서는 조사하지 않았다.[5] (나는 8,000곳의 실패한 기업들 역시 그런 행동 편향을 보였을 것이라고 장담한다.) 리더십을 주제로 한 몇몇 유명

서적들은 유능한 리더들이 공통으로 가진 특성(끈기, 역경을 이겨내는 힘, 공감 능력)을 밝혀내고 있다. 하지만 최악의 리더, 또는 리더 자질이 전혀 없는 사람도 이러한 특성을 공유하고 있는 것은 아닌지 고민하지 않는다.

이제 다른 관점으로도 살펴보자. 2부에서는 13명의 유명 인물을 집중적으로 살펴본다. 그들은 작가 윌리엄 블레이크와 제인 오스틴, 존 키츠(John Keats), 에인 랜드(Ayn Rand), 영화제작자 조지 루카스(George Lucas), 스탠 리(Stan Lee), 마술사 해리 후디니(Harry Houdini), 심령술사 미나 크랜든(Mina Crandon, 이름을 들어본 적이 있는가? 못 들어봤더라도 괜찮다. 그녀는 예전에 아주 유명했다. 지금은 그 정도는 아니지만), 가수 밥 딜런, 존 레넌, 폴 매카트니, 조지 해리슨, 링고 스타를 말한다. 우리는 이들 13인을 하나로 연결해주는 특성을 분명히 발견할 수 있을 것이다. 그리고 2부에서 주목하는 13인에 대해서도 똑같은 이야기를 할 수 있을 것이다. 그런데 문제는 그들을 하나로 연결해주는 특성이 인기를 얻게 해준 이유인지, 또는 적어도 인기 형성에 도움을 줬는지 도저히 알 수 없다는 점이다.

여기서 표본 크기가 작다는 사실은 중요한 문제다. 누군가 43곳, 또는 200곳의 성공 기업을 대상으로 어떤 공통점을 발견했다고 주장한다면, 우리는 그 표본 크기를 문제 삼아야 할 것이다. 게다가 이보다 더 심각한 문제도 있다. 그것은 800곳, 또는 2,000곳의 기업이 어떤 특성을 공유한다는 사실을 밝혀냈다고 해도, 우리는 진정한 성공의 이유에 대해 거의 알지 못한다는 사실이다.

64명의 유명 과학자를 대상으로 한 연구는 이들 모두 '연구에 대한 강한 집중'을 보여줬다는 사실을 발견했다.[6] 좋다, 우리는 연구에 대한 강한 집중이 과학자로서 성공하기 위해 꼭 필요하다고 말할 수 있다. (그런데 그것을 알기 위해 굳이 64명의 유명 과학자들을 연구할 필요가 있었을까?) 하지만 마찬가지로 연구에 강한 집중을 보였음에도 이름을 알리지 못한 6만 4,000명의 과학자에 대해서는 어떻게 설명할 것인가.

많은 베스트셀러가 이처럼 종속 변수상에서 선택했다는 점에서, 나는 이러한 접근 방식이 베스트셀러를 예측하기 위한 기준이라고 말하고픈 유혹을 느낀다. 그러나 그런 유혹에 넘어가서는 곤란하다.

이야기의 힘

5곳이나 10곳, 또는 50곳에 이르는 성공적인 기업에는 특별한 문화가 있다거나, 5명이나 10명, 또는 50명의 성공적인 인물들 모두 불우한 10대 시절을 보냈다는 이야기에 우리는 왜 그렇게 열광하는 걸까? 왜 그런 이야기는 외면하기 힘들까?

"성공 이야기가 성공에 대한 잘못된 인식을 만든다"라는 특이한 제목의 연구 결과는 우리에게 이 질문에 관한 실마리를 던져준다.[7] 조지 리프치츠(George Lifchits)와 그의 동료들은 1,317명을 대상으로 이런 질문을 했다. 대학 중퇴자가 세운 기업이 성공할 것인가, 아니면 대학 졸업생이 세운 본질적으로 똑같은 기업이 성공할 것인가?

당신은 어느 기업에 투자할 생각인가?

사람들이 선택하기에 앞서, 연구원들은 실험 참가자 절반에게는 대학을 중퇴한 설립자가 세운 성공적인 기업 5곳에 관한 이야기를 들려줬다(중퇴 조건). 그리고 다른 절반에게는 대학을 중퇴하지 '않은' 설립자가 세운 성공적인 기업 5곳에 관한 이야기를 들려줬다(졸업 조건). 두 기업은 그것 말고는 완전히 똑같다. 다음으로 어떤 이들은 대학 중퇴자가 설립한 기업(중퇴 조건에 해당하는)이 성공할 가능성이 크다고 믿으며, 다른 이들은 대학 졸업생이 설립한 기업(졸업 조건에 해당하는)이 성공할 가능성이 크다고 생각한다는 이야기를 들려줬다. 게다가 '물론 모든 사람이 그렇게 생각하는 것은 아니다'라는 단서와 더불어 졸업 여부와 관련해서 반대되는 설립자들이 세운 기업이 엄청난 성공을 거둔 '사례도 대단히 많다'는 사실도 일러줬다.

다음으로 연구원들은 실험 참가자들이 성공적인 기업 사례들이 사실은 편향되었다는 점을 분명히 이해했는지 확인하기 위해 몇 가지 질문을 던졌다. 그러고 나서 대학을 중퇴한 사람이 설립한 기업과 대학을 졸업한 사람이 설립한 기업 중 어느 곳에 투자할 생각인지 물었다.

결과는 어떻게 나왔을까? 사람들은 무작위로 주어진 편향된 사례로부터 강한 영향을 받은 것으로 나타났다. 졸업생이 세운 기업의 성공 사례를 접한 이들 중 졸업생이 세운 기업에 투자하겠다고 선택한 비중은 놀랍게도 87%였다. 반면 중퇴자가 세운 기업의 성공 사례를 들은 이들 중 졸업생이 세운 기업에 투자하겠다고 선택한 비중은 32%에 불과했다. 참가자들은 그들이 들은 사례가 편향된 것임을 잘 알고 있었음에도 그렇게 선택했다. 게다가 두 집단 모두 그들 자신의 선택에 대해 강한 확신을 보였다.

또한 연구원들은 실험 참가자에게 그렇게 선택한 이유가 무엇인지 적어보도록 했다. 약 99%가 각자의 이유를 적었고, 그중 많은 이들이 인과적인 설명을 바탕으로 자신이 선택한 설립자가 성공할 확률이 더 높다는 결론을 정당화하려고 했다. 중퇴자가 세운 기업의 성공 사례를 접한 이들 중 다수는 중퇴자가 설립한 기업이 성공할 가능성이 더 큰 이유를 제시했다. 마찬가지로 졸업생 설립자 사례를 접한 이들 중 다수는 졸업생 설립자가 성공할 가능성이 더 큰 이유를 내놨다.

우리는 이러한 결과를 어떻게 바라봐야 할까? 이 질문에 대한 대답은 이야기의 강력한 힘에서 찾을 수 있다. 이야기 속에 인과관계를 드러내는 그럴듯한 주장이 담겨 있는 경우, 그 힘은 더 강해진다. 가령 마이크로소프트 설립자 빌 게이츠(Bill Gates) 사례를 들었다고 해보자. 게이츠는 대학을 중퇴했다. [사실 게이츠는 나처럼 1970년대에 하버드 기숙사인 커리 하우스(Currie House)에서 생활했다. 나는 게이츠를 뚜렷하게 기억한다. 당시 그는 아주 말랐고 다른 학생들처럼 핀볼 게임을 무척 좋아했다. 또한 대부분 진지하게 생각하지 않았던 컴퓨터에 열광했다.] 게이츠와 그의 놀라운 성공에 관한 이야기를 들은 사람들은 이렇게 생각할 것이다. 대학 중퇴자에겐 중요한 경쟁력이 있다. 그들은 열정이 뜨겁고 한발 앞서 출발했다.

이제 아마존 설립자 제프 베이조스(Jeff Bezos)에 관한 이야기를 들었다고 해보자. 베이조스는 프린스턴대학교를 졸업했다. 베이조스와 그의 엄청난 성공 이야기를 들은 사람들은 아마도 이렇게 생각할 것이다. 중퇴자보다 졸업생을 선택하는 게 더 낫다. 그들은 어쨌든 학업을 마무리했다. 끈기가 있는 것이다. 그리고 자신이 무슨 일을 하는지 잘 알고 있다.

우리가 발견하고 주목하는 특정 변수가 상상력을 동원해서 만들어내야 하는 단순하고 만족스러운 이야기 속에서 성공과 직관적인 차원에서 연관이 있을 때, 그 변수에는 거의, 또는 아무런 설명 능력이 없다는 사실을 이해하려면 아주 열심히 연구해야 할 것이다. 가령 재택근무를 허용하는 성공적인 기업에 관한 이야기를 들은 사람들은 아마도 재택근무를 허용하는 정책이 성공의 비결이라고 생각할 것이다. 반면 재택근무를 금지하는 성공적인 기업에 관한 이야기를 들은 사람들은 재택근무를 금지하는 정책이 성공의 핵심이라 생각할 것이다.

레오나르도 다빈치의 〈모나리자〉는 세상에서 가장 유명한 그림 중 하나다. 그 이유는 뭘까? 지금부터는 이 질문에 대한 대답을 찾기 위해 그 그림과 그림 속 유명한 여인에 관해 시간을 들여 곰곰이 생각해보자.

당신은 아마도 그녀의 수수께끼 같은 미소를 떠올릴 것이다. 그녀는 미소에 어떤 비밀을 감추고 있는 걸까? 그리고 어느 각도에서

〈모나리자〉에 열광하는 사람들

출처: Thomas van de Weerd, July 19, 2009, CC BY 2.0.

든 보는 이를 따라오는 그녀의 시선에 대해 생각해볼 것이다. 또한 손을 포갠 이유에 대해 궁금하게 생각할 것이다. 그 자세는 차분한 분위기를 전한다. 그런데 손을 그렇게 모은 이유는 뭘까? 또는 아름답고 꿈결 같은 신비로운 배경에 주목할 수도 있다.

〈모나리자〉에 대해 더 많이 알아볼수록 그 그림을 더 높게 평가하게 된다. 그리고 그 그림이 차지한 상징적 지위도 당연한 듯 받아들이게 된다. 어찌 그러지 않을 수 있겠는가? 지금 〈모나리자〉가 발견되었다고 해도 사람들은 놀라지 않겠는가? 그리고 세계 최고의 걸작으로 인정하지 않겠는가? 그렇게 위대한 작품을 말이다. (이러한 생각은 영화 〈예스터데이〉의 가설이기도 하다.)

하지만 〈모나리자〉는 수 세기 동안 세상에서 가장 유명한 그림은 아니었다. 한동안 그리 널리 알려지지 않았다. 1503~1519년에 그려진 〈모나리자〉는 이후 몇십 년간 관심을 끌었지만 그렇게 유명하지는 않았다. 그리고 그 그림을 마음에 들어 하는 사람들조차 걸작으로까지는 인정하지 않았다. 많은 예술 비평가가 호평하기 시작한 것은 1860년이 되어서였다. 그때도 일반 대중에게는 알려지지 않았다. 18세기와 19세기에 다빈치는 지금처럼 유명한 인물이 아니었다. 〈모나리자〉는 세상에서 가장 위대한 그림이 아니라 그저 훌륭한 그림일 뿐이었다.

그렇다면 어떻게 지금의 자리에 오르게 된 걸까? 그것은 길고도 복잡한 이야기다.[8] 그리고 그 이야기는 그 그림 '안에서' 벌어진 일이 아니라 그 그림에 '대해서' 벌어진 일을 다루고 있다. 1911년에 〈모나리자〉는 루브르 박물관에서 도둑을 맞았다.[9] 그 사건이 없었더라도 〈모나리자〉는 지금의 가치를 인정받을 수 있었을까? 그것은 아무도 모른다.

찰스 디킨스(Charles Dickens)는 영어권에서 가장 유명한 소설가로 알려져 있다(《위대한 유산》을 아직 읽지 않았다면 꼭 읽어보자). 사람들은 그의 소설에 담긴 고유한 특성 때문에 그가 높은 명성을 얻었다고 생각한다. 그의 작품들은 우습고, 활기가 넘치고, 가슴 아프고, 감상적이고, 사랑스럽고, 신랄하고, 그리고 은밀하게(때로는 다소 노골적으로) 정치적이다. 그렇다면 사람들은 디킨스가 그 누구보다 디킨스와 더 비슷하기 때문에 영어권에서 가장 유명한 소설가라고 주장하는 셈이다. 그러나 컴퓨터 사회과학자 던컨 와츠(Duncan Watts)가 지적했듯이 "X는 X의 특성을 갖췄기 때문에 성공했다"[10]라는 주장은 순환논리에 불과하다. 다시 말해 이렇게 주장해서는 안 된다. "테일러 스위프트는 다른 누구도 아닌 테일러 스위프트로서의 특성을 갖추고 있었기 때문에 성공했다." 이 말은 명백한 오류라고는 할 순 없지만, 아무것도 설명해주지 못한다.

어떤 경우에도 이러한 주장은 올바른 설명이 될 수 없다. 세상에는 아주 많은 우연이 존재하며 성공과 실패는 그런 우연과 깊은 관련이 있다. H. J. 잭슨(H. J. Jackson)은 명성과 낭만주의 문학을 주제로 다룬 자신의 저서《불멸을 위해 글을 쓴 사람들(Those Who Write for Immortality)》에서 이렇게 설명했다. "워즈워스와 오스틴, 키츠, 블레이크는 부분적으로, 또는 주로 우발적인 주변 상황으로 오늘날 정상의 자리에 올랐다."[11] 그가 말하는 우발적인 주변 상황이란 곧 우연을 의미한다. 어떤 제품이 인기를 끄는지, 어떤 경영자가 상징적인 인물이 되는지, 또는 어떤 인물[존 F. 케네디(John F. Kennedy), 버락 오바마, 도널드 트럼프(Donald Trump)]이 미국 대통령이 되는지는 수많은 우연한 사건에 달렸다. 성공한 정치인들 역시 워즈워스와 오스틴, 키츠, 블레이크와 다르지 않다. 그리고 경영자와 스포츠 선수도 예외가 아니다.

명성에 관한 연구

일부 흥미로운 실증 연구 프로젝트는 방대한 데이터를 활용해서 '명성'이나 '천재성'을 설명하고자 한다. 실제로 한 연구 분야는 '명성 연구(eminence study)'라고 하는 한 가지 주제에만 집중한다.[12] [2016년에는 〈천재와 명성 저널(Journal of Genius and Eminence)〉이라는 학술지의 창간호가 나왔다.][13] 이 분야에서 캘리포니아대학교 데이비스 캠퍼스의 딘 키스 시몬튼(Dean Keith Simonton) 교수는 많은 논문을 발표했다. 그의 핵심 결론은 지능이 명성에서 중요한 역할을 차지한다는 것이다. 그런데 과연 얼마나 중요할까? 시몬튼은 다양한 연구를 종합해서 이렇게 결론을 지었다. "높은 IQ는 누가 큰 성공을 거두는지 예측하는 과정에서 중요하다."[14] 이 조심스러운 주장은 반박하기 힘들다. 그러나 시몬튼은 이렇게 덧붙였다. "지능이 유일한 요소는 아니지만, 지능이 높을수록 후대에 강한 인상을 남길 가능성이 커진다."

조금은 덜 조심스러운 이 주장은 객관적인 증거가 부족하다. 예를 들어 45명으로 구성된 집단에서 IQ가 높은 사람들이 성공을 거뒀다는 사실을 확인할 수 있다. 관련된 연구는 이러한 결과를 발견할 것이다. 하지만 이 발견으로 입증할 수 있는 것은 거의 없다. 다시 말해 이러한 연구 결과로부터 높은 IQ가 성공의 요인이라는 사실을 알 수 없다. 그것은 푸른 눈에 코는 낮고 머리가 갈색인 사람이 성공할 가능성이 크다는 발견보다 더 나을 게 없다.

시몬튼은 기원후 580~1900년 동안 2,012명의 철학자를 표본으로 조사한 연구에서 확인 가능한 요소가 명성과 상호 관련이 있는지 살펴봤다.[15] 여기서 표본의 규모는 상당히 크다. 그 결과, 시몬튼은 단지 몇 가지 주제가 아니라 아주 많은 주제를 다룬 철학자일수록 더 유명한 경향이 있다는 사실을 발견했다. 그리고 온건한 태도보다 극단주의적인 태도가 명성과 상관관계가 높다는 사실도 확인했다. 또한 명성을 얻은 사상가들은 시대에 뒤떨어진 경향을 보인다는 사실도 알 수 있었다. 즉 그들의 주장은 다음 세대에 우세한 견해보다 그들이 젊은 시절에 우세했던 견해와 더 가깝다는 사실을 확인했다.

이들 모두 흥미로운 발견이다. 그러나 더 흥미로운 대목은 명성에 기여한 수많은 요소를 살펴보고 나서 시몬튼은 철학자들의 명성에서 나타나는 편차의 약 80%를 여전히 설명할 수 없다는 결론에 도달했다는 점이다. 게다가 나머지 20%도 그의 데이터로 제대로 설명해낼 수 있는지 역시 분명하지 않다. 시몬튼이 확인한 중요한 상관관계(가령 명성과 극단주의 사이의 관계)는 명성의 이유를 제대로 설명해주지 못하는 것으로 보인다. 또는 인과관계가 없을 수도 있다. 다시 말해 예측 요인이 아니라 우연일 수 있다. 영화의 흥행 여부를 예측하는 시도가 적어도 개봉 후 벌어지는 뜻밖의 사건들 때문에 극단적으로 어렵다는 사실에 대해서도 한번 생각해보자.[16]

시몬튼은 셰익스피어 희곡 작품들의 상대적인 인기 차이를 설명하고자 했다. 〈햄릿〉과 〈리어왕〉의 인기는 비교적 높고, 〈아테네의 타이몬〉과 〈헨리 6세 제3부〉는 비교적 낮다. 여기서 그는 객관적인 요인의 중요성을 강조했다.[17] 가령 셰익스피어가 왕의 역사를 다뤘을 때 비교적 성공적이지 못했다는 사실을 발견했다. 반면에 광기나 극단적인 감정을 다룬 작품들은 비교적 큰 성공을 거둔 것으로 드러났다. 또한 셰익스피어의 희곡은 전제 정치와 독재를 다룰 때 더 좋은 성과를 보였다. 이러한 발견 역시 흥미롭다. 그런데 우리는 이를 통해 정확하게 무엇을 배울 수 있을까?

셰익스피어는 왕의 역사를 다룰 때 덜 성공적이었고 광기와 독재를 다룰 때 더 성공적이었다(가령 광기 어린 독재자인 리어왕을 꼽을 수 있다). 나 역시 많은 이들처럼 〈햄릿〉과 〈리어왕〉이 셰익스피어의 대표적인 작품이라는 데 동의한다. 하지만 대부분 그렇게 생각한다고 해서 그 두 가지가 셰익스피어의 최고 작품이라고 섣불리 결론을 내려서는 곤란하다. 우리는 그 두 작품이 말하자면 일종의 역사의 복권에 당첨되었을 가능성을 고려해야 한다. 물론 두 작품 모두 훌륭함의 기준을 훌쩍 넘어섰다. 하지만 어떤 점에서 두 작품은 유명하기 때문에 더 유명해졌다. 그렇다면 그 두 작품이 〈폭풍우〉와 〈뜻대로 하세요〉, 또는 〈베니스의 상인〉보다 정말로 더 뛰어난가?

물론 여러 가지 객관적인 요인을 가지고 명성이나 인기의 이유를 설명할 수 있다는 주장을 무조건 부인하는 것은 현명한 태도가 아니다. 많은 이들은 특히 심리적 요인에 주목해서 설명하고자 했다. 야망이나 꿈이 성공에 기여한다는 주장을 의심하는 사람은 없다. 비틀스가 일찍 꿈을 접었다면 그들은 비틀스가 되지 못했을 것이다. 또한 회복 탄력성도 성공에 기여한다. "거대한 성취는 미지근한 마음에서 비롯되지 않으며", "치열한 노력"은 일반적으로 성공의 필요조건이다.[18] 물론 개인의 능력도 중요하다. 가령 〈스타워즈〉의 작가이자 감독인 조지 루카스는 대단히 유연하면서도 뛰어난 시각적 상상력의 소유자였다.

그런데 문제는 특정 요인이 명성과 관련 있다고 해도, 그리고 애매모호한 발견을 제시할 수 있다고 해도, 그 연관성이 상당히 약하다는 데 있다. (예를 들어 장남이나 장녀로 태어나는 것이 성공에 도움이 되는지에 관한 논쟁은 아직도 결론에 이르지 못했다.) 실제로 야심 차고 의지가 강하고 유연하고 능력이 출중한 많은 이들이 인기를 얻지 못했다.[19] 여기서 다시 한 번 종속 변수 선택에 주의하자.

크고 작은 표본을 활용한 사후의 주장은 다소 그럴듯해 보인다. 그리고 우리의 직관에도 부합한다. 이러한 주장들이 보여주듯이 과거를 돌아보는 자의 시력은 양쪽 모두 2.0이다. 하지만 누가, 또는 무엇이 유명해질 것인지 신뢰할 만한 예측을 내놓는 일은 어느 정도로 가능한 것일까?

도둑맞은 자전거

문이 여러 개 있다고 상상해보자. 첫 번째 문을 열고 나가면 지금 우리가 살고 있는 세상에서 그대로 살아간다. 여기서 레오나르도 다빈치와 미켈란젤로(Michelangelo), 빈센트 반 고흐(Vincent van Gogh) 모두 상징적인 예술가다. 비틀스와 밥 딜런은 상징적인 뮤지션이다. 해리 포터는 가장 인기 있는 소설 속 영웅이다. 그리고 윌리엄 셰익스피어와 존 밀턴(John Milton), 존 키츠는 영어권의 최고 문학가로 추앙받는다. 〈시민 케인〉과 〈대부〉, 〈스타워즈〉는 최고의 영화로 손꼽힌다. 또한 이자벨 위페르(Isabelle Huppert)는 세계 최고의 배우로 알려져 있다. (반박은 사절!)

그런데 두 번째 문으로 들어가면 다른 모든 것은 그대로지만 아무도 밥 딜런을 알지 못한다. 대신 딜런과 좀 비슷한 다른 싱어송라이터가 있다. 그가 딜런의 자리를 차지했다. 그의 이름은 코니 컨버스다. 다음으로 세 번째 문을 선택하면 반 고흐와 키츠, 〈스타워즈〉가 세상에 존재하지 않고 대신에 한 번도 들어보지 못한 여러 유명한 예술가와 시인, 영화가 그 자리를 대신하고 있다. 마지막으로 네 번째 문으로 들어가면 우리가 알고 있는 인물과 작품들이 모두 전혀 유명하지 않다. 대신에 생소한 인물과 작품이 그 자리를 차지하고 있다.

사실 이 간단한 사고 실험은 영화 〈예스터데이〉가 시도했던 것이다. 우리는 이를 반대 가설에 대한 시도라고 생각해볼 수 있다. 다시 말해 성공과 명성의 운명이 미리 정해져 있지 않으며 우연히 발생한, 그리고 쉽게 다르게 드러날 수 있었던 일련의 요인에 의해 결정된다고 생각해보는 것이다.

유감스럽게도 반대 가설은 좀 애매모호하다. 반대 가설은 무엇을 의미하는가? 어떤 요인에 주목해야 하는가? 셰익스피어의 부모님이 그를 임신했던 날 밤에 로맨틱한 분위기를 느끼지 못했다면, 셰익스피어는 태어나지 못했을 것이다. 그러나 그것은 특별히 흥미로운 생각이 아니지 않을까?

무하마드 알리(Muhammad Ali)는 한동안 지구상에서 가장 뛰어난 권투선수일 뿐 아니라 가장 유명한 인물이었다. 전 세계가 그를 알았다. 실제로 나는 시카고에 있는 한 호텔에서 그를 만난 적이 있다. 그때 나는 혀가 얼어붙어서 그가 내게 어떤 존재인지 제대로 설명하지 못했다. 알리는 친절하고 상냥했다. 나는 어릴 적 소니 리스턴(Sonny Liston)과의 대결 결과를 알고 싶어서 밤늦게까지 자지 않았다는 실없는 소리만 했다. 그런데도 알리는 자신이 들었던 가장 재미있는 이야기인 것처럼 내 말에 귀를 기울여줬다.

알리는 권투선수다. 아마도 가장 위대한 권투선수일 것이다. 그런데 그는 어떻게 권투를 시작하게 되었을까? 열두 살 시절, 그리고 그의 이름이 알리가 아니라 캐시어스 마셀러스 클레이 주니어(Cassius Marcellus Clay Jr.)였던 시절에 그에겐 무척 아끼던 빨간색 자전거가 한 대 있었다. 그런데 어느 날 그 자전거를 도둑맞고 말았다. 어린 클레이는 켄터키주 루이스빌에 근무하는 조 마틴(Joe Martin)이라는 경찰관에게 신고했다. 그러고는 그에게 도둑을 "때려눕히고" 싶다고 했다.

그런데 공교롭게도 마틴은 루이스빌 남쪽 4번가에 있는 컬럼비아 체육관을 운영하고 있었다. 그는 클레이에게 누군가를 때려눕히고 싶다면 권투를 배워보라고 했다. 그리고 거기서 모든 이야기가 시작되었다. 도둑이 클레이의 자전거를 훔치지 않았다면 어떻게 되었을까? 클레이가 마틴이 아닌 다른 경찰관에게 신고했다면 어떻게 되었을까?

여기서 우리는 구분을 할 필요가 있다. 훌륭한 운동선수는 훌륭한 뮤지션과 다르다. 훌륭한 작가는 훌륭한 정치인과 다르다. 훌륭한 경영자는 훌륭한 과학자와 다르다. 어떤 분야에는 성공을 판단하는 객관적인 기준이 있다. 가령 알리는 링 위에서 소니 리스턴(Sonny Liston)과 조지 포먼(George Foreman)을 이겼다. 우사인 볼트(Usain Bolt)는 세상에서 그 누구보다 빨리 달리는 선수였다. 세리나 윌리엄스(Serena Williams)는 세계 최고의 테니스 선수였다. 이러한 주장에는 논란의 여지가 없다.

그러나 예술 분야에서는 이러한 합의를 이루기가 쉽지 않다. 나는 스티븐 킹을 대단히 훌륭한 작가라고 생각한다. 내 생각에 그는 우리 시대의 찰스 디킨스다. 그러나 많은 사람이 내 생각에 동의하지 않으리라는 사실을 안다. 그리고 그들이 틀렸다는 사실을 쉽게 입증할 수 없을 것이라고 인정할 수밖에 없다. 비즈니스와 정치 분야도 복잡하다. 스티브 잡스(Steve Jobs)는 어마어마한 돈을 벌었다. 프랭클린 델러노 루스벨트(Franklin Delano Roosevelt)는 네 번이나 대통령에 당선되었다. 둘 다 놀라운 인물이다. 그런데 그들은 대체 어떻게 그러한 자리에 오를 수 있었을까? 우리는 이 질문에 단 하나의 정답을 제시할 수 없다.

그래도 여러 분야에 걸쳐 공통점을 발견할 수 있다. 어떤 인물은 삶의 특정 시점에 새로운 대상에 관심을 기울이도록 만들어준, 또는 자신의 재능을 발견하게 해준 누군가를 만난다. 그들이 그런 존재를 만나지 않았다면 아마도 상징적인 인물의 반열에 오르지 못했을 것이다. 또한 어떤 인물은 자신의 특별한 재능을 발견하고 개발하지만, 주변의 도움을 받았기에 성공할 수 있었다. 가령 학교나 배우자, 파트너, 매니저, 후원자, 또는 팬으로 시작했다가 조직을 이끌게 된 사람의 도움이 꼭 필요했다. 다른 인물은 사회나 시대의 분위기와 조화를 이루거나, 또는 그렇게 되기 위한 계기가 필요했다. 가령 그들은 10년간 큰 성공을 거두지만 이전 10년 동안은 계속해서 실패하거나 이해하기 힘든 삶을 살았다. 그리고 이후 10년 동안 시대에 뒤떨어진 사람으로 취급받는다.

1961년 9월 29일에 미국의 인쇄업자인 로버트 셸턴(Robert Shelton)은 〈뉴욕타임스〉 기사에 전혀 알려지지 않은 한 인물을 극찬하는 글을 썼다. 그는 다름 아닌 스무 살의 밥 딜런이었다. 셸턴은 이렇게 썼다.

> 합창단 소년과 비트족(beatnik, 1950년대 전후로 미국 사회의 질서에 반발해 저항 문화와 기행을 추구했던 젊은 세대-옮긴이)이 섞인 천사 같은 외모의 딜런은 허클베리 핀 검정 코듀로이 모자로 헝클어진 머리를 살짝 감췄다. 그가 입은 옷은 수선이 좀 필요해 보이지만, 기타와 하모니카, 또는 피아노를 연주하거나 자신이 기억하는 것보다 더 빠른 속도로 작곡할 때면 그의 재능을 마음껏 발산하고 있다는 확신이 든다. 딜런의 음성은 너무나 아름답다. 그는 집 앞에서 노래를 흥얼거리는 남부 지방 노동자의 거친 아름다움을 의식적으로 재현해내고 있다. 그의 '허스키하고 거친 목소리'는 모두 선율에 담겨 있고 타는 듯한 강렬함은 가사에 스며들어 있다. 그가 어떻게 살아왔는지, 그리고 어디서 태어났

는지는 잘 알려지지 않았지만, 그가 어디서 왔는지보다 중요한 것은 그가 어디로 나아갈 것인지일 것이다. 그리고 그 길은 곧게 뻗어 있는 듯 보인다.[20]

셸턴의 기사는 딜런이 가수로 경력을 쌓아가는 데 도움을 줬다. 그런데 셸턴이 딜런이 아닌 다른 가수를 대상으로 그 기사를 썼더라도 딜런은 성공했을까? 우리가 한 번도 들어보지 못한 대단히 훌륭한 가수에 대해서 썼더라도?

케인스

영국의 경제학자 존 메이너드 케인스(John Maynard Keynes)는 대단히 유명했고 지금도 그렇지만, 그의 명성을 잠시 접어두고 그가 연구했던 예측의 한계에 주목해보자. 케인스의 연구는 과연 성공과 실패를 예측할 수 있는지, 그리고 예측할 수 있다면 언제 가능한지라는 질문과 직접적인 연관이 있다.

케인스는 많은 대상을 효과적으로 예측할 수 있다는 주장에 흔쾌히 동의했지만, 동시에 특정한 결과가 발생할 확률을 측정할 수 없는 상황에 따른 '불확실성'의 문제에도 많은 관심을 기울였다. 그의 이야기를 한번 들어보자.

설명해보자면, '불확실한' 지식이라고 말할 때, 그것은 다만 분명히 알고 있는 것과 그저 개연성이 있는 것을 구분하려는 의도만은 아니다. 이러한 차원에서 룰렛 게임은 불확실성의 대상이 아니다. 그리고 전쟁 채권을 발행할 것인지에 대한 전망도 마찬가지다. 또는 다시 한 번, 기대 수명은 조금 불확실한 것이다. 날씨 또한 어느 정도 불확실하다. 여기서 내가 불확실성이라는 표현을 사용하는 것은 유럽 전쟁, 구리 가격과 20년 후 금리, 새로운 발명의 노후화, 또는 1970년의 사회 시스템에서 재산을 소유한 개인의 지위에 대한 전망이 불확실하다는 것을 말하기 위함이다. 이러한 문제와 관련해서 우리가 객관적인 확률을 구할 수 있는 과학적 기반은 어디에도 없다.[21]

이러한 관점에서 케인스의 핵심 주장은 이런 것이다. "우리는 다만 알지 못할 뿐이다."

케인스는 사람들이 이러한 상황에 대처하기 위한 유서 깊은 전략을 갖고 있다는 사실을 알았다. 그는 이렇게 말했다. "사람들은 현재를, 지금까지 벌어진 일을 보여주는 지난 경험에 대한 솔직한 평가가 아니라 미래를 예측하는 유용한 지침이라고 생각하는 경향이 있다. 다시 말하자면, 실제 특성에 관한 향후의 변화에 대해 우리는 아무것도 알지 못한다는 사실을 대개 간과한다."[22]

바꿔 말하자면, "우리는 자신의 개인적인 판단은 별 도움이 되지 않을 것이라 생각하면서 아마 더 많은 정보를 알고 있을 세상의 판단을 기꺼이 따르려 한다. 즉 다수, 또는 평균적인 사람들의 행동을 그대로 따르려 한다. 다른 사람들을 그대로 따르려는 개인이 모여 구성한 사회의 심리는 우리가 말하는 엄격한 전통적 판단으로 이

어진다".[23]

사실 이러한 태도는 비즈니스와 정치 세상에 만연해 있었으며 지금도 마찬가지다. 정부 관료들은 국가 안보 위기에 대처하는 방법을 논의하면서 이런 질문을 던진다. 우리는 과거에 있었던 비슷한 위기 상황에 어떻게 대처했는가? 또한 기업은 기후 변화에 대처하는 방안을 모색하면서 이렇게 묻는다. 다른 기업들은 어떻게 하고 있는가?

물론 케인스는 이러한 접근 방식을 인정하지 않았다. 터무니없는 것으로 여겼다. 그는 말했다. "화려하게 장식된 이사회 회의실을 위한, 그리고 효과적으로 규제된 시장을 위한 이러한 세련되고 공식적인 기술은 쉽게 실패할 수 있다." 그리고 그 이유는 "우리가 미래에 대해 거의 알지 못하기 때문이다".[24]

삶의 궤적

2020년 아주 많은 연구원이(정확하게 112명이) 야심 찬 프로젝트에 참여했다. 그 프로젝트의 목표는 삶의 궤적을 과연 예측할 수 있을지 확인하는 것이었다. 이를 위해 프로젝트 주최 측은 전 세계적으로 연구자들의 참여를 받았다. 프로젝트 이름은 단순 명료했다. 취약 가정 챌린지(Fragile Families Challenge).[25]

이 프로젝트는 사회과학 연구를 위한 취약 가정과 아동 행복 연구(Fragile Families and Child Wellbeing Study)라고 하는 특별한 데이터베이스를 기반으로 진행되었다. 지금도 진행 중인 이 프로젝트는 부모가 결혼한 상태가 아닌 수천 곳의 가정을 대상으로 한 방대한 데이터를 확보했다. 이들 가정의 어머니들 모두 2000년 무렵에 미국의 대도시에서 자녀를 출산했다.

그 데이터는 여섯 차례 '시점'을 기준으로 수집되었다. 그 여섯 시점은 아동의 출생, 한 살, 세 살, 다섯 살, 아홉 살, 열다섯 살에 해당한다. 이를 바탕으로 그 프로젝트는 아동의 건강 및 발달, 인구통계적 특성, 교육, 소득, 고용, 친척과의 관계, 부모 관계 등에 관한 방대한 데이터베이스를 구축했다. 데이터 중 일부는 어머니와 아버지에게 여러 가지 질문을 묻는 방식으로 수집되었다. 그리고 다른 일부는 아동의 키와 몸무게 측정, 이웃 및 가정 내 관찰, 어휘력 및 독해력 테스트 등으로 이뤄진 가정 평가(세 살, 다섯 살, 아홉 살 시점)로 수집되었다. 취약 가정 챌린지는 첫 다섯 시점(출생에서 아홉 살에 이르기까지)에서 데이터 수집이 완성되었을 때부터 본격적으로 시작되었다. 여섯 번째 시점(열다섯 살)에 해당하는 데이터 수집은 현재 진행 중에 있다.

이 프로젝트의 경쟁력은 많은 연구원이 챌린지에 참여하도록 했다는 점에 있었다. 이들 연구원은 챌린지에서 다음 항목들을 예측하고자 했다.

1. 아동의 평균 성적
2. 아동의 끈기(참을성 같은 항목에 대해 아동이 직접 보고한 점수 기준 평가)
3. 주거지 강제 퇴거

4. 가정의 경제적 어려움

5. 주 부양자의 해고

6. 주 부양자의 직업 교육 참여

프로젝트 주최 측은 챌린지에 참여한 연구원 모두에게 첫 다섯 시점에서 수집한 데이터와 더불어 여섯 번째 시점에서 수집한 데이터 중 절반에 접근할 수 있는 권한을 부여했다. 이들 자료에는 무려 1만 2,942개에 달하는 항목으로 구성된 총 4,262가구에 관한 데이터가 포함되어 있었다. 챌린지의 핵심 과제는 주어진 데이터를 바탕으로 아직 데이터 수집이 완성되지 않은 여섯 번째 시점에서 각 가구의 상태를 예측해주는 모형을 개발하는 것이었다.

주최 측은 가급적 많은 연구원이 취약 가구 챌린지에 참여하도록 애썼다. 그리고 그 노력은 성공적이었다. 총 457개 팀이 참가 신청을 했고, 여기서 최종적으로 160개 팀을 선정했다. 그중 많은 팀이 무엇보다 정확성을 높이기 위해 첨단 기계 학습 기술을 활용했다. 이 챌린지에서 가장 중요한 질문은 이것이었다. 160개 팀 중에서 과연 어느 팀이 가장 정확한 예측을 내놓을 것인가? 그리고 이 질문에 대한 대답은 이렇게 드러났다. 어느 팀도 정확한 예측을 내놓지 못했다!

물론 기계 학습 알고리즘은 무작위보다는 더 나은 것으로 나타났다. 다시 말해 완전히 형편없는 수준은 아니었다. 그러나 무작위 방식의 예측보다 크게 낫지는 않았다. 가령 주 부양자의 해고나 직업 교육 참가와 같은 항목에서 연구팀들이 내놓은 예측은 무작위 방식보다 '조금' 더 나은 수준이었다. 프로젝트 주최 측은 이렇게 결론을 내렸다. "예측 정확성이 낮은 이유를 단지 연구팀의 역량이나 접근 방식의 한계로 치부할 수만은 없다. 수백 명의 연구원이 과제에 도전했지만 누구도 정확한 예측을 내놓지 못했기 때문이다."[26]

160개 팀은 저마다 다양한 방법을 활용했지만 그들이 내놓은 예측은 서로 비슷했고, 또한 정확하지 않았다. 이에 대해 주최 측은 농담조로 이렇게 말했다. "연구팀들은 진실을 예측하기보다 서로의 예측을 더 잘 예측해줬다."[27]

여기서 우리가 얻어야 할 교훈은 특정 시점에서 가정의 상황, 그리고 그로부터 몇 년 후 가정의 상황 사이의 상관관계를 알 수 없다는 것이다. 취약 가정 챌린지 주최 측은 이렇게 결론을 내렸다. 이번 결과는 "방대한 데이터베이스에도 불구하고 삶의 궤적을 예측하는 역량에 대한 의구심을 더 높였다".[28] 우리는 지금 누군가의 삶의 상황에 대해 많은 정보를 알 수 있다. 하지만 그의 미래 상황에 대해서는 그리 많은 이야기를 할 수 없다.

탱크맨

위 이야기를 이해하기 위한 한 가지 접근 방식을 소개할까 한다. 열 살이 된 소녀에 관해 최대한 많은 정보를 알아낸다고 해보자. 우리는 소녀의 가족과 인구 통계 자료, 거주하는 동네, 학교생활,

좋아하는 스포츠 등을 알고 있다. 이제 그녀가 스물한 살이 되었을 때 삶의 다양한 측면을 예측해보자. 그 예측에 강한 확신을 느낄 수 있는가?

아마 아닐 것이다. 그것은 수많은 변수가 삶의 궤적을 이리저리 바꾸고, 이러한 변수를 예측하기는 대단히 힘들기 때문이다. 가령 결정적인 순간에 다리가 부러지거나, 훌륭한 음악 선생님을 만나거나, 새로운 친구를 사귀거나, 일요일 오전에 라디오에서 흘러나오는 노래를 듣거나, 온라인이나 뉴스에서 어떤 기사를 보면서 인생이 바뀌기도 한다.

이야기 하나를 들려줄까 한다. 내가 아는 한 여성이 있다. 그녀는 고등학교와 대학교 시절에 스포츠에 완전히 빠져 있었다. 특히 농구와 야구를 좋아했다. 그러나 미래에 대한 구체적인 계획은 없었다. 다만 스포츠 해설자가 되면 좋겠다고 막연히 소망했다. 1989년 그녀는 아직 대학생 신분으로 야구 경기가 진행되는 시즌에 애틀랜타에 있는 한 방송국에서 일하게 되었다. 그런데 거기서 우연히 중국의 천안문 광장에서 벌어진 끔찍한 소식을 접하게 되었다. 그녀는 화면 속에서 탱크맨이라고 하는 신원미상의 한 남자가 줄지어 선 탱크 앞을 가로막고 서 있는 모습을 봤다.

그녀는 충격을 받았다. 그리고 삶의 목표를 바꿨다. 이후로 정치와 역사로 진로를 바꾸면서 학업에 더 많은 열정을 쏟았다. 그리고 대학 졸업 후에는 종군 기자로 일했다. 이후로 로스쿨에 들어가 공부하면서 대량 학살을 주제로 책을 썼다. 그리고 그 책으로 퓰리처상을 받았다.

젊은 나이로 상원의원에 당선된 오바마는 그녀의 책을 읽고 강한 인상을 받았다. 오바마는 그녀를 저녁 식사에 초대했고 둘은 친한 사이가 되었다. 세월이 흘러 대통령에 당선된 오바마는 그녀에게 백악관 인권 자문을 맡아 달라고 부탁했다. 이후 그녀는 최연소로 UN 미국 대사의 자리에 올랐다. 그리고 이 글을 쓰는 지금, 그녀는 세계 최대 개발 기구인 미국 국제개발처 처장으로 일하고 있다.

그녀의 이름은 서맨사 파워(Samantha Power), 바로 나의 아내다.

2장

충격과 놀람

코니 컨버스는 1950년대와 1960년대에 활동한 가장 독창적이면서 가장 위대한 포크 가수로 널리 인정받고 있다. '최초의 싱어송라이터'라고 불리는 컨버스는 한참 뒤에 등장했던 밥 딜런과 종종 경쟁 구도를 이룬다. 사실 컨버스는 밥 딜런뿐만 아니라 존 바에즈(Joan Baez), 조니 미첼(Joni Mitchell), 주디 콜린스(Judy Collins), 비틀스, 롤링 스톤스(Rolling Stones), 제임스 테일러(James Taylor), 캣 스티븐스(Cat Stevens), 크로스비, 스틸스, 내쉬 앤 영(Crosby, Stills, Nash, and Young), 그리고 보다 최근 사례로 에이미 만(Aimee Mann)과 비욘세(Beyonce), 카니에 웨스트(Kanye West), 테일러 스위프트에 이르기까지 많은 영향을 미쳤다.

컨버스의 대표 히트곡인 〈Roving Woman〉을 들어본 사람도 있을 것이다. 이 노래에 담긴 저항적 감성은 한 시대를 정의했으며 요즘도 라디오에서 흘러나오곤 한다. 그 가사를 잠깐 들여다보자.

> 사람들은 말하지
> 방랑하는 여자는 자신의 운명보다 더 나은 삶을 살지 못할 거라고.
> 그래서, 내가 있어야 할 곳을 떠날 때면
> 누군가 나를 항상 집으로 데려오지…
> 물론 곧게 뻗은 좁은 길을 따라가면
> 언젠가 행복한 결말에 이르게 될 테지만.
> 그리고 잠자리에 들면서 카드놀이와 술에서 벗어날 수 있어 얼마나 다행인지 안심하게 될 테지만.

1950년대 사람들은 컨버스의 외설적인 도발에 화를 내기도, 즐거워하기도 했다. 물론 이 노랫말의 의미를 놓고 논란이 분분했다. 페미니스트의 축가인가, 아니면 그 반대인가? 컨버스는 남성들에 대해 정확하게 무슨 말을 했던가? 남성을 좋아했던가? 아니면 무시했던가?

일반적으로 학계에서는 컨버스가 여성의 주체성을 상징적이고 낙관적으로 표출했다고, 또한 오늘날 특정한 형태의 페미니즘의 전조를 보여줬다고 인정한다. (비욘세 역시 컨버스에 대해 무한한 존경심을 드러낸 바 있다.) 많은 사람은 컨버스의 〈Roving Woman〉이 호주 가수인 헬렌 레디(Helen Reddy)의 〈I Am Woman, Hear Me Roar〉보다 훨씬 더 섬세하고 흥미롭다는 데 동의한다. 사실 레디는 컨버스에게서 직접적인 영감을 얻었고 컨버스의 아주 다른 축가에 대한 직설적인 답변으로서 자기만의 축가를 만들었다고 주장했다.

아마 고독과 외로움이 사무치는 가슴 아픈 사연을 담은 〈One by One〉이 머릿속에 계속 맴돌았던 기억이 떠오르는 이도 있을 것이다.

우리는 어둠 속으로 걸어가지.
우리는 밤을 향해 걸어가지.

연인들처럼
둘이서 함께 오가는 게 아니라,
어둠 속에서 홀로
걸어가는 것이지.

〈One by One〉은 그 안에 신비로움이 담겨 있다. 이는 잃어버린 사랑에 관한 노래인가? 아니면 간절하게 소망했지만 끝내 얻지 못한 사랑에 관한 노래인가? 애원인가? 유혹의 손짓인가? 연애편지인가? 그 대답이 무엇이든 간에 그 노랫말은 분명하게도 '잃어버린 낙원'과 그에 따른 파멸에 관한 조심스러운 이야기를 들려준다. "그들은 손을 잡고 정처 없는 발걸음으로 천천히 / 에덴동산을 거쳐 혼자만의 길을 걸어가지."

컨버스는 새로운 장르를 개척한 포크 가수만은 아니었다. 1965년에 '전자 음악으로 넘어간' 컨버스는 딜런과 더불어 오늘날 록 음악의 기반을 닦은 가수이기도 하다. 컨버스는 새로운 포크 음악을 만들어내는 과정에서 딜런을 앞섰지만, 록 음악의 토대를 마련하는 과정에서는 딜런이 몇 달 앞섰다. 컨버스의 이름은 오늘날 문학 강의에서도 종종 거론된다. 심지어 어떤 이들은 때가 도래하면 노벨상도 불가능한 일은 아니라고 믿는다.

전 세계 수십 명의 팬

그렇다. 컨버스에 관한 이야기는 거짓말이다. 우리가 살아가는 현실과는 다른 세상의 이야기다. 그래도 일부는 사실이며 우리 현실과 완전히 다르지는 않다. 컨버스는 실제로 1950년대 포크 가수였다. 그리고 〈Roving Woman〉과 〈One by One〉은 모두 실제로 존재했던 노래이며 그것을 만든 이는 바로 컨버스였다. 그러나 그녀는 앨범을 내지는 않았다. 그리고 많은 청중 앞에서 노래한 적이 없다. 히트송도 없다. 대부분 친구나 가족 앞에서 노래를 불렀다(그래서 '청중' 앞에서 노래를 불렀다고 말하기도 어렵다). 그래도 컨버스는 열심히 노력했고 인맥이 넓은 사람들의 관심을 끌려고 했다. 실제로 그들 중 몇몇은 컨버스를 도와주려고 했다. 하지만 그녀는 '발굴되지' 못했다.

컨버스는 이렇게 말했다. "제겐 전 세계 수십 명의 팬이 있습니다." 이 말은 우리를 다시 한 번 생각해보게 만드는 짓궂은 가사 말인 "사람들은 말하지 / 방랑하는 여자는 자신의 운명보다 더 나은 삶을 살지 못할 거라고"와 동일한 감정선 위에 놓여 있다. 그런데 놀랍게도 컨버스는 전국 방송에 출연한 적이 있다. 그녀는 딱 한 번 미국 언론인 월터 크롱카이트(Walter Cronkite)와 함께 TV에 모습을 드러냈다. 하지만 영상이나 녹음 자료는 하나도 남아 있지 않다(사진만 있다). 그 출연이 가수로서의 경력에 도움을 주지는 못했다. 컨버스는 사람들이 포크송을 부르기 오래전부터 포크송을 작곡했다. 당시 그녀의 노래는 어떤 장르에도 속하지 않았다. 그녀는 천재였던 걸까? 또는 차별의 희생양이었을까? 그랬다면 어떤 형태의 차별이었을까? 혹시 시대를 너무 앞서간 것은 아닐까?

10년의 무명 생활에 지친 컨버스는 1950년대 말에 결국 작곡을 중단했다. 1961년에는 뉴욕을 떠나 미시간주 앤아버로 이주했고, 거기서 학술지 편집장으로 일했다. 그녀가 뉴욕을 떠난 달에 밥 딜런은 뉴욕에 도착했다. 딜런은 컨버스라는 이름을 들어보지 못했다. (당시 딜런은 컨버스보다 더 유명했다.) 컨버스는 50세가 되던 1974년에 폭스바겐 비틀을 몰고 앤아버의 집을 떠난 이후로 사라졌다. 다만 뉴욕으로 다시 돌아갈 것이라는 알쏭달쏭한 작별 편지만 가족과 친구에게 남겼다.

그러나 그녀가 정말로 어디로 갔는지, 또는 무슨 일이 있었는지 아는 사람은 없다. 그저 컨버스가 자살을 선택했다는 게 통설이다. 그러나 그녀의 시신도 자동차도 발견되지 않았다. 모든 게 미스터리로 남았다.

하지만 컨버스의 이야기는 여기서 끝나지 않는다. 아직 많이 남았다. 2004년 1월 9일 아마추어 녹음 엔지니어이자 유명 삽화가인 진 디치(Gene Deitch)는 뉴욕에 있는 라디오 방송국 WYNC의 프로그램이자 데이비드 갈런드(David Garland)가 진행하는 〈스피닝 온 에어(Spinning on Air)〉에 출연 요청을 받았다. 당시 여든 살의 디치는 자신이 보유한 많은 녹음 자료들 중 일부를 갈런드에게 샘플로 보냈다. 그러나 그중에서 갈런드의 마음에 드는 노래는 없었다. 단, 코니 컨버스의 노래만 제외하고 말이다.

1950년대 뉴욕에서 살았을 때 디치는 자신이 주최한 여러 다양한 소모임에 참석한 사람들이 부른 노래를 신형 테이프 레코더로 녹음하곤 했었다. 그리고 1954년에는 그런 모임에서 컨버스의 노래를 녹음하게 되었다. 디치는 컨버스의 노래를 듣고 깜짝 놀랐지만 이후로 그녀를 도저히 찾을 수 없었고 1970년대에 종적을 감춘 것으로만 안다고 갈런드에게 설명했다.

컨버스의 이야기에 호기심을 느낀 갈런드는 디치에게 그녀에 관한 미스터리를 방송에서 들려주고 그녀의 노래도 불러 달라고 부탁했다. 그때 디치가 선택한 곡은 〈One by One〉이었다. 디치는 1954년 소모임에 참석한 이들 모두 "그녀의 노래에 흠뻑 빠졌었다"는 이야기와 함께 컨버스가 "사람들의 기억 속에서 사라진 천재"라고 말했다. 그는 약 1분 동안 컨버스에 관한 이야기를 했다.

이야기는 여기서 끝날 수 있었다. 논리적인 세상이라면 아마도 그랬을 것이다. 그런데 어느 일요일 밤, 뉴욕에 사는 스무 살 대학생 댄 즐라(Dan Dzula)가 차를 몰고 부모님 집으로 가던 중 〈스피닝 온 에어〉의 바로 그 에피소드를 듣고 있었다. 즐라는 거기서 흘러나온 노래에 큰 감동을 받았다. 넋이 나간 채 아무 말도 할 수 없었다. 그는 집으로 돌아오자마자 컨버스에 관한 정보를 뒤졌다. 하지만 온라인에서는 아무것도 찾을 수 없었다. 실망한 즐라는 〈스피닝 온 에어〉의 그 에피소드를 다시 들으면서 나중에 듣기 위해 〈One by One〉을 녹음했다.

이후 즐라는 대학을 마치고 스튜디오에서 엔지니어로 일하면서 믹싱과 프로듀싱 업무를 배웠다. 그는 나중에 배우가 된 자신의 대학 동료 데이비드 허먼(David Herman)에게 그 스튜디오에서 함께 일하자는 제안을 하기도 했다. 그러는 동안에도 즐라는 컨버스에 대한 관심을 놓지 않았고 이따금 친구들 앞에서 〈One by One〉을 부르기도 했다. 다시 한 번, 논리적인 세상이라면 이야기는 여기서 끝날 수 있었다. 그러나 어느 날 오후 즐라가 허먼에게 그 노래를 불러줬을 때 허먼은 기회가 왔음을 직감했다. 그는 생각했다. 즐라와 함께 컨버스의 노래를 찾아보면 어떨까? 컨버스가 세상을 떠나고 반세기가 훌쩍 넘은 지금에 그녀의 노래를 모아서 데뷔 앨범으로 내면 어떨까?

2007년 즐라는 허먼의 아이디어를 실현하기 위해 디치에게 편지를 썼다. 그리고 디치는 다음 날 바로 컨버스의 노래 17곡을 즐라에게 소포로 보냈다. 즐라는 컨버스의 가족에게도 연락을 했고 그녀의 오빠인 유명 정치학자 필립 컨버스(Philip Converse)에게서도 몇 개의 녹음본을 얻었다. 2008년 말 즐라와 허먼은 결국 컨버스의 앨범을 시장에 내놓기로 결정했다.

두 사람은 먼저 세 곡을 수록한 미니 앨범을 발표했다. 그리고 소셜 미디어에 컨버스의 생애에 관한 짧은 설명과 함께 링크를 올려뒀다. 반응은 폭발적이었다. 용기를 얻은 두 사람은 2009년에 정규 앨범 《How Sad, How Lovely》를 발표했다. 이후 갈런드는 한 에피소드를 컨버스의 이야기로만 채웠다. 정규 앨범은 엄청난 성공을 거뒀다. 2023년 기준으로 스포티파이(Spotify)에서 1,600만 회 이상의 스트리밍 횟수를 기록했다.

컨버스는 아직 포크 음악의 주류는 아니지만 점점 다가서고 있다. 그녀가 포크 음악계에서 중요한 가수가 된다면, 그것은 아마도 미국 작가인 하워드 피시먼(Howard Fishman)이 컨버스를 주제로 쓴 책이 큰 역할을 했기 때문일 것이다. 2023년 피시먼이 《물어보는 모든 이에게(To Anyone Who Ever Asks)》라는 제목으로 책을 발간했을 때, 많은 이들이 관심을 보였다.[1] 피시먼은 2010년에 한 파티에서 《How Sad, How Lovely》에 수록된 컨버스의 노래를 들은 이후로 그녀에게 많은 관심을 기울이기 시작했다. 컨버스에 대한 피시먼의 책은 말하자면 연애편지이자 비가(悲歌), 그리고 컨버스에게 너무나 가혹했던 세상의 인식을 바로잡기 위한 도전이었다.

피시먼은 여기서 컨버스는 진정한 천재이며, 그녀가 살았던 시대는 그녀를 정당하게 평가했어야 했다고 주장했다. 그러면서 포크 음악을 연구하는 민속학자인 엘렌 스테커트(Ellen Stekert)의 말을 인용했다. "그녀는 여자 밥 딜런이다. 작사가이자 작곡가로서 딜런을 넘어섰다. 그러나 딜런이 가진 비즈니스 감각은 없었다. 게다가 저항 노래를 작곡하는 데에도 별 관심이 없었다."[2] 피시먼도 비슷한 맥락에서 행운의 중요성을 언급했다. "딜런은 올바른 시점에 올바른 장소에 있었다. 그러나 컨버스는 그러지 못했다."[3]

스테커트의 주장은 다소 극단적이다. 컨버스는 여자 밥 딜런도 아니었고 딜런을 넘어섰다고 말하기도 어렵다. 그래도 그녀는 독특하고 시적 감성이 풍부하다. 사람들의 심금을 울리고 즐거움을 준다. 컨버스는 심연을 들여다본다. 그리고 존 바에즈나 주디 콜린스보다 더 섬세하고 놀랍다. 물론 바에즈와 콜린스도 훌륭하고 놀라운 뮤지션이지만 컨버스는 더 독특하고 중요한 측면에서 더 뛰어났다. 그렇기 때문에 컨버스가 자신이 살았던 시대를 정의한 가상의 세상을 상상하기는 그리 어렵지 않다. 이러한 점에서 피시먼의 말은 옳았다.

그런데 왜 아무도 2008년이 될 때까지 컨버스를 알지 못했을까? 간단하게 말하자면, 그녀는 복권에 당첨되지 않았다. 피시먼은 컨버스의 오빠 말을 인용했다. "동생은 성공을 그렇게 갈망하지 않았으니까요." 피시먼은 컨버스에게 다만 "운이 따르지 않았다"고 생각했다.[4] 월터 크롱카이트와 함께 한 방송 출연은 "그녀에게 무엇보다 필요한 행운과 같은 것이었다. 그녀는 행운을 거의 거머쥘 뻔했다".[5] 피시먼은 컨버스에게 무엇보다 한 가지 약점이 있었다고 지적한다. 그는 다음과 같은 말로 책을 마무리했다. "내게 소망이 있다면, 적어도 쓸모 있는 길잡이로서 역할을 충실히 함으로써 사람들이 컨버스가 결국에 찾아간 그 자리로, 그리고 위대한 미국의 예술가와 사상가들이 모여 있는 테이블로 그녀를 따라 걸어가게 만드는 것이다."[6]

또한 피시먼은 이렇게 물었다. "세상에는 얼마나 많은 코니 컨버스들이, 그리고 사람들의 관심을 갈망했지만 성공에 필요한 감성적 통로와 격려, 자존감, 공동체가 없어서 주목받지 못한 예술가와 사상가들이 있을까?"[7]

뮤직 랩 실험

수년 전 세 명의 사회과학자 매튜 살가닉(Matthew Salganik)과 던컨 와츠, 피터 도즈(Peter Dodds)는 문화적 성공과 실패의 요인을 자세히 들여다봤다.[8] 그들이 가장 먼저 주목했던 점은 책과 영화, TV 프로그램, 음악 시장에서 일하는 사람들도 무엇이 성공할 것인지 제대로 예측하지 못한다는 사실이었다. 전문가조차 예측에서 심각한 실수를 범했다. 어떤 제품은 예상보다 큰 성공을 거둔 반면, 다른 제품은 기대치에 훨씬 못 미쳤다. 우리는 성공한 제품은 실패한 제품보다 틀림없이 품질이 더 좋을 것이라고 쉽게 생각해볼 수 있다. 그런데 성공의 기준이 그렇게 간단하다면 왜 예측은 매번 그렇게 빗나간단 말인가?

우리는 스티븐 킹의 새 작품이 성공할 것이라는 걸 안다. 그리고 테일러 스위프트의 새로운 노래가 히트칠 것이라는 걸 안다. 또한 감흥 없는 책이나 노래가 실패할 것이라는 걸 안다. 안다. 하지만 우리가 아는 것은 거기까지다. 수십 년 전 종적을 감춘 코니 컨버스의 2009년 앨범이 스포티파이에서 입소문을 타고 인기를 끌게 될 것이라고 누가 예상했겠는가?

살가닉과 그의 동료들은 문화적 성공과 실패의 요인을 파악하기 위해 기존의 한 웹사이트에서 음악 시장을 인공적으로 만들어봤다. 사람들은 그들의 연구를 뮤직 랩(Music Lab) 실험이라고 부른다. 그들은 이 사이트에 무명 밴드들이 실제로 부른 무명의 노래 48곡을 업로드했다. 여기에는 케일팩션(Calefaction)이라는 밴드의 〈Trapped in an Orange Peel〉, 하이드롤릭 샌드위치(Hydraulic Sandwich)의 〈Separation Anxiety〉, 실버폭스(Silverfox)의 〈Gnaw〉, 페이딩 트루(Fading Through)의 〈Wish Me Luck〉(이 책의 주제와 잘 어울리는 제목), 설루트 더 돈(Salute the Dawn)의 〈I Am Error〉(역시 어울리는 제목) 등이 포함되었다.

세 연구원은 1만 4,000명의 사이트 방문자 중 절반을 무작위 방식으로 '독립적인 판단' 그룹으로 분류했다. 이 그룹의 방문자들은 노래 일부를 듣고 혼자서 평가를 내려 다운로드를 받을 것인지 결정한다. 살가닉과 그의 동료들은 이 그룹의 7,000명 방문자의 선택을 바탕으로 사람들이 어떤 노래를 좋아하는지 객관적으로 확인할 수 있었다. 다음으로 그들은 다른 7,000명을 '사회적 영향' 그룹으로 분류했다. 이 그룹은 한 가지 측면에서 독립적인 판단 그룹과 달랐다. 그들은 다른 방문자들이 어떤 노래를 얼마나 많이 다운로드받았는지 볼 수 있었다.

또한 연구원들은 사회적 영향 그룹에 속한 방문자들을 역시 무작위 방식으로 여덟 개 하위 그룹으로 분류했다. 여기서 방문자들은 자신이 속한 하위 그룹 내 다른 방문자들이 어떤 노래를 얼마나 다운로드받았는지만 볼 수 있었다. 이들 하위 그룹에서 초반 다운로드 횟수는 당연하게도 우연적인 무작위 요인의 결과로 결정될 수밖에 없었다. 예를 들어 〈Trapped in an Orange Peel〉이라는 노래가 한 하위 그룹에서 초기 방문자들로부터 높은 관심을 받았지만, 다른 하위 그룹에서는 그러지 못할 수 있다. 마찬가지로 〈Wish Me Luck〉도 어떤 하위 그룹에서는 초반에 별로 인기가 없었지만, 다른 하위 그룹에서는 뜨거운 관심을 받을 수 있다. 이 실험을 좀 더 생생하게 바라보기 위해, 이를 (지금은 잊힌 1960년대 밴드들인) 클리프 리처드 앤드 더 섀도스(Cliff Richard and the Shadows)와 로리 스톰 앤드 더 허리케인스(Rory Storm and the Hurricanes), 프레디 앤드 더 드리머스(Freddie and the Dreamers), 허니콤스(Honeycombs), 스윙잉 블루 진스(Swinging Blue Jeans)의 잠재적 성공과 실패를 시험하는 것으로, 그리고 그들의 잠재적 성공을 비틀스와 롤링스톤스의 성공과 실시간으로 비교해보는 시도로 이해해도 좋겠다.

연구원들은 간단한 질문을 던졌다. 노래의 인기 순위가 하위 그룹 간에 서로 다르게 나타날 것인가? 초반 다운로드 횟수는 최종 결과에 영향을 미칠 것인가? 초반 순위는 48곡의 최종 순위에 영향을 미칠 것인가?

우리는 노래의 수준이 언제나 인기의 결정적인 요인이라고 생각해볼 수 있다. 다시 말해 다양한 외적 요인(리뷰나 열정 넘치는 매니저, 라디오 방송, 공연, 구전 효과)이 작용하지 않는 비교적 단순한 환경이라면 다운로드 순위를 기준으로 평가하는 노래의 인기도는 독립적 판단 그룹 및 사회적 영향 그룹 내 여덟 개 하위 그룹들 모두에서 비슷하게 나타날 것으로 예상해볼 수 있다. (이 실험에서 노래의 수준은 통제 그룹에 해당하는 독립적인 판단 그룹에서 얻은 결과를 기준으로 평가했다는 점에 유의하자.)

이는 꽤 그럴듯해 보이는 가설이다. 하지만 실제 실험 결과는 완전히 다르게 나타났다. 가령 〈Wish Me Luck〉이라는 곡은 초반 다운로드 횟수가 최종 인기도를 결정했다. 그 밖의 모든 사례에서도 초반 다운로드 횟수는 최종 인기도를 결정한 것으로 드러났다. 즉 초기 방문자들이 어떤 노래를 좋아했는지에 따라 노래의 성공 여부가 판가름 났다.

여기서 우리는 한 가지 중요한 현상에 주목해야 한다. 독립적 평가 그룹에서 최고 인기를 끌었던 노래가 사회적 영향 그룹의 하위 그룹들 내에서 실패한 경우는 거의 없었다. 마찬가지로 독립적 판단 그룹에서 최하의 인기도를 기록했던 노래가 하위 그룹들 내에서 성공한 경우는 거의 없었다. 하지만 이러한 경우를 제외하고는 거의 모든 결과가 일어날 수 있었다.

여기서 우리가 끌어내야 할 확실한 교훈은 성공과 실패의 예측이 극단적으로 어렵다는 사실이다. 이러한 생각은 케인스의 주장, 그리고 지금까지 살펴본 사례들과도 일치한다. 여기에는 많은 이유가 있다. 그중 한 가지는 특정 제품(또는 특정 인물)이 초반 다운로드 횟수에 해당하는 요인으로부터 영향을 받을 것인지 미리 알기 어렵다는 것이다. 그것은 아주 다양한 외적 요인이 작용하고, 또한 그중 일부는 무작위로 일어나기 때문이다. 어떤 사람의 기분이 좋은지, 나쁜지? 누가 노래를 듣고 싶어 하는지? 누가 제품을 구매하려 하는지? 누가 중요한 순간에 마음이 여유로운지? 그리고 그때 날씨는 어떤지? 추운지? 눈이 오는지? 더운지?

자신이 지금 어느 도시에 있는지, 어느 동네에 살고 있는지, 직업은 무엇인지, 파트너는 누구인지, 또는 파트너가 있는지 없는지 한 번 생각해보자. 이들 중 하나, 또는 그 이상은 우연의 산물인가? 이 질문은 유명 가수나 경영자, 시인, 정치인, 그리고 역사 속 상징적 인물에 대해서도 던져볼 수 있다.

뮤직 랩은 어디에나 있다

우리는 뮤직 랩 실험을 기반으로 하는 다른 실험에서도 똑같은 결론을 확인할 수 있다.[9] 미국에서 공화당과 민주당이 다양한 사안을 놓고 갈등하는 모습은 어제오늘 일이 아니다. 여기서 여러 정치 사안이나 아이디어가 다른 공화당원이나 민주당원으로부터 초반에 얼마나 지지를 얻고 있는지 실시간으로 알 수 있는 사람들로 그룹을 만든다고 해보자. 가령 '유전자 조작 식품은 라벨에 표기해야 한다'라거나 '나노 기술은 엄격하게 규제해야 한다'와 같은 사안이 여기에 해당한다.

우리는 공화당원과 민주당원들이 아마도 자신이 속한 그룹 내에서 초반에 드러난 지지도가 아니라, 개인의 정치적 입장이나 이념에 따라 특정 사안을 지지할 것인지 결정할 것으로 생각해볼 수 있다. 그러나 그것은 착각이다.[10]

정치 사안은 노래와 다르지 않은 것으로 나타났다. 공화당원들로 구성된 그룹 내에서 어떤 제안이 초반에 많은 지지를 얻었다고 해보자. 그러면 다른 공화당원들도 그 제안을 지지하려고 한다. 반면 민주당원들은 거부하려고 한다. 그리고 점차 공화당원들은 그 제안을 압도적으로 지지하고 민주당원들은 압도적으로 거부하게 된다. 그 이유는 단지 공화당원들이 우연하게도 초반에 그 제안을 지지했기 때문이다. 그리고 다른 그룹에서는 정반대 현상이 나타난다. 민주당원들이 초반에 그 똑같은 제안을 지지한 경우, 다른 민주당원들도 몇몇 동료들이 지지했다는 이유만으로 그 아이디어를 지지하려 든다. 반면 공화당원들은 거부하려 든다.

이러한 생각이 억지스럽게 느껴진다면, 오랜 세월에 걸쳐 공화당원들과 민주당원들이 당의 존재감 있는 리더가 무슨 말을 하고 어떻게 생각하는지에 따라 여러 사안에 대한 견해를 실제로 바꿔왔다는 사실을 떠올려보자. 예를 들어 최근 몇 년간 공화당원들은 이민에 대해, 그리고 기후 변화를 억제하려는 시도에 대해 부정적인 견해를 드러냈다. 하지만 그들은 그리 멀지 않은 과거에 정확하게 반대 견해를 취했었다. 미국이 아닌 다른 나라에서도 비슷한 현상을 발견할 수 있다. 사람들은 자신과 비슷한 다른 이들의 생각으로부터 많은 영향을 받는다. 여기서 다른 이들의 생각은 유력 지도자가 중요한 순간에 특정한 결정을 내렸다는 사실처럼 우연히 형성된 요소다.

물론 이러한 관점으로 모든 사례를 설명할 수 있는 것은 아니다. 가령 우리가 원칙적인 차원에서 낙태에 반대한다면, 자신이 지지하는 정당의 유력 인사가 낙태권을 인정하는 견해를 드러냈다고 해서 동의하지는 않을 것이다. 마찬가지로 사형 제도에 반대한다면, 자신이 지지하는 정치인들이 사형 제도에 찬성하는 견해를 밝힌다고 해도 생각을 바꾸지 않을 것이다. 하지만 우리는 모든 사안에 대해 그처럼 강한 확신을 갖고 있지는 않다. 그런 경우라면 자신이 신뢰하는 사람에게서 강한 영향을 받을 것이다.

그렇다면 비즈니스의 경우는 어떨까? 상품은 어떨까? 사람들은 어디로 여행하길 원할까? 어디서 공부하길 원할까? 어떤 제품을 좋아하거나 싫어할까? 뮤직 랩 실험을 기반으로 한, 제품 관련 또 다른 연구도 똑같은 패턴을 발견했다.[11] 이번 연구는 AI로 생성한 잡종 동물을 의미하는 가니멀(ganimal)을 만들어 이를 다른 이들에게 보여줄 수 있는 온라인 사이트인 '미트 더 가니멀스(Meet the Ganimals)'를 활용했다. 이 사이트에서 사용자들은 특정 가니멀에 대한 선호도를 드러내고, 또한 귀여움과 섬뜩함, 또는 사실성 등 다양한 기준으로 점수를 매길 수 있다.

이 연구는 뮤직 랩 실험과 마찬가지로 참가자들을 ①전적으로 혼자 평가하는 독립적인 그룹, 그리고 ②다른 사람들의 생각을 참조할 수 있는 사회적 영향 그룹으로 분류했다. 그리고 역시 뮤직랩 실험처럼 사회적 영향 그룹에 속한 참가자들을 무작위 방식으로 여러 가지 온라인 '세상'으로 분류했다. 여기서 각각의 세상은 다른 세상과는 무관하게 진화한다. 그리고 참가자들은 자신이 속한 온라인 세상 속에 있는 가니멀과 그 세상에 속한 다른 사람들의 평가만을 확인할 수 있다. 가니멀의 인기는 각각의 세상에서 이뤄진 투표로 결정된다.

당신은 아마도 어떤 가니멀은 정말로 사랑스럽지만 다른 가니멀은 그렇지 않다고 생각할 것이다. 그리고 사랑스러운 가니멀은 인기가 높고 그렇지 않은 가니멀은 인기가 낮을 것으로 짐작할 것이다. 하지만 여기서도 다시 한 번 사회적 영향이 대단히 중요한 역할을 했다. 사회적 영향이 없는 독립적인 그룹의 경우, 사람들은 정확하게 똑같은 특징들의 조합(궁금한 사람들을 위해 설명하자면, 눈과 머리, 그리고 개와 비슷한 생김새의 조합)으로 만들어진 가니멀을 선호했다. 반면

가니멀들

출처: Ziv Epstein(MIT Media Lab)의 승인을 얻어 게재.

사회적 영향 그룹의 경우, 각각의 세상은 다양한 지역 문화처럼 독립적인 그룹과는 완전히 다른 형태로 재빨리 진화해갔다. 가령 한 그룹에서 대단히 인기 높은 가니멀이 다른 그룹에서는 전혀 인기가 없었다. 이러한 현상은 뮤직 랩 실험 결과와 대단히 비슷하다.

이제 중요한 교훈을 끌어내보자. 시장은 가니멀 세상과 많이 닮았다. 물론 제품의 품질은 중요하다. 흉측한 가니멀을 사랑스럽다고 평가하는 사람은 없을 것이다. 그리고 눈과 머리, 개와 비슷한 생김새의 조합으로 만들어진 가니멀은 인기가 높을 것이다. 하지만 그렇지 않을 수도 있다. 다양한 지역 문화가 모습을 드러낼 수 있다. 아주 훌륭한 제품이 어떤 문화에서 사람들의 관심을 사로잡을 수 있다. 그러나 다른 문화에서는 아무런 관심을 받지 못할 수도 있다. 가령 일본에서 아이폰의 시장 점유율은 66%에 달한다. 그러나 브라질에서는 20%에도 못 미친다.[12]

관점

'예스터데이' 가설과 일맥상통하는 매혹적인 관점에 대해 한번 생각해보자. 그 관점은 다음과 같다. *음악, 미술, 소설, 시, 또는 가니멀 등 어떤 문화 상품은 높은 수준으로 성공할 운명이지만, 그렇지 않은 다른 상품은 당연히 실패할 운명이다.* 비틀스의 노래는 전자에 해당하고 시너지(Synergy)의 노래는 후자에 해당한다. (궁금해하는 독자를 위해 설명하자면, 시너지는 1970년대 초반에 활동했던 록그룹으로 내가 드러머로 있었다. 우리는 참으로 애처로웠다. 학교 무도회에서 몇 번 공연했지만, 누구도 알아봐주지 않았다. 아무도 우리를 좋아해주지 않았다.)

하지만 이러한 관점을 받아들이기에 앞서, 다음과 같은 질문을 던져보는 게 공정한 접근 방식일 것이다. 위 단락에서 *이탤릭체*로 표기한 문장은 정확하게 무슨 의미인가? 이 질문에 대해 확률의 차원에서 생각해보자. 간단하게 말해 그 문장은 역사가 만 번 반복되고 그때마다 중대한 변화가 있다면 일부 문화 상품은 대부분 성공을 거두지만 다른 문화 상품은 대부분 실패한다는 의미다. 그런데 이 분명한 주장은 그 자체로 많은 의문을 제기한다. 그렇다면 '중대한 변화'란 무엇인가? 그 변화가 중대하다고 말할 수 있는 이유는 무엇인가? 얼마나 많은 변화가 있으며 이들 변화는 어떻게 상호작용하는가? 역사가 다시 시작될 때 무엇이 바뀌고 무엇이 그대로 남아 있는가? 그리고 역사가 만 번, 또는 천만 번 다시 시작된다면, 그때마다 역사는 어떤 모습으로 드러날 것인가?

이제 좀 더 이해하기 쉽고 구체적이면서 신중한 견해를 살펴보자. 그것은 다음과 같다. 어떤 노래나 그림, 소설, 시, 영화, 또는 상품이 정말로 획기적이라면 그것은 거의 분명하게 그렇게 인식될 것이며, 어떤 노래나 그림, 소설, 시, 영화, 또는 상품이 정말로 형편없다면 사라질 것이다. 이러한 관점에서 비틀스와 밥 딜런, 테일러 스위프트, 찰스 디킨스, 토머스 하디(Thomas Hardy), 존 키츠, 맥북 에어는 뛰어난 수준 때문에 틀림없이 성공할 운명이었다. 독립적인 판단 그룹에서 최고의 인기를 끌었던 노래가 실패한 경우는 거의 없었다는 사실을 떠올려보자. 반면 수준이 낮은 노래나 소설, 시,

또는 가니멀은 좋은 성과를 올리지 못한다. (물론 수준을 어떻게 평가할 것인지 그 기준을 먼저 구체적으로 정의해둬야 한다.) 그러나 드넓은 세상에서 모든 인물과 상품은 성공하거나 실패할 수 있고, 그러한 경우(케인스로 돌아가서)에 예측은 대단히 위험한 행동이다.

음악(그리고 다른 많은 것들)의 경우, 사회적 영향에 상당히 많은 영향을 받는 것으로 보이며, 그 영향은 다양한 방향으로 나타난다. '다중 균형(multiple equilibria)'이 나타날 수 있다. 다시 말하자면, 초반 상황에 의존하는 서로 다른 안정적인 사회적 상황이나 결과가 모습을 드러낼 수 있다.

하지만 뮤직 랩 실험 결과를 떠올려볼 때, 직관적으로 타당해 보이는 이러한 견해는 사회적 영향의 역할을 대단히 조심스럽게 평가하면서 수준의 중요성에 대해서는 지나친 확신을 드러낸다. 이 견해는 이렇게 말한다. 수준 낮은 노래와 문학 작품, 그리고 노트북은 틀림없이 성공하지 못할 것이다(때로 말도 안 되는 예외도 있기는 하지만). 슬프지만 진실이다. 시너지 밴드는 아마 성공하지 못했을 것이다. 하지만 그렇다고 해서 최고 작품들이 성공할 운명이라고 주장할 수는 없다. 코니 컨버스는 최고의 가수였고(내 생각에) 로버트 존슨도 그랬다(분명한 사실). 뮤직 랩 실험은 엄격한 통제하에서 이뤄졌다. 그리고 노래는 총 48곡에 불과했다. 그러나 현실의 시장에는 훨씬 더 많은 곡이 있다. 게다가 언론의 관심과 비판적 리뷰, 마케팅, 제품 광고, 홍보, 시점, 그리고 순전한 행운(무작위 요소들의 집합)이 중요한 역할을 한다.

우리는 얼마나 많은 컨버스들과 존슨들을 들어보지 못했을까? 그들은 어쩌면 녹음조차 해보지 못했을 것이다. 또는 녹음을 했지만 누군가의 지하실 속에 잠들어 있을 것이다.

우리는 사회적 영향이라는 개념을 대단히 거시적인 차원에서 해석할 수 있다. 그렇게 한다면 사회적 영향 안에는 초기 다운로드 이외에도 아주 많은 요인이 포함된다. 영향력 있는 인물이 어떤 제품을 적절한 시점에 추천했는가? 누가 〈월스트리트저널〉이나 〈뉴욕타임스〉에 제품에 관한 기사를 썼는가? 그리고 우연으로 가득한 세상에는 사회적 영향보다 더 많은 것이 존재한다. 누가 먼저 시작했는가? 누가 시작을 위한 준비를 하고 있었나? 누가, 언제, 어떤 감정 상태에 있었나? 누가 정신없이 바쁘고 누가 여유로웠는가? 날씨는 어떤가? 누가 배우자나 자녀와 힘든 시간을 보내고 있었나? 누구의 스포츠팀이 어제 이겼던가?

이러한 점을 염두에 두고, 실험 환경에서 〈Wish Me Luck〉이 거의 성공을 거두고 〈Separation Anxiety〉가 거의 실패한다고 해보자. 그러나 실제로 시장에 나왔을 때 〈Wish Me Luck〉이 반드시 성공하고 〈Separation Anxiety〉가 반드시 실패하는 것은 아니다. 적어도 특정 수준을 넘어선 모든 것들의 성공 여부는 사회적 영향, 그리고 발표 이후에 작용하는 다양한 요소에 의해 결정된다. 나중에 다시 살펴보겠지만, 우리는 이러한 일반적인 결론을 낭만주의 시대 작가들에게 적용해볼 수 있다. 그리고 이들에게 적용할 수 있다면 그 범위를 더 넓혀볼 수도 있을 것이다.

더 중요한 질문이 있다. 작가는 왜 글을 쓰게 되었는가? 혁신가는 왜 혁신하게 되었는가? 스티브 잡스는 어떻게 그러한 위치에 서게 되었는가? 누가 잡스의 성공 과정에서 핵심적인 역할을 했는가? 그리고 잡스는 그런 주요 인물을 어떻게 만났나?

플리트우드 맥(Fleetwood Mac)이라는 밴드를 아는가? 그들은 역사적으로 가장 많은 사랑을 받고 가장 큰 성공을 거둔 록밴드 중 하나다. 그들의 앨범《루머스(Rumours)》는 4,000만 장 넘게 팔렸다. 역사상 가장 많이 팔린 12개 앨범 중 하나다.[13] 플리트우드 맥에서 가장 유명한 두 멤버로 스티비 닉스(Stevie Nicks)와 린지 버킹엄(Lindsey Buckingham)을 꼽을 수 있다. 그런데 1967년 드러머 믹 플리트우드(Mick Fleetwood)가 플리트우드 맥을 결성했던 무렵에는 닉스도 버킹엄도 없었다. 당시 플리트우드 맥은 블루스를 연주했고 별로 인기를 끌지 못했다.[14] 그러던 1974년에 플리트우드는 닉스와 버킹엄의 녹음 테이프를 우연히 듣게 되었다. 당시 두 사람은 참으로 창조적인 이름의 버킹엄/닉스라는 밴드에서 활동하고 있었다. 플리트우드가 로스앤젤레스에 있는 사운드시티(Sound City)라는 새로운 스튜디오에서 녹음 작업을 할지 고민하고 있을 때, 그 스튜디오의 엔지니어는 플리트우드에게 사운드 확인차 버킹엄/닉스의 노래를 틀어줬다.[15]

그리고 일주일 후, 마침 플리트우드 맥에서 기타를 치던 밥 웰치(Bob Welch)가 탈퇴 의사를 밝혀왔다. 플리트우드는 서둘러 새 기타리스트를 뽑아야 했다.[16] 그는 곧장 버킹엄에게 연락했고 버킹엄은

닉스와 함께라면 제안을 받아들이겠다고 했다.[17] 그렇게 이후의 이야기는 역사가 되었다. 그런데 만약 신원미상의 엔지니어가 그 노래를 틀지 않았더라면 어떻게 되었을까?

슈가맨

2012년에 들려온 한 이야기에 대해 생각해보자. 그해 오스카 다큐멘터리상은 〈서칭 포 슈가맨〉에게 돌아갔다.[18] 이 영화는 디트로이트 출신의 성공하지 못한 싱어송라이터 식스토 로드리게스(Sixto Rodriguez)의 자취를 쫓는다. 슈가맨(Sugar Man)이라는 이름으로도 알려진 로드리게스는 1970년대 초 두 장의 앨범을 냈다. 그러나 앨범은 거의 팔리지 않았고 음반사는 그와 더 이상 작업을 하지 않았다. 이후 로드리게스는 어쩌면 당연하게도 가수 활동을 접고 철거 노동자로 삶을 살아갔다. 그렇게 그의 두 앨범은 잊혔다. 세 딸의 아버지로서 로드리게스의 인생이 비참한 것은 아니었지만, 건물 철거 노동자로서의 삶은 쉽지 않았다.

영화 속에서 가수의 꿈을 포기한 로드리게스는 자신의 노래가 남아프리카공화국에서 엄청난 인기를 끌 때도 아무런 소식을 듣지 못했다. 그 나라에서 그는 비틀스와 밥 딜런, 롤링스톤스와 어깨를 나란히 하는 전설적인 가수로 추앙받고 있었다. 남아프리카공화국 사람들은 그의 이름을 말할 때 존경하는 마음으로 엄숙하고 천천히 "로드리게스"라고 발음했다. 또한 1970년대를 시작으로 '인생의 사운드트랙'이라고 불렸던 그의 음반을 수십만 장 샀다.

그런데 남아프리카공화국 팬들은 로드리게스가 왜 홀연히 무대에서 사라졌는지 궁금해했다. 대체 왜 갑자기 음악 활동을 중단했던 걸까? 그가 무대 위에서 자기 몸에 불을 질러 자살했다는 소문도 돌았다. 다큐멘터리 〈서칭 포 슈가맨〉은 디트로이트 출신의 실패한 무명 철거 노동자와 신비에 둘러싸인 남아프리카 록 아이콘을 극명하게 대조하고 있다.

사람들은 이 영화를 현실 동화, 또는 믿기 힘든 이야기라고 말한다. 이 영화는 로드리게스의 실패와 남아프리카에서의 엄청난 성공 사이의 차이를 굳이 설명하려 들지 않는다. 사람들은 말하자면 그의 음악이 남아프리카 문화와 잘 맞아떨어졌기 때문으로 생각한다. 어쩌면 그럴 수도 있을 것이다. 로드리게스의 음악이 인종 차별이 만연하고 문화적인 급변을 겪고 있던 남아프리카공화국 사회와 어떠한 연결 고리가 있지 않았을까 충분히 추측해볼 수 있다. 이러한 설명에 대해서는 나중에 다시 들여다보자. 하지만 다른 한편으로 〈서칭 포 슈가맨〉이 뮤직 랩 실험의 현실 버전을 보여주고 있다고 생각해볼 수 있다. 로드리게스는 아마도 수많은 가상의 세상에서 살고 있었을 것이다. 그리고 대부분의 세상에서 초반 다운로드와 같은 요인의 도움을 받지 못해 잊히고 말았다. 그런데 유독 한 세상에서만큼은 초반 다운로드가 대단히 높았던 덕분에 록의 아이콘이 되었다.

우리는 로드리게스를 로버트 존슨과 코니 컨버스와 유사한 사례로 바라볼 수 있다. 다만 로드리게스의 경우에 성공과 실패는 시간이 아니라 공간에 걸쳐 나타났다. 그는 남아프리카공화국에서(그리고 호주에서) 엄청난 인기를 끌었지만 그 밖에 모든 곳에서는 실패했다. 반면 존슨과 컨버스의 경우에 성공과 실패는 시간에 걸쳐 나타났다. 그들은 세상을 뜨고 수십 년 후 엄청난 인기를 끌었지만, 살아 있는 동안에는 실패했다. 그러나 공간에 따른 것이든, 시간에 따른 것이든 성공과 실패를 결정하는 핵심 요인은 본질적으로 똑같다.

다음으로 《쿠쿠스 콜링》이라는 소설의 사례로 넘어가보자. 이 작품은 2013년 당시 무명 작가 로버트 갤브레이스(Robert Galbraith)가 발표한 대담하면서도 매혹적인 추리소설이다. 이 소설은 많은 찬사를 받았지만 판매는 부진했다. 평론가들 사이에서는 성공했으나 시장에서 실패했다는 점에서 로드리게스의 범주에 해당한다. 다시 말해 훌륭하지만, 또는 훌륭함을 넘어섰지만 성공하지 못한 문학 작품의 반열에 올랐다. 갤브레이스도 작품 활동을 중단하고 철거 노동자의 삶을 살아갈 수 있었다. 하지만 얼마 후 한 가지 정보가 대중에게 공개되었다. 그것은 '로버트 갤브레이스'가 다름 아닌 J. K. 롤링이라는 것이었다!

이후 《쿠쿠스 콜링》은 즉각 베스트셀러가 되었다.[19] 이 작품은 충분히 그럴 만한 자격이 있었다. 그러나 롤링이라는 이름의 마술이 없었다면 불가능했을 일이었다. 물론 이 사례는 뮤직 랩 실험과 완전히 똑같지는 않다. 즉 《쿠쿠스 콜링》이 성공한 것은 얼리어답터들의 많은 선택을 받았기 때문이 아니었다. 그래도 비슷한 구석이 있다. 소설이 성공하려면 높은 수준 외에도 사회적 자극제가 필요하다. 그리고 여기서는 롤링이라는 마술적 이름이 그 역할을 했다. (물론 마술적 이름이 제 역할을 다했다고 해도 수준이 떨어졌다면 성공하지 못했을 것이라는 점도 유의하자. 어쨌든 수준은 반드시 필요하다.) 갤브레이스/롤링은 《쿠쿠스 콜링》 이후로도 똑같은 주인공이 등장하는 소설을 여러 편 발표했다. 이들 작품 역시 훌륭했고 수많은 독자의 관심을 받을 자격이 충분했다. 그리고 롤링의 이름이 없었더라면 이루지 못했을 엄청난 성공을 일궈냈다. 이처럼 이름은 높은 초기 다운로드와 같은 요인으로 기능할 수 있다. 그럴 때 마태 효과(Matthew Effect, 매튜 효과)가 나타난다. 이에 대해서는 3장에서 다뤄보도록 하자.

현대 기술에 대한 단상

사회적 영향은 사실 새로운 현상은 아니다. 이는 에덴동산에서 유명했던 두 인간으로 이뤄진 사회에서도 중요한 역할을 했다. 거기서 사회적 영향이란 모든 종교적 전통에 대한 소망과 우려였다. 뮤직 랩 실험과 비슷한 연구들은 1세기, 5세기, 10세기, 21세기, 그리고 그 사이에 걸친 모든 시대의 인기에 관해 말해준다. 앞으로 살펴보겠지만, 종교 및 정치 지도자, 그리고 다양한 규범의 등장은 사회적 영향과 깊은 관련이 있다. 뮤직 랩 실험, 그리고 이와 비슷한 연구가 지금도 온라인에서 활발하게 이뤄지고 있다. 오늘날 놀라운 인기와 같은 무언가, 그리고 다중 균형이 과거 어느 시대보다 더 많이 존재하는지 의문을 품어보는 것은 당연한 일이다.

실제로 갑작스럽게 인기가 높아진 인물이나 대상은 인류 역사상 어느 때보다 우리가 살아가는 지금 더 많이 찾아볼 수 있다. 미국 드라마 〈카다시안 패밀리(The Kardashians)〉가 100년 전에 나왔더라도 지금처럼 인기를 끌었을까? 그 드라마가 흥행한 것은 정확하게 무슨 이유에서였을까? 틱톡이나 유튜브, 페이스북, 또는 이제는 찾아보기 힘든 이와 유사한 것들과 그 후계자에 대해 잠시 생각해보자.

여기서 나는 할 말이 많지만 많은 이야기는 하지 않을 것이다. 대신에 온라인 세상에서 열풍이나 유행을 순식간에 확산함으로써 사회적 영향력을 행사하기는 놀랍게도 쉽다는 사실을 강조하고자 한다. 예를 들어 소셜 미디어 사이트에서는 많은 사람이 특정 인물이나 제품을 좋아하고 숭배한다는 인식을 퍼뜨림으로써 하루, 또는 한 시간 만에 그 인물이나 제품의 인기를 실질적으로 높일 수 있다. 그리고 그럴 때 기존과는 다른 사람이 음악과 미술, 기념물, 또는 책으로 돈을 벌어들일 것이다. 뮤직 랩 실험과 비슷한 연구는 이전에도 많이 시도되었지만, 인터넷이 없었다면 당연히 힘들었을 것이다.

여기서 우리는 명성과 인기가 급격하게 치솟는 모습은 완전히 새로운 현상이며, 아직 우리는 아무것도 보지 못했다는 결론에 도달하게 된다. 그래도 이제 살펴보고자 하는 주제인 핵심 메커니즘은 인류만큼 오래되었다. 또한 이는 오늘은 물론 내일의 인기를 재빠르게 높여주는 근간이기도 하다.

3장

마술

'정규 분포', 또는 '가우스 분포(Gaussian distribution)'를 설명하는 종 모양 곡선을 아마도 본 적이 있을 것이다. 〈도표 3-1〉은 한 사례다.

정규 분포에서는 평균(mean)과 중앙값(median, 통계 집단의 변량을 크기

〈도표 3-1〉 종 모양 곡선의 사례

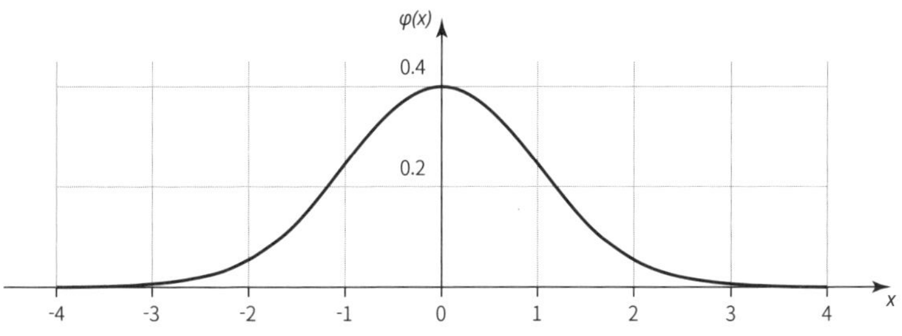

출처: *Normal distribution*, March 13, 2010 via CC BY 3.0. Geek3 제공.

〈도표 3-2〉 일반적인 멱법칙 곡선

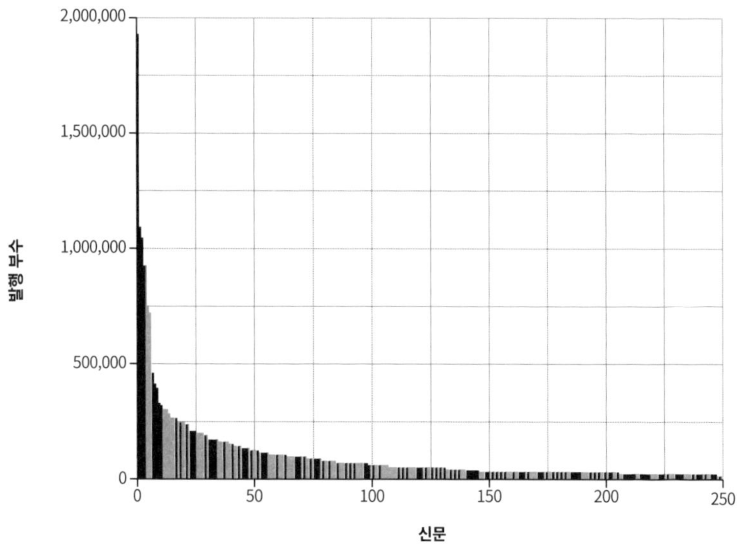

출처: Michael Tauberg, "Power Law in Popular Media," Medium, June 29, 2018, https://michaeltauberg.medium.com/power-law-in-popular-media-7d7efef3fb7c.

순서로 나열했을 때 중앙에 위치하는 값-옮긴이), 그리고 최빈값(mode, 통계 집단에서 가장 많이 나타나는 값-옮긴이)은 모두 같다. 가령 인간의 키는 정규 분포에 해당한다. 평균(미국의 경우 약 175센티미터)은 곡선의 맨 꼭대기에 위치하며 전체 곡선은 평균을 중심으로 대칭을 이룬다. 출생 시 체중도 정규 분포다. 정규 분포의 또 다른 사례들로 대규모 인구 집단의 혈압과 신발 크기, 독해 능력, 직업 만족도 등이 있다.

음악과 미술, 책, 영화 시장도 정규 분포를 이루지 않을까 생각해볼 수 있다. 하지만 현실은 전혀 그렇지 않다. 실제로 문화 시장은 〈도표 3-2〉에 더 가깝다. 이 그래프에서 가장 뚜렷한 특징은 극

〈도표 3-3〉 책 판매량에 대한 멱법칙 곡선

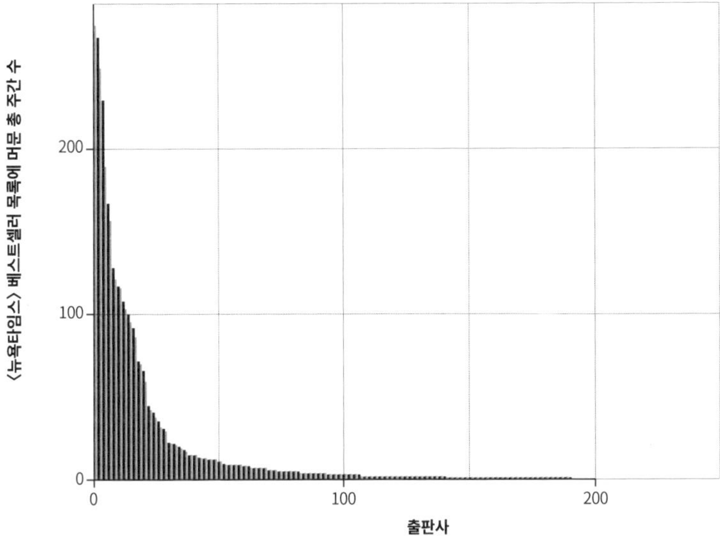

출처: Michael Tauberg, "Power Law in Popular Media," Medium, June 29, 2018, https://michaeltauberg.medium.com/power-law-in-popular-media-7d7efef3fb7c.

소수가 성과의 대부분을 차지한다는 점이다. 그래서 이러한 시장을 '승자독식'이라는 용어로 설명하기도 한다. 물론 승자들이 '모든 걸' 가져가는 것은 아니다. 긴 꼬리 부분에 해당하는 패자들도 조금은 가져간다. 그래도 승자들은 압도적으로 상당한 비중을 차지한다. 〈도표 3-2〉는 왼쪽에서 절벽 모양으로 떨어지다가 오른쪽에서 꼬리가 길게 이어지는 멱법칙 분포(power law distribution)를 보여준다.

멱법칙은 한 변수의 변화가 다른 변수에 비례적인 영향을 미치는 관계를 말하며, 여기서 두 변수의 초기값은 중요하지 않다.

예를 들어 정사각형의 모서리 길이를 두 배로 늘린다고 해보자.

〈도표 3-4〉 노래에 대한 멱법칙 곡선

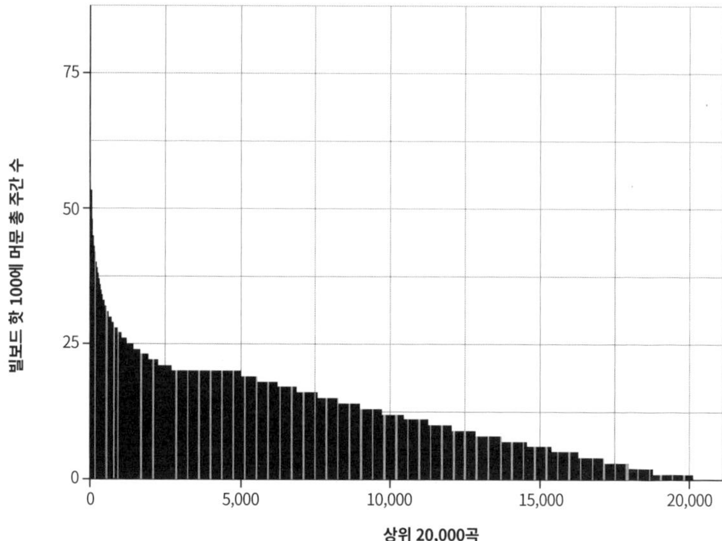

출처: Michael Tauberg, "Power Law in Popular Media," Medium, June 29, 2018, https://michaeltauberg.medium.com/power-law-in-popular-media-7d7efef3fb7c.

그러면 그 면적은 네 배가 된다. 또는 정육각형의 모서리 길이를 두 배로 늘리면 그 체적은 여덟 배가 된다. 멱법칙하에서 x라는 특정 값을 얻을 확률은 x를 상수 a만큼 제곱한 것에 반비례한다. 정사각형 사례에서 지수는 2이고 정육각형 사례에서는 3이다.

이는 직관적으로 이해하기 어렵다. 우리는 멱법칙보다 선형적 관계에 익숙하다. 하지만 엄청나게 많은 성공과 실패의 패턴은 멱함수 분포를 나타낸다. 예를 들어 〈도표 3-3〉은 책 판매량의 패턴을, 그리고 〈도표 3-4〉는 노래의 인기 패턴을 보여준다.

〈도표 3-5〉는 비디오 게임의 매출 패턴을, 그리고 〈도표 3-6〉은

〈도표 3-5〉 게임에 대한 멱법칙 곡선

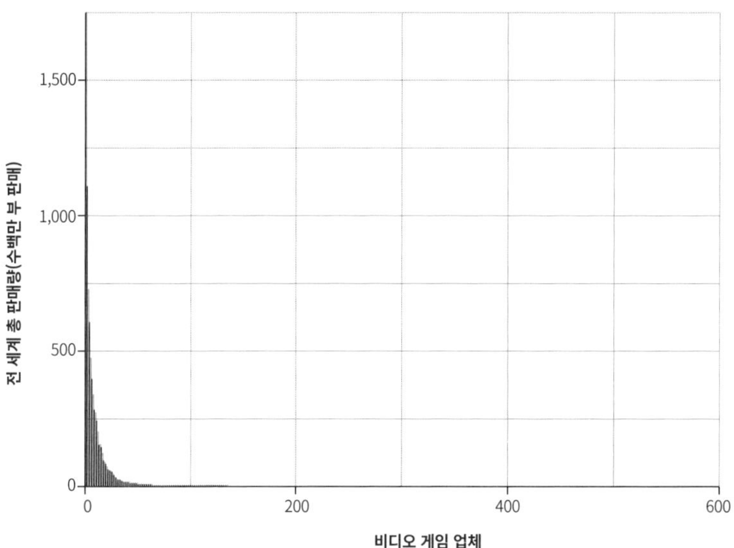

출처: Michael Tauberg, "Power Law in Popular Media," Medium, June 29, 2018, https://michaeltauberg.medium.com/power-law-in-popular-media-7d7efef3fb7c.

영화의 총 관객 수 패턴을 보여준다. 아마도 이들 그래프 모두 똑같이 생겼다는 사실을 바로 눈치챘을 것이다. 마치 마술같이 똑같다. 상대적으로 적은 승자들이 엄청난 성공을 거둔다. 사실 우리는 인구를 기준으로 한 도시의 규모, 지진 강도, 부의 분배, 경영자의 보수 등 다양한 영역에서 멱법칙 분포를 발견할 수 있다.

문학 분야에서는 어떤 시인이 가장 주목받는가? 우리는 수많은 뛰어난 시인이 있으며 이들의 인기 분포 역시 종 모양 곡선을 보여줄 것이라 쉽게 생각해볼 수 있다. 그러나 콜린 마틴데일(Colin Martindale)은 체계적인 연구를 통해 《옥스퍼드 영국 시선집(Oxford

〈도표 3-6〉 영화 매출에 대한 멱법칙 곡선

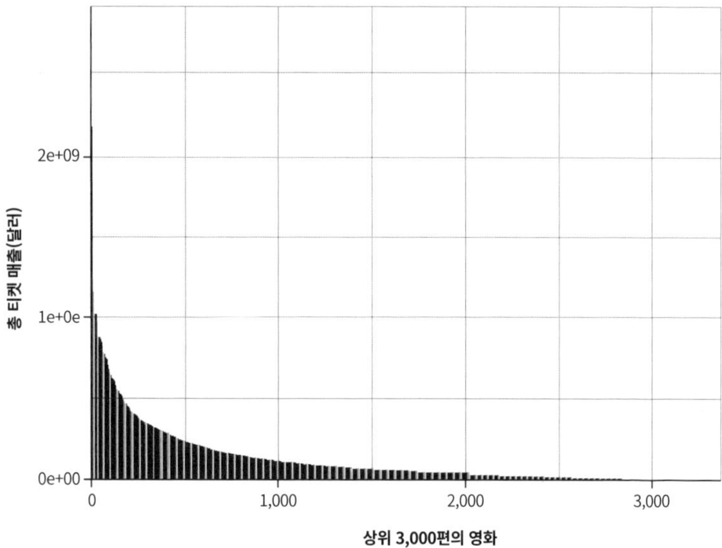

출처: Michael Tauberg, "Power Law in Popular Media," Medium, June 29, 2018, https://michaeltauberg.medium.com/power-law-in-popular-media-7d7efef3fb7c.

Book of English Verse)》에 이름을 올린 602명의 유명 시인들 중 극소수만이 아주 많은 책에서 언급되었다는 사실을 보여줬다.[1] 총 3만 4,516권의 책이 이들 602명의 시인을 주제로 다뤘다. 여기서 셰익스피어를 다룬 책은 9,118권으로 26.4%에 해당하고, 존 밀턴은 1,280권, 그리고 제프리 초서(Geoffrey Chaucer)는 1,096권이었다. 전체적으로 12명의 최고 시인들이 약 50%에 해당하는 책에서 다뤄졌다. 그리고 25명의 최고 시인들은 64.8%를 차지했다.

반면 22.3%에 해당하는 시인들은 어떤 책에서도 주제로 다뤄지지 않았다. 마틴데일은《옥스퍼드 프랑스 시선집(Oxford Book of French

Verse)》에서도 조금 덜 뚜렷하지만 유사한 발견을 했다. 108명의 시인들을 다룬 7,887권의 책에서 볼테르(Voltaire)는 10%로 압도적인 비중을 차지했다. 그리고 그중 절반이 넘는 책들이 단 10명의 시인만을 다뤘다. 결론은 분명하다. "문학적 명성은 극단적으로 편향된 형태로 분포되어 있다."[2] 마틴데일은 이렇게 주장했다. "유명할수록 더 쉽게 유명해진다."[3]

이 곡선이 의미하는 바는 비록 수준이 편향된 형태를 보인다고 해도 명성만큼 편향되지는 않는다는 사실이다. 그리고 인기 있는 시인들이 너무 멀리 앞서가는 바람에 인기 없는 시인들이 그들을 따라잡기는 현실적으로 어렵다는 점에서 명성은 '고착화'되는 경향이 있다는 사실이다.[4] 그 결과 문학의 역사, 즉 누가 어떤 성취를 했고 누가 누구에게 영향을 줬는지에 대한 우리의 이해는 필연적으로 왜곡될 수밖에 없다.

부자는 더 부자가 된다

이러한 멱법칙 분포가 나타나는 이유를 이해하기 위해 마태 효과에 대해 생각해보자. 마태 효과는 사회학자 로버트 머튼(Robert Merton)이 1968년에 발견하고 연구했던 현상이다.[5] 머튼이 그런 이름을 붙인 이유는 마태복음 때문이었다. 그중에서 특히 마태복음 25장 29절은 이렇게 말한다. "가진 자는 얻어서 더 넉넉해지지만 없는 자는 빼겨서 더 가난하게 될 것이다." 간단하게 말해 부자는 더 부유해지고 가난한 자는 더 가난하게 된다는 뜻이다. 이러한 직관적인 생각은 '누적 이익(cumulative advantage)'이라는 개념을 잘 설명해준다. 누적 이익이란 초반의 우위, 또는 기존의 유리한 지위가 시간이 지나면서 점점 더 강력한 힘을 발한다는 의미다. 마태 효과는 〈모나리자〉와 비틀스에게서 뚜렷하게 나타났다. 또한 윌리엄 셰익스피어와 레오나르도 다빈치, 미켈란젤로, 존 로크(John Locke), 이마누엘 칸트(Immanuel Kant), 버지니아 울프, 캐서린 헵번(Katherine Hepburn), 리처드 라이트(Richard Wright), 톰 행크스(Tom Hanks), 스티븐 킹, 할런 코벤(Harlan Coben), 대니얼 카너먼(Daniel Kahneman), 테일러 스위프트에게서도 분명하게 드러났다.

마태 효과에 따르면, 어떤 인물이나 대상의 명성이 앞으로 높아질 가능성은 기존에 주어진 인기와 관심의 정도에 직접적으로 비례해서 높아진다. 예를 들어 스티븐 킹의 인기는 그가 뛰어난 작가이자 많은 이들의 사랑을 받는 인물로 알려지면서 기하급수적으로 높아지는 추세를 보였다. 이에 대해 데이비드 이슬리(David Easley)와 존 클라인버그(Jon Kleinberg)는 이렇게 설명했다. "어떤 인물이 유명할수록 우리는 대화를 나누는 과정에서 그의 이름을 더 많이 듣게 된다. 그래서 결국 그 인물에 관해 더 많이 알게 된다."[6] 물론 완전히 무명인 사람이 절대 최고의 인기를 누릴 수 없다는 뜻은 아니다. 스티븐 킹도 처음에는 그저 열심히 노력하는 작가였다. 그래도 우리는 누군가 성공을 거둘 때, 앞으로 더 큰 성공을 거둘 수 있는 좋은 위치에 있다고 말할 수 있다.

머튼은 과학자가 일단 명성을 얻으면 점차 눈덩이처럼 커진다는 사실을 발견했다. 그는 특히 노벨상 수상자에 주목했다. 그리고 공동 연구나 독자적인 연구에서 그 공의 가장 큰 부분을 차지하는 쪽은 노벨상 수상자라는 사실을 확인했다. 그는 "명성이 높은 과학자에게는 특정한 과학적 기여에 대한 인정을 쉽게 주는 반면, 존재감이 없는 과학자에게는 인색한 경향이 점점 뚜렷해지는 흐름" 속에서 마태 효과를 확인했다고 주장했다.[7] 그리고 조금은 부드러운 어조로 이렇게 덧붙였다. "노벨상 수상자와 유명 과학자들은 이러한 마태 효과에 저항하기 위해서는 특별한 노력을 기울여야 한다는 사실을 충분히 인식하고 있다."[8] 이러한 점에서 마태 효과는 '근본적인 불평등'을 만들어낸다고 하겠다.

머튼 역시 이러한 생각에 동의했으며 마태 효과와 그에 따른 불평등이 노벨상 수상자와 과학계를 넘어서 광범위하게 나타난다는 점을 강조했다. 모든 경우에서 "존재감을 드러내지 못한 과학자보다 유명한 과학자가 성과에 기여했을 때 과학 공동체 내에서 더 많은 주목을 받는다".[9] 머튼은 마태 효과를 "사회적 계층을 형성하는 시스템에서 작동하면서 똑같은 결과를 만들어내는 누적 이익의 원칙"과 연결 짓는다. 다시 말해 "가난한 자가 더 가난하게 되는 속도로 부자는 더 부자가 된다. 마찬가지로 과학적 우수성을 입증한 연구소는 그렇지 못한 연구소에 비해 훨씬 더 많은 예산을 할당받는다".[10] 그의 이야기는 과학계에 관한 것이지만, 비즈니스와 정치, 문화, 스포츠에 이르기까지 광범위하게 적용이 가능하다.

누적 이익 원칙이 전하는 한 가지 메시지는 성공과 실패의 예측이 극단적으로 어렵다는 것이다. 개인은 어떻게 해서 초기에 조금 더 부유하거나 조금 더 유명한 걸까? 이슬리와 클라인버그는《해리 포터》가 인기를 끌지 못하고 사람들의 기억 속에서 사라지는 세상을 상상하면서 이렇게 말한다. "역사가 계속해서 반복된다면, 그때마다 인기의 멱법칙 분포가 나타날 것이다. 그러나 그렇다고 해서 가장 인기 있는 것들이 매번 똑같다는 말은 아니다."[11]

정보 폭포

정보 폭포는 어떻게 시작되는 걸까? 살짝 힌트를 주자면, 우리는 이미 뮤직 랩 실험에서 '정보 폭포'를 봤다. 이 현상은 다양한 분야에서 성공과 실패의 이유를 설명해준다. 정보 폭포가 시작되는 지점은 사람들이 다른 이들의 주장이나 행동에 담긴 정보적 신호에 이성적인 차원에서 관심을 집중할 때다. 그리고 그 신호의 강도는 점차 강해진다. 가령 나치주의와 공산주의의 경우를 생각해보자. 또는 엘비스 프레슬리(Elvis Presley)와 에미넴(Eminem), 테일러 스위프트, 〈카다시안 패밀리〉, 페이스북과 유튜브, 제인 오스틴과 〈모나리자〉, 미국 독립혁명, 여성 참정권 운동, 아랍의 봄, 브렉시트, 공산주의 몰락, 미투 운동, '흑인 목숨도 소중하다' 운동, 비판적 인종 이론(Critical Race Theory), 그리고 사회적 정의에 대한 공격을 떠올려보자. 이들 사례에서 폭포 효과는 모두 결정적인 역할을 했다.

우리는 이러한 폭포 효과를 모든 곳에서 발견할 수 있다. 코니 컨버스는 살아 있는 동안에 폭포 효과로 도움을 받지 못했다. 그 노래들은 그녀가 세상을 떠나고 오랜 세월이 흐른 이후에야 그 효과로 도움을 받았다. 기독교의 성장은 그 자체로 폭포 효과의 결과물인가? 역사적 설명은 조심스럽게 그렇다고 말한다.[12] 우리는 폭포의 이면에서 그 효과를 가능하게 만드는 요인들을 구체적으로 밝혀내고 싶어 한다. 이를 위해 단순한 상호작용의 상황을 살펴보자.

한 독서 모임에 일곱 명의 회원이 있다고 해보자. 그들은 지금 다음에 읽을 책을 선정하고 있다. 일곱 명이 차례로 돌아가면서 각자 읽고 싶은 책을 말한다. 그러면 나머지는 이성적인 차원에서 그 의견에 주목한다. 가장 먼저 존이 말한다. 그가 추천한 것은 이번에 새로 나온 비틀스에 관한 책이다. 다음으로 존의 제안을 들은 폴이 자신도 그 책에 관심이 있다며 그 의견에 동의한다. 그런데 사실 폴은 비틀스를 잘 알지 못하고 관심도 없다. 그래도 존을 신뢰하기 때문에 그의 제안에 동의하기로 결정했다.

세 번째로 조지가 의견을 말한다. 존과 폴의 생각을 들은 조지는 적어도 자신이 알고 있는 한 그 책은 별로라고 생각한다. 그럼에도 그는 자신의 의견을 제쳐두고 존과 폴의 제안을 따르기로 결정한다. 그것은 겸손하거나 소심해서가 아니다. 존과 폴은 어쨌든 그들의 선택에 대해 근거를 갖고 있다. 자신의 정보가 두 사람의 정보보다 더 낫다는 확신이 없기 때문에 조지는 그들의 의견을 따르기로 한다. 그리고 이러한 선택을 통해 정보 폭포 속으로 들어간다. 만약 존과 폴의 정보가 틀렸다고 생각할 만큼 충분한 근거가 있다면, 조지는 반대할 것이다. 그러나 그러한 근거가 없기 때문에 두 사람의 의견을 그냥 따라간다.

이제 링고와 브라이언, 요코, 린다가 남았다. 존과 폴, 조지 모두가 똑같은 선택을 했기 때문에 이들 네 명도 비록 각자의 생각이 있음에도 그대로 동의한다(차례대로). 이 사례에서 중요한 사실은 한 사람(존)의 초기 선택이 정보 폭포를 만들어내면서 다른 모두가 똑같은 선택을 하도록 유도했다는 점이다. 만약 존이 다른 책을 제안했다면, 또는 링고가 처음으로 말했다면 그 모임은 전혀 다른 결론에 도달했을 것이다. 그들은 아마도 다른 책을 선택했을 것이며 더 좋은 결과를 얻을 수도 있었을 것이다.

물론 이 사례는 대단히 인위적이고 정형화된 것이다. 그러나 그 전반적인 과정은 아마도 익숙하게 느껴질 것이다. 이 사례는 뮤직랩 실험과 더불어 오늘날 수많은 상징적인 캐릭터(배트맨과 바비, 원더우먼 등), 그리고 예전에 없었던 수많은 아이콘들의 인기를 설명해준다. 사람들은 다른 이들에게서 정보를 얻는다. 그리고 다른 이들이 뭔가를 좋아하거나 원하면, 그들도 그것을 좋아하거나 원한다. 이러한 현상은 그들이 다른 이들을 신뢰하지 않거나 그들이 틀렸다고 판단할 만큼 충분한 근거가 없는 한 계속해서 이어진다. 이러한 정보 폭포는 실제로 성공과 실패에 관해, 그리고 인기와 무명에 관해 우리에게 많은 이야기를 들려준다. 이슬리와 클라인버그는 이렇게 설명했다. "우리는 패션과 유행, 인기 있는 후보자에 대한 투표, 베스트셀러 목록에 오른 책들의 자기 강화적 성공, 소비자와 기업이 선택한 기술의 확산, 범죄 및 정치적 움직임의 지역적 확산과 같은 사례 모두 무리 짓기(herding) 현상으로 간주한다. 여기서 사람들은 다른 이들의 앞선 행동에 대한 추론으로 선택한다."[13]

우리는 정보 폭포라는 경제 모형이 일반적으로 합리적 행동을 가정한다는 점에 주목할 필요가 있다. 책이나 영화, 노트북, 노래를 구매하려는데 충분한 정보가 없다면 다른 이들의 선택을 참조하는 것은 아마도 현명한 선택일 것이다. 적어도 다른 이들을 신뢰한다면(또는 불신하지 않는다면) 말이다. 같은 견해를 공유하는 사람들이 많으면 많을수록 그들의 생각에 의존하는 것은 합리적인 선택이 된다. 바로 이러한 생각으로부터 '군중의 지혜'라는 개념이 등장한다.

하지만 한 가지 문제가 있다. 현실 세상에서 사람들은 다른 사람들 역시 대부분 정보 폭포 안에 있고 스스로 독자적인 판단을 내리지 않을 가능성을 외면하는 경향이 있다. 가령 링고는 존과 폴, 조지 모두 비틀스에 관한 책을 읽고 싶어 한다고 생각할 것이다. 하지만 그 선택을 한 것은 조지 한 사람뿐이다. 그럼에도 우리는 10명이나 100명, 또는 만 명이나 200만 명이 어떤 선택을 내렸을 때, 그들이 다른 이들의 선택을 무작정 따라 했으리라고는 생각하지 않는다. 그리고 높은 인기가 말해주는 정보의 신뢰성을 과대평가한다. 그렇게 많은 사람이 노래를 듣고, 책을 읽고, 제품을 구매한다. 하지만 자신이 정말로 듣고, 읽고, 사길 원한다고 독자적으로 판단한 사람은 소수에 불과하다. 그리고 정보 폭포가 사람들의 믿음과 행동에 중대한 영향을 미치는 동안, 폭포 안에 있는 사람들은 그들이 인식해야 할 것보다 더 거대한 신호를 받아들이게 된다. 우리는 이러한 사실을 이해해야 한다.

또한 정보 폭포가 그리 강하지만은 않다는 사실을 이해하는 것도 중요하다. 정보 폭포는 유행과 거품을 만들어낸다. 그러나 거품은 언젠가 터진다. 앞서 살펴봤듯이 새뮤얼 존슨은 이러한 사실을 분명히 알고 있었다. 가령 존이 선택한 비틀스 책이 정말로 형편없었다고 해보자. 그렇다면 그는 그 책이 수준 이하이고 자신의 선택이 틀렸다는 사실을 깨닫게 될 것이다. 그리고 독서 모임의 다른 회원들도 알게 될 것이다. 정보 폭포는 사람들이 노래를 다운로드받고 책을 읽고 극장에 가도록 유인할 수 있다. 하지만 그들이 정말로 어떤 노래와 책, 영화를 '좋아하게' 만들 수 있을까? 이 질문에 대한 최고의 대답이자 올바른 대답은 '아니오'일 것이다.

그래도 그 대답은 너무 단순한 생각일 수 있다. 어떤 노래가 형편없거나 지루하다면, 다른 사람들이 다운로드를 많이 받았다고 해도 그 노래를 좋아하지 않을 것이다. 그러면 그 노래의 인기는 시들 것이다. 이러한 점에서 정보 폭포는 취약하다. 그러나 노래나 영화, 또는 다양한 문화 상품이 특정 수준을 넘어설 때, 열광이 점점 확산되고 성공이 계속 이어질 가능성이 있다. 게다가 우리는 다른 사람들이 추천했다는 이유만으로 그것에 대한 취향을 개발하기도 한다. 그리고 자신의 마음에 꼭 들지 않는다고 해도 얼마든지 좋아한다고 말할 수 있다. 실제로 우리는 다른 사람들이 전달한 긍정적인 신호만으로 그 대상을 좋아할 수 있다.

이와 관련해서 살가닉과 그의 동료 와츠가 함께 한 또 다른 실험을 살펴보자.[14] 그 연구는 뮤직 랩 실험을 기반으로 삼았지만 한 가지 점에서 다르다. 두 사람은 여기서 실제 다운로드 횟수를 거꾸로 뒤집었다. 다시 말해 참가자들이 인기 없는 노래가 인기 있다고, 그리고 인기 있는 노래가 있기 없다고 생각하도록 만들었다. 만약 노래의 수준이 진정한 기준이라면, 인기 없는 노래들(독립적인 판단 그룹으로 확인된)은 결국 떨어질 것이고 인기 있는 노래들(역시 같은 방식으로 확인된)은 올라갈 것이다.

그러나 결과는 전혀 그렇지 않았다. 이 실험에서 살가닉과 와츠는 노래의 인기 순위를 거꾸로 뒤집어 최악의 노래를 최고의 노래로, 그리고 최고의 노래를 최악의 노래로 바꿔놓았다. 우리가 뮤직 랩 실험에서 배운 교훈은 사람들은 다른 이들이 좋아하는 것에 관심을 기울이며, 인기를 말해주는 정보가 모든 차이를 만들어낸다는 것이었다. 그래서 출판사와 저자들은 초기 판매와 '선주문' 수량을 끌어올리기 위해 최선을 다한다. 그들은 자신이 무슨 일을 하는지 정확하게 이해한다. 초기 판매량이 아주 높을 때 베스트셀러에 진입할 수 있다. 그리고 일단 베스트셀러에 진입했다면 성공은 계속 이어질 것이다.

이 실험에서 최고의 노래들(다시 한 번 '독자적인 판단' 그룹을 통해 확인된)은 항상 좋은 결과로 이어졌다. 사회적 영향은 이 노래들의 성공을 지속적으로 가로막지는 못했다(최고 순위로 올라가지 못하게 막기는 했지만).[15] 이러한 점에서 우리는 결국 중요한 것은 수준이며, 높은 수준은 높은 성과로 이어진다고 생각할 수 있다. 하지만 앞서 살펴본 것처럼 이러한 생각은 지나치게 낙관적인 결론이다. 순위를 거꾸로 뒤집은 반전 실험은 엄격한 통제하에 이뤄졌다. 반면 실제 세상에서는 성공을 향한 여정에서 더 다양한 요인이 개입하게 된다. 가령 〈모나리자〉 사례도 그랬다. 그 밖에 다른 사례들도 나중에 다시 살펴보도록 하자.

언제 어디서든

우리는 정보 폭포가 '언제 어디서든 시작될 수 있다'는 점에 주목해야 한다. 그래서 아이폰이나 맥북과 같은 유용한 제품은 정보 폭포로부터 도움을 받을 수 있다. 그리고 개선이 지속적으로 이뤄질 때 최고 성과를 오래 이어나갈 수 있다. 이는 일종의 락인(lock-in) 효과(소비자들이 특정 제품이나 서비스에서 벗어나지 못하는 현상-옮긴이)다. 아이폰 사용자는 그 기기의 사용법을 잘 안다. 그러나 아이폰이 아닌 다른 스마트폰은 잘 다루지 못한다. 아무리 멋있고 좋아 보여도 새로운 유형의 기기를 배우고 익히는 것은 결코 즐거운 일이 아니다. 음악과 책도 마찬가지다. 앞서 살펴봤듯이 사람들은 경험을 통해 취향을 형성한다. 소설가 조이스 캐롤 오츠(Joyce Carol Oates)의 훌륭한 작품을 읽고 감동받은 독자는 그녀가 쓴 다른 작품도 읽어보길 원한다(다행스럽게도 그녀는 많은 작품을 발표했다).

어떤 시인이나 화가, 또는 소설가가 젊은 시절에 큰 인기를 끌지 못했다고 해보자. 하지만 작품이 발표되고 수십 년이 흘러 정보 폭포의 도움으로 새롭게 평가받을 가능성은 언제나 있다. 소설가 이브 바비츠(Eve Babitz)가 좋은 사례다(그녀를 모른다면 한번 찾아보자. 놀랄 준비를 하고서). 앞서 언급했듯 예술가가 사후에 인기를 얻게 될 가능성은 언제나 있다. 로버트 존슨과 코니 컨버스가 대표적인 경우다. 그 밖에도 수많은 사례가 있다. 가령 에밀리 디킨슨(Emily Dickinson)은 1886년에 죽었다. 가족과 친구들은 에밀리가 시인이었다는 사실을 알았지만, 다른 이들은 거의 알지 못했다. 그녀는 아주 소수의 작품만 발표했다. 총 10편의 시가 전부였다. 그러나 그녀가 쓴 시는 무려 1,800편이 넘는다. 그 작품들은 나중에 어떻게 되었을까? 디킨슨은 자신의 작품과 관련해서 아무런 유언도 남기지 않았다.

그런데 에밀리의 여동생인 라비니아 디킨슨(Lavinia Dickinson)은 언니의 유작을 출판하고자 했다. 그녀는 한 친구에게 쓴 편지에서 이렇게 말했다. "나는 처음부터 언니의 시에서 '잔 다르크(Jeanne d'Arc)'의 느낌을 받았어." 라비니아는 출판을 위해 에밀리의 몇몇 친구에게 도움을 요청했다. 그중에는 메이블 루미스 토드(Mabel Loomis Todd)도 있었다. 그녀는 애머스트대학교 교수와 결혼했지만 에밀리의 오빠인 오스틴 디킨슨(Austin Dickinson)과 불륜 관계에 있었다. 토드는 에밀리가 사후에 인기를 얻는 과정에서 핵심적인 역할을 했다. 토드는 에밀리의 스승인 토머스 웬트워스 히긴슨(Thomas Wentworth Higginson)과 함께 에밀리의 시를 편집해서 첫 번째 유작인 《에밀리 디킨슨 시선집(The Poems of Emily Dickinson)》을 1890년에 펴냈다. 그리고 일 년 뒤 두 번째 책을 출간했다. 많은 독자가 무명의 시인에게 강한 호기심을 보였다. 또한 토드와 히긴슨은 에밀리의 작품을 주제로 많은 강의를 했다. 이러한 노력이 바로 전설의 시작이었다.

1750년에 세상을 떠난 바흐는 재능 있는 오르간 연주자로, 그리고 오르간 수리 자문으로 널리 알려졌다. 그는 살아 있는 동안 훌륭한 연주자로 유명했지만 작곡가로서는 그러질 못했다. 바흐는 1,000곡 넘게 작곡했지만, 살아 있는 동안 발표한 작품은 아주 작은 일부에 불과했다. 그런데 1829년에 작곡가 펠릭스 멘델스존(Felix Mendelssohn)이 지금은 상징적인 작품이 된 〈마태 수난곡(The Passion of St. Matthew)〉을 발굴해 널리 알리기 시작하면서 바흐의 인기는 갑작스럽게 높아졌다.

디킨슨과 바흐 두 사람은 지지자로부터 도움을 받았다. 두 사례는 사후에 인기를 얻은 전형적인 패턴을 보여준다. 《요한나 반 고흐-본헤르: 빈센트를 유명하게 만든 여성(Jo van Gogh-Bonger: The Woman Who Made Vincent Famous)》[16]이라는 책의 제목에 대해서 생각해보자. 반 고흐가 널리 알려지게 된 것은 동생 테오의 아내인 요한나 반 고흐 본헤르의 끊임없는 노력 덕분이었다. 요한나는 고흐의 작품을 널리 알리는 데 평생 힘썼다.

그 밖에 다른 사례는 5장에서 다뤄보도록 하자.

평판 폭포

우리는 문화적 상품과 아이디어, 정치인, 제품에 대해 다른 이들의 의견에 관심을 기울인다. 무엇이 더 좋은지 알고 싶기 때문이다. 또한 우리는 다른 이들이 자신을 좋아해주기를, 적어도 싫어하지 않기를 바란다. 그래서 다른 이들의 생각이나 행동을 그대로 따른다. 많은 사람이 새로 나온 노래나 책, 또는 영화에 열광할 때, 우리도 좋아한다는 사실을 드러내거나, 또는 경험해보려고 한다. 우리는 다른 사람들에게서 얻은 정보로부터 뭐가 좋은지, 옳은지, 또는 진실인지 판단한다. 그리고 그들의 행동을 따라 한다. 또한 다른 사람들이 자신을 어떻게 생각하는지 중요하게 여기기 때문에 그들의 행동을 따른다. 이러한 모습은 당연한 듯 보이지만, 승자독식 시장과 명성의 변덕을 설명해준다는 점에서 그 내재적인 역동성에 주목할 필요가 있다.

평판 폭포(reputational cascade)에 따르면, 사람들은 스스로 무엇이 옳은지, 그리고 무엇이 옳은 것으로 드러날 것인지 알고 있다고 생각하면서도 자신에 대한 다른 사람들의 평가를 긍정적으로 만들기 위해 군중의 의견을 따른다. 가령 믹이 데이브 클라크 파이브가 훌륭한 밴드라고 주장한다고 해보자. 그러자 키스는 믹의 의견에 동의한다. 그것은 믹의 주장이 옳아서가 아니라, 그가 자신을 바보나 멍청이로 생각하길 원치 않기 때문이다. 그렇게 믹과 키스가 데이브 클라크 파이브를 훌륭한 밴드로 칭찬할 때, 브라이언은 두 사람의 생각에 공개적으로 반박하려 들지 않을 것이다. 그는 두 사람의 의견에 동의한다고 말할 것이다. 그것은 브라이언이 그들의 평가가 옳다고 믿어서가 아니라, 그들과 맞서거나 그들이 자신에 대해 갖고 있는 긍정적인 이미지를 포기하고 싶지 않아서다.

이를 통해 우리는 데이브 클라크 파이브의 평판이 어떻게 이뤄지는지 예상할 수 있다. 믹과 키스, 브라이언 모두가 똑같은 주장을 할 때, 그들의 친구인 찰리는 비록 그들이 틀렸다고 생각해도 반박하려 들지 않을 것이다. 믹과 키스, 브라이언 모두 동의한다는 사실은 그 주장이 아마도 옳을 것이라는 정보를 전한다. 그래서 찰리는 그들이 틀렸다고 생각할 만한 근거를 가지고 있어도 그 생각을 공개적으로 드러내지 않을 것이다. 그리고 찰리의 침묵 역시 평판 압력으로 작용해서 더 많은 이들이 그들의 의견에 따르도록 만들어 줄 것이다.

뮤직 랩 실험의 경우, 사이트 방문자들은 자신의 선택이 자신의 평판에 영향을 미칠 수 있다는 걱정은 할 필요가 없었다. 그들은 서로 친구나 지인 관계가 아니었다. 하지만 그런 경우에도 많은 사람이 특정 대상의 가치를 높게 평가할 때, 이는 분명한 사회적 압력으로 작용한다.

평판 폭포도 언제 어디서든 시작될 수 있다. 로버트 존슨과 에밀리 디킨슨, 바흐는 분명하게도 평판 폭포로부터 큰 도움을 받았다.

네트워크 효과

혼자서 즐길 수 있는 것들이 있다. 가령 햇볕을 쬐며 하는 산책이나 한잔의 커피, 또는 짧은 수영은 혼자일 때 더 좋다. 반면 죄책감이 드는 것도 있다. 사람들은 막장 드라마나 가수 토미 로(Tommy Roe, 그를 한번 검색해보자)를 좋아하면서도 다른 사람과 함께 있을 때면 그런 내색을 잘 하지 않는다. 그러나 일반적으로 문화적 상품의 가치는 얼마나 많은 이들이 그것을 사용하거나 즐기느냐에 달렸다. 가령 당신이 지구에서 휴대전화를 가진 유일한 사람이라면, 그것은 별 쓸모가 없을 것이다. 많은 이들이 페이스북을 사용하는 이유는 다른 사람들이 사용하기 때문이다. 페이스북에 네트워크 기능이 없었다면 성공하지 못했을 것이다.

사용자 수에 따라 가치가 높아질 때, 네트워크 효과가 모습을 드러낸다. 많은 문화적 상품이 네트워크 효과의 덕을 보고 있다. 사람들은 특정 문화적 상품은 당연히 알아야 한다고 생각한다. 셰익스피어는 그 좋은 사례다. 셰익스피어를 모르는 사람은 아마도 관계를 형성할 수 있는 좋은 기회를 번번이 놓칠 것이다. 옛날 TV 프로그램인 〈환상특급(The Twilight Zone)〉도 네트워크 효과를 오래 누렸다. 사람들은 그 프로그램에 열광하는 이들의 네트워크에 속하길 원했다. 2023년에 개봉된 영화인 〈바비〉와 〈오펜하이머〉 역시 네트워크 효과의 덕을 톡톡히 봤다. 사람들은 〈바비〉와 〈오펜하이머〉를 보고 싶어 했다. 그것은 많은 사람이 봤기 때문이었다. 모든 문화에는 시인이나 전쟁 영웅, 정치인, 종교 지도자 등 여러 다양한 상징적 인물이 있다. 이들 역시 부분적으로 네트워크 효과 덕분에 그런 지위를 누리고 있다.

내재적 가치를 떠나 노래와 영화, TV 프로그램을 알고 이에 대해 사람들과 이야기를 나눌 수 있다면 그것은 좋은 일이다. 가령 〈햄릿〉이나 〈리어왕〉, 〈스타워즈 에피소드 4〉, 〈Yesterday〉, 〈Hey Jude〉, 〈Let It Be〉, 또는 바비와 켄에 관한 이야기를 꺼냈는데 상대가 멀뚱멀뚱한 눈으로 바라본다면 좋은 기분이 들지 않을 것이다. 많은 사람이 낭만주의 시와 비틀스를 좋아한다면 우리는 무엇보다 한 가지 이유로 그것에 관심을 기울일 것이다. 그것은 소외되기 싫어서다. 우리 모두는 자신에게 의미 있는 집단의 일원이 되고 싶어 한다.

책이나 영화가 폭발적인 인기를 누릴 때, 그것은 대개 네트워크 효과 때문이다. 테일러 스위프트는 훌륭한 가수다. 나도 좋아한다. 그러나 그녀 역시 부분적으로 점점 더 많은 이들이 그녀를 알고 좋아하고 사랑하는 집단의 일원이 되길 원했기 때문에 엄청난 성공을 거둘 수 있었다.

국경일도 네트워크 효과에 도움을 준다. 물론 마틴 루서 킹은 자신을 기리는 기념일이 없었다고 해도 유명했을 것이다. 그래도 마틴 루서 킹 기념일은 오늘날 그에 대한 인식을 형성하고 그를 기억하는 데 기여했다. 앞으로 살펴보겠지만, 마블 코믹스(Marvel Comics, 스파이더맨, 헐크, 토르 등)에서 핵심적인 창조적 원천으로 역할을 했던 스탠 리는 네트워크 효과를 일으키는 데 큰 기여를 하면서 엄청난 이익을 얻었다. 우리는 나중에 살펴볼 '스타워즈' 현상에 대해서도 똑같은 이야기를 할 수 있다.

집단 양극화

집단 내 구성원들이 함께 논의하는 과정에서 어떤 일이 벌어질까? 집단 양극화 패턴은 심의 기구에서 가장 뚜렷하게 드러난다. 또한 여러 다양한 업무에서도 잘 나타난다. 간단하게 말해서, 심의 기구는 신제품이나 새로운 아이디어, 지도자 후보, 종교 재판 등과 관련해서 구성원들의 의견을 극단으로 몰아간다. 극단적인 열광도 여기에 해당한다.

다양한 컬트 집단도 이러한 방식으로 진화한다. 제품과 인물의 경우 집단 양극화의 메시지는 분명하다. 그것은 인기나 명성을 높이려면 집단 양극화를 적극적으로 활용하라는 것이다. 밥 딜런은 그렇게 했다. 비틀스도 그랬다. 그리고 스티브 잡스도 마찬가지였다. 반면 1950년대와 1960년대에 코니 컨버스는 그러지 못했다.

생각이 비슷한 사람들끼리 토론할 때, 그들은 서로를 다양한 극단으로 나아가게 만든다. 비즈니스와 정치에서는 이런 일이 항상 벌어진다. 1630년대에 네덜란드에서 일어난 튤립 광풍(Tulipmania) 사건은 경제 분야에서 가장 유명한 사례로 손꼽힌다. 또한 비틀마니아도 같은 사례에 해당한다. 일반적으로 집단 양극화는 직접적으로 모습을 드러낸다. 특정 지역에 거주하거나 특정 온라인 그룹에 가입한 사람들은 어떤 인물이나 제품에 관해 서로 이야기를 주고받는 과정에서 서로를 극단으로 밀어붙인다. 우리는 이런 집단 양극화 현상을 의식적으로 이끌어낼 수 있다.

화가나 가수, 영화, 정치인, 또는 공익 단체에 대한 뜨거운 관심을 만들어내려는 이들은 생각이 비슷한 사람들끼리 만나 서로 관계를 맺도록 유도한다. 다양한 모임이 바로 이러한 기능을 한다. 나중에 다시 살펴보겠지만, 스탠 리와 마블 코믹스는 집단 양극화로부터 큰 도움을 받았다. 1964년에 마블은 메리 마블 마칭 소사이어티(Merry Marvel Marching Society)를 조직하고 회원 카드와 인증서를 발급했다. 역시 나중에 살펴보겠지만, 소설가 에인 랜드 역시 자신의 (어리석은) '객관주의(objectivism)' 철학이 인기를 얻는 과정에서 집단 양극화로부터 도움을 받았고, 그 인기는 수백만 권의 판매로 이어졌다. 랜드는 말하자면 '객관주의 클럽'을 조직했던 셈이다.

이러한 시도는 50년 넘게 이어지고 있다. 이제 우리가 10여 개국에서 발견했던 몇 가지 집단 양극화 사례를 살펴보자.

- 기후 변화를 우려하고 이에 대처하기 위한 국제 조약에 찬성하는 미국인들은 토론 후 기존의 믿음을 더 굳게 고수했다.[17]
- 기후 변화에 별 관심이 없고 이에 대처하기 위한 국제 조약에 찬성하지 않는 미국인들은 토론 후 조약에 대한 관심을 더 많이 잃어버렸다.[18]
- 프랑스인들은 토론 후 미국과 경제 원조의 의도에 대해 더욱 비판적인 입장을 취했다.[19]
- 페미니즘을 온건하게 지지하는 여성 집단은 토론 후에 페미니즘을 더욱 강하게 지지했다.[20]
- 인종 차별을 드러낸 백인들은 인송 차별이 미국의 도시에 거주하는 아프리카계 미국인들이 직면한 현실에 책임이 있는지 묻는 질문에 더 부정적인 반응을 보였다.[21]
- 인종 차별을 드러내지 않았던 백인들은 토론 후 같은 질문에 더 긍

정적인 반응을 보였다.[22]

위 사례는 주로 정치 사안에 관한 것이다. 만약 정치적 분열이 어떻게 일어나는지에 대해 관심이 있다면, 집단 양극화는 연구를 위한 좋은 출발점이다. 또한 집단 양극화는 왜 기업들이 말도 안 되는 판단을 내리는지 이해하기 위한 좋은 출발점이기도 하다. 명성을 주제로 살펴보고 있는 우리도 집단 양극화에서 쓸모 있는 실마리를 발견할 수 있다. 통계 패턴에 따를 때, 특정 정치인과 시, 영화, 노래, 소설에 온건한 열정을 보이는 이들은 토론 후에 더 강한 열정을 드러내는 경향이 있다. 이와 관련해서 비틀마니아 사례를 떠올려보자. 그리고 공연이 종종 집단 양극화의 연구 사례로 주목받는다는 사실에 주목해보자.

물론 어떤 이들은 여전히 비주류로 남아 있으려 할 것이다. 그것은 집단이 나아가는 방향을 정말로 싫어하거나(그리고 그런 생각을 적극적으로 밝히려 하거나), 또는 타고난 저항자이기 때문이다. 어떤 이들은 비틀스를 싫어하고 비틀스를 향한 문화적 열광에 저항한다. 하지만 그들은 본질적으로 비주류거나 또는 부적응자일 수 있다.

집단 양극화가 발생하는 이유를 설명해주는 세 가지 관점이 있다. 이들 모두 정치인과 시인, 영화, 노래, 소설, 배우, 제품의 성공을 이해하는 데 도움을 준다. 그리고 명성을 이해하는 과정에도 확실한 도움을 준다.

첫 번째 관점은 정보 교환의 단순한 역할에 주목한다. 이 관점은 다음과 같은 단순한 주장으로 시작한다. 모든 개인이 모든 주제에 대해 취하는 입장은 부분적으로 그들에게 어떤 정보가 제공되는지, 그리고 집단 내에서 어떤 주장이나 사실, 또는 논의가 설득력을 갖는지에 달렸다. 일반적으로 사람들의 입장은 집단이 옹호하는 가장 설득력 강한 주장으로 이동한다.

예를 들어 어떤 집단의 구성원 대부분이 코니 컨버스가 훌륭한 가수라고 생각하고 열정과 확신으로 그러한 믿음을 드러낸다면, 나머지 사람들은 크게 영향을 받을 것이다. 그리고 대부분이 셰익스피어가 과대평가되었으며 사뮈엘 베케트가 더 훌륭하다고 생각한다면, 나머지 구성원들도 그렇게 생각하게 될 것이다. 틀림없이 그럴 것이다! 핵심은 이렇다. 구성원 대부분이 이미 한쪽으로 치우쳐 있을 때, 그러한 생각을 지지하는 주장이 많이 나오게 된다. 그리고 구성원들은 토론 후에 이미 기울어져 있는 방향으로 이동하게 된다.

다음으로 확증과 확신, 극단주의 사이의 관계에 대한 두 번째 관점을 살펴보자. 확신이 없고 어떻게 생각해야 할지 모르는 사람들은 자기 입장을 잘 드러내지 않는 성향이 있다. 그래서 무엇을 말해야 할지 모르는 신중한 사람들은 뚜렷한 양극단 사이의 중간 지점을 취하고자 한다.

주변 사람들의 취향을 잘 알지 못할 때, 당신은 아마도 조이스 캐롤 오츠의 작품에 대한 개인적인 뜨거운 열정을 드러내려 하지 않을 것이다. 그러나 주변 사람들도 자신과 생각이 비슷해 보이고 오츠가 뛰어난 작가라고 (당연하게) 계속 이야기한다면, 당신은 아마도 자기 견해에 대해 더 강한 확신을 가질 것이다. 그리고 더 극단적인 방향으로 나아갈 것이다.

음악가나 화가, 작가에 대한 열정은 이러한 과정으로 더 뜨거워진다. 비틀스는 전통 록 음악 분야의 좋은 사례다. 도어스(Doors)도 그렇다. 도어스의 팬들도 집단 양극화 과정에 참여했다. 그리고 버락 오바마와 도널드 트럼프도 비슷한 과정으로 힘을 얻었다. 종교 역사에서 유명한 인물들도 그랬다. 또한 아이폰과 테슬라, 얼그레이 티와 같은 제품도 그랬다.

마지막 관점은 사람들은 자신의 명성에 관심을 기울인다는 가정에서 시작한다. 사람들은 집단 내 다른 구성원들에게 긍정적인 이미지를 전하려 한다. 또한 자기 자신을 긍정적으로 바라보고 싶어 한다. 다른 이들이 무슨 생각을 하고 있는지 이해할 때, 그들은 자신의 견해를 지배적인 입장으로 이동시킨다. 예를 들어 사람들은 자신이 겁이 많거나 소심하지 않다는 인상을 주고자 한다. 그래서 자신에 대한 다른 사람들의 인식, 그리고 자기 자신에 대한 인식을 긍정적으로 유지하기 위해 자기 견해를 이동시킨다. 비틀마니아도 여기에 해당하는 사례일까? 〈모나리자〉의 상징적 지위도 그럴까? 당연하다.

오프라의 북클럽

지금까지 살펴본 다양한 효과들을 하나로 합칠 수 있을까? 그런 일이 가능할까?

생생한 이해를 위해 오프라 윈프리의 북클럽에 대해 생각해보자. 〈오프라의 북클럽〉은 1996년 9월에 시작되어 2002년 4월까지 이어졌다. 그동안 오프라의 인기는 대단했고 그녀의 TV 토크쇼는 수백만 명이 시청했다. 오프라는 많은 신뢰와 존경을 받았다. 그리고 북클럽을 통해서 총 48권의 책을 추천했다.

여기서 한 가지 질문이 있다. 오프라의 추천은 어떤 영향을 미쳤을까? 우리는 단기적으로 많은 영향을 미쳤지만 장기적으로는 큰 변화가 없었을 것으로 예상해볼 수 있다. 가령 하루나 이틀, 또는 일주일간 책 판매량에 어느 정도 영향을 미쳤을 것이며, 이후에는 이렇다 할 변화가 없었을 것이다. 아무리 오프라 윈프리라고 해도 기적을 만들어내지는 못했을 것이다. 궁극적으로 중요한 것은 책의 내재적 가치이기 때문에 오프라가 추천했다고 해도 시간이 흐른 뒤 원래 자리로 돌아왔을 것이다. (〈오프라의 북클럽〉을 뮤직 랩 실험의 실사판으로 생각해본다면, 오프라의 추천은 높은 초기 다운로드에 해당할 것이다.)

리처드 버틀러(Richard Butler)와 벤저민 코원(Benjamin Cowan), 제바스티안 닐슨(Sebastian Nilsson)은 오프라의 추천이 실제로 어떤 영향을 미쳤는지 알아보기 위해 조사를 시작했다.[23] 그들이 내린 결론은 〈무명에서 베스트셀러로(From Obscurity to Bestseller)〉라는 논문 제목에서 짐작할 수 있다. 그들의 연구 결과에 따르면, 그 48권 중에서 오프라가 추천하기 일주일 전에 미국 시장에서 베스트셀러 150위 안에 들어 있던 책은 '한 권도' 없었다. 그러나 오프라가 추천하고 일주일 후, '모든' 책이 그 목록에 이름을 올렸다. 그리고 단기간이 아니라 적어도 3개월 넘게 그 자리를 지켰다. 더 놀랍게도 대다수는 그때까지 베스트셀러 목록에 진입한 적이 한 번도 없었으며, 그때까지 기록한 최고 순위는 25위였다. 그러나 오프라가 추천했던 11권 모두 적어도 4위 안에 진입했다.

그래도 오프라가 추천한 책이 일반적인 베스트셀러보다는 성과가 좋지 않았을 것이라고 예상해볼 수 있다. 이 추측은 대단히 합리적이지만 틀렸다. 오프라가 추천한 책들은 일반 베스트셀러보다 더 오래 그 자리에 머물렀다. 실제로 오프라가 추천한 책 중 일부는 베스트셀러에 여러 차례 진입했고, 특히 14권은 페이퍼백(paperback, 저렴한 용지를 사용한 염가판 도서-옮긴이)으로 출간되면서 150위 목록에 이름을 올렸다. 여기서 주목해야 할 부분이 있다. 14권의 페이퍼백은 평균적으로 오프라가 추천한 뒤 42주 만에 베스트셀러가 되었다.

전반적으로 오프라가 추천하면 베스트셀러가 되었고, 이후 수개월 동안 많은 판매로 이어졌다. 오프라의 선택은 도서 시장에서 약 8,000만 달러에 달하는 가치를 창출했다.

어떻게 이런 일이 가능했을까? 우리는 다음 네 가지 사실이 높은 초기 다운로드와 같은 요인으로 작용했다고 생각할 수 있다.

- 오프라는 청중에게 엄청난 신뢰를 받았다. 사람들은 그녀의 이야기를 믿었다.

- 오프라의 추천이 매출 상승으로 이어진다고 알려지면서 네트워크 효과가 즉각 나타났다.
- 서점들은 먼저 예상해서 오프라가 추천한 책을 잘 보이는 곳에 진열했다.
- 사람들은 집단에서 소외되지 않기 위해 오프라가 추천한 책을 읽어보려고 했다.

물론 오프라 윈프리는 특별한 인물이었고 지금도 그렇다. 그러나 이 사례는 오프라의 추천이 어떻게 성공으로 이어졌는지에 관한 이야기만은 아니다. 나중에 다시 살펴보겠지만, 오프라 이전의 여러 다양한 오프라들은 영문학계의 위대한 인물들이 누린 인기를 잘 설명해준다. 마찬가지로 다시 살펴보겠지만, 오프라 이전의 오프라들 대부분은 역사 속에서 사라졌음에도 그들의 존재는 많은 상징적 인물이 어떻게 성공했는지 설명해준다. 물론 오프라 이후의 오프라들도 있을 것이다. 코니 컨버스의 경우, 하워드 피시먼이 바로 오프라와 같은 존재였다.

돈이 되는 죽음

한 가지 질문이 있다. 작가나 화가, 음악가가 세상을 떠나면 작품이 더 많이 팔릴까? 죽음은 비즈니스에 도움이 될까?

이 질문에 대한 이성적인 대답은 절대 그렇지 않다는 것이다. 비틀스와 피카소(Picasso)뿐 아니라 가수이자 영화배우 프랭크 시나트라(Frank Sinatra), 시인이자 소설가 존 업다이크(John Updike), 가수 재니스 조플린(Janis Joplin)을 좋아하는 사람도 있고 좋아하지 않는 사람도 있다. 사람들은 자신의 기호에 따라 책이나 그림, 음반을 구매한다. 그들은 예술가가 살아 있는지, 건강 상태는 어떤지를 기준으로 구매 결정을 내리지 않는다. 작가의 생존 여부는 구매와 관련 없다. 그것은 작가가 결혼했는지 독신인지, 젊은지 나이 들었는지, 부자인지 가난한지처럼 중요하지 않다. 중요한 것은 작품 그 자체다.

하지만 현실은 이성적이지 않은 듯 보인다. 그 정확한 이유를 알지 못하지만, 죽음은 비즈니스에 도움이 된다. 미국 작가 고어 비달(Gore Vidal)은 소설가 트루먼 커포티(Truman Capote)의 부고를 듣고는 "현명한 직업 전환"이라고 말했다.[24] 비달은 뭔가 비밀을 알고 있었던 것이다.

이와 관련해서 우리는 가장 체계적인 연구를 이탈리아에서 발견할 수 있다. 이탈리아 경제학자인 미켈라 폰초(Michela Ponzo)와 빈첸초 스코파(Vincenzo Scoppa)는 작가의 사망이 책 판매량에 미치는 영향을 연구했다.[25] 그리고 작가가 사망하면 작품이 베스트셀러에 오를 확률이 크게 높아진다는 사실을 발견했다. 실제로 100% 넘게 높아졌다.

폰초와 스코파는 베스트셀러에 이름을 올리고 싶다면 젊은 나이에 죽는 게 훨씬 더 낫다는 사실도 확인했다. 65세 전에 사망한 작가들은 그 이후에 사망한 작가들보다 엄청나게 큰 '사망 보너스'를 받았다. 게다가 언론의 관심도 큰 차이를 만들어냈다. 작가의 경우,

부고 기사가 신문 전면에 실리거나 주요 뉴스로 자주 다뤄질 때 사망 효과는 뚜렷하게 나타났다. 화가들 역시 비슷한 패턴을 보였다. 그들의 작품 가격은 사후에 올라간다. 그리고 이 효과는 젊어서 죽은 예술가의 경우에 더 뚜렷하게 나타난다.[26]

그런데 이러한 결론은 많은 의문을 제기한다. 한번 생각해보자. 세상의 모든 작가를 대상으로 사후에 책 판매량이 증가했는지 묻는다면, '절대 그렇지 않다'라는 대답이 압도적으로 많을 것이다. 세상에는 수많은 작가가 있다. 한 해에 책을 출간하는 작가의 수는 줄잡아 400만 명은 될 것이다. (이는 연간 출간된 책의 수다. 물론 일 년에 여러 권을 발표하는 작가도 있을 것이다. 이러한 점에서 나는 반성을 하게 된다. 하지만 대부분 한 권일 것이다.)[27] 여기서 일 년에 1,000명 중 약 9명이 사망한다고 가정하면, 대략 한 해에 책을 펴낸 400만 명의 작가 중 3만 6,000명이 사망할 것이다.[28]

그렇다면 그중 얼마나 많은 사례에서 사후 매출 증가가 나타날까? 분명하게도 극소수에 불과하다. 작가들 대부분은 살아 있는 동안 그리 높은 판매량을 기록하지 못한다. 그리고 사망 후 일 년간 판매량은 사망 전 일 년에 비해 별로 다르지 않다. 만약 당신이 무명 작가라면(사실 대부분 그렇겠지만) 자신이 죽고 나면 책이 잘 팔릴 것이라는 기대는 아예 하지 않는 편이 낫다.

여기서 폰초와 스코파는 베스트셀러 목록에 적어도 한 권을 올린 작가들로 조사 범위를 한정했다. 그리고 그들의 작품이 사후 6개월 동안 베스트셀러 목록에 더 많이 진입했는지 독창적인 방식으로 조사했다. 그 결과를 바탕으로 우리는 이렇게 말할 수 있다. '작가의 인지도가 어느 정도 있고 언론이 그의 사망에 많은 관심을 보일 때, 사후 책 판매량은 크게 증가한다.'

이는 중요한 발견이다. 우리는 이러한 결론을 어떻게 설명할 수 있을까? 가장 간단한 대답은 사람들의 관심에 주목한다. 유명한 저자가 세상을 떠났을 때, 사람들은 그에게 많은 관심을 기울인다. 사람들은 조이스 캐롤 오츠나 롤링스톤스의 리더인 믹 재거(Mick Jagger)에 대해 그리 많은 관심을 기울이지 않는다. 하지만 그들이 세상을 떠난다면(그러지 않기를 바라지만) 많은 사람이 갑자기 그들에 대해 많은 생각을 하기 시작할 것이다. 그리고 더 적극적으로 작품을 구매하려 할 것이다. 한편으로 죽음은 예산이 넉넉한 홍보 캠페인 또는 오프라 윈프리의 간택과 같다. 그래서 죽음은 효과를 드러낸다. 또한 죽음은 네트워크 효과를 즉각 촉발한다. 사람들은 다른 이들이 세상을 떠난 예술가의 작품을 읽거나 들을 것이라 생각할 것이다. 그리고 그 흐름에 동참하려 들 것이다.

감정도 마찬가지로 중요하다. 유명 작가에 애착을 느끼는 사람들은 작가의 사후에 애도 기간을 보낸다. 그리고 그 슬픔에 대처하는 한 가지 방법은 고인의 작품과 함께 시간을 보내는 것이다. 이를 통해 작가와 이어진 상태로 남아 있을 수 있다. 사랑하는 사람을 잃으면, 우리는 그의 사진과 편지를 소중히 간직한다. 작가나 화가도 우리가 사랑하는 사람이, 또는 적어도 애착을 느끼는 사람이 될 수 있다. 그들은 우리 삶에서 한 부분을 차지할 수 있다. 그럴 때 그들의 작품은 고인의 사진이나 편지 같은 게 된다. 우리는 작품을 통해 작가와 더 오랜 시간을 함께하려 한다.

HOW TO BECOME FAMOUS

4장

방 안의 코끼리

방 안의 코끼리(elephant in the room, 모두가 알지만 아무도 이야기를 꺼내지 않는 중요한 문제-옮긴이)가 있다.

1991년에 나는 시카고대학교 로스쿨에서 학생들을 가르치고 있었다. 당시 내 동료이자 친구인 마이클 맥코넬(Michael McConnell)은 대학 임용위원회 위원장을 맡고 있었다. 말하자면 교수를 채용하는 책임을 지고 있었다. 맥코넬은 하버드대학교 로스쿨의 한 학생과 함께 연구를 진행했는데, 그가 최고의 법학 교수가 될 것이라는 확신이 들었다는 이야기를 들려줬다. 나는 그 학생의 이름을 물었다.

그는 이렇게 말했다. “그런데 이름이 좀 특이해.” 나는 다시 물었다. “얼마나 특이하길래?” 그는 대답했다. “버락 오바마야.”

모두가 알다시피 오바마는 실제로 시카고대학교 로스쿨 교수가 되었다. 그는 타고난 리더였다. 그에게는 뭔가가 있었다. 1999년에 나는 시카고에 있는 신학교 협동조합 서점에서 오바마를 우연히 만났다. 나는 그에게 내가 확신하고 있던 이야기를 들려줬다. "당신은 언젠가 미국 대통령이 될 겁니다." 그러나 2003년 오바마가 상원 선거에 출마했을 때, 시카고에 있던 그의 친구와 동료들은 그가 훌륭한 정치인이 되려면 두 가지 중대한 과제를 극복해야 한다고 생각했다. 우선 그는 흑인이었다. 그리고 다음으로 버락 오바마라는 그의 이름이었다. 모두가 알고 있듯이 오바마는 두 가지 과제를 모두 뛰어넘었다. 그는 2004년 상원의원에 당선되었고 2008년에 대통령이 되었다.

그렇다. 그는 참으로 운이 좋았다. 폭발적인 초기 다운로드의 이익을 누렸다. 그리고 그에게는 비틀마니아에 못지않은 추종자들이 있었다. 또한 정보 폭포와 평판 폭포, 네트워크 효과, 집단 양극화가 성공의 핵심 요인으로 작용했다. 그러나 그것은 모두 특정 시점에 관한 이야기였다. 여기서 내가 관심을 기울이는 것은 오바마가 선거 유세에서 확실한 이미지를 보여주기는 했지만, 1948년이나 1960년, 1968년, 1972년, 1980년, 또는 1984년에 출마했더라도 당선되었을지 의문을 품어볼 수 있다는 사실이다. 이들 시점에서 버락 오바마라는 이름을 가진 흑인 대선 후보자는 틀림없이 엄청난 사회적 반발에 직면했을 것이다.

2008년에 오바마가 흑인이라는 사실은 결정적인 장애물은 아닌 것으로 드러났다. 실제로 많은 유권자가 흑인이라는 사실을 긍정적으로 받아들였다. 그들은 이렇게 물었다. '이제 미국도 흑인 대통령이 나올 때가 되지 않았을까? 흑인 대통령이 나온다면 미국과 세계를 향해 자유의 진정한 의미에 관한 중요한 이야기를 들려줄 수 있지 않을까?'

이는 단지 오바마의 이야기만은 아니다. 비즈니스와 정치, 음악, 미술, 영화, 문학 등 수많은 분야에서 다양한 요인이, 또는 우리가 말하는 정치가 성공과 실패, 그리고 명성에 중대한 영향을 미친다.

많은 이들은 기회조차 잡지 못한다. 재산과 종교, 성별, 인종은 대단히 중요한 요소다. 1740년 무렵에 어떤 분야에서 성공하고자 했던 여성은 뛰어넘을 수 없는 장벽에 직면해야 했다. 엄청난 노력에도 무시와 외면을 받았을 것이다. 그리고 아마도 끝내 포기하고 말았을 것이다. 또는 시도조차 하지 않았을 것이다. 벤저민 프랭클린의 잘 알려지지 않은, 그리고 아마도 벤저민만큼 재능이 있었을 (누가 알겠는가?) 여동생인 제인 프랭클린(Jane Franklin)은 철학자 리처드 프라이스(Richard Price, 1723~1791)의 주장에 강한 인상을 받았다. 프라이스는 많은 사람의 운명을 결정짓는 출발점의 중요성을 깊이 들여다봤다.[1]

제인은 오빠 벤저민에게 이렇게 편지를 썼다. "프라이스 박사는 수천 명의 보일(Boyle)과 클라크(Clark), 뉴턴(Newton)들이 세상 물정을 몰랐고, 그저 모두가 선망하는 자리를 차지하고 적당한 이익을 챙기려는 생각으로 무지와 비열함 속에 살다 갔다고 생각했어."[2] 그것은 제인의 개인적인 한탄이었다. 이에 대해 미국 역사학자 질

레포레(Jill Lepore)는 이렇게 말했다. "벤저민 프랭클린은 자기 여동생을 '두 번째 자아'라 생각했고 17명(!)의 형제자매 중 자신과 가장 많이 닮았다고 생각했다."[3] 그러나 미 공화국 역사를 통틀어 문학과 과학 분야의 대표적 사상가인 벤저민이 상징적인 인물의 반열에 올랐던 반면, 읽고 쓰는 일을 좋아했던 제인은 제대로 된 교육을 받지 못했다.

버지니아 울프는 바로 이러한 이야기를 《자기만의 방》에서 들려줬다. 셰익스피어만큼 재능 있는 가상의 여동생에 관한 다음 이야기에 주목해보자.

> 셰익스피어가 살았던 시대에 여성이 그와 같은 희곡을 쓴다는 것은 절대 불가능한 일이었을 것이다. 사실을 확인하기는 어려우므로 한번 상상해보자. 셰익스피어에게 재능이 출중한 유디트라는 여동생이 있었다면 어땠을 것인지…. 그녀는 셰익스피어만큼 모험을 좋아하고 상상력이 풍부하고 세상에 대한 호기심이 강하다. 그러나 학교에 가지 못했다. 호라티우스(Horace)와 베르길리우스(Virgil)의 작품을 읽는 것은 고사하고 문법과 논리를 배울 기회조차 없었다. 아마도 어두컴컴한 사과 창고에서 습작을 끄적인 게 전부였을 것이다. 그나마도 숨겨놓거나 불태워버렸을 것이다. 그리고 10대 시절이 지나자마자 이웃에 사는 양모 노동자의 아들과 약혼해야 했다. 유디트는 결혼하기 싫다며 떼를 썼지만, 아버지는 그런 딸을 심하게 매질했다. 그러고는 호통치는 대신에 이번 혼사에서 자신의 마음을 아프게 하지 말라고,

집안 망신을 시키지 말라고 사정했다. 그리고 결혼하면 목걸이와 예쁜 속치마를 사주겠다고 약속했다. 그는 눈물을 글썽이며 딸에게 애원했다. 어떻게 그런 아버지를 외면할 수 있겠는가? 어떻게 실망을 안겨줄 수 있겠는가?[4]

수 세기가 흘러 여성을 둘러싼 사회적 상황이 크게 달라졌다. 어릴 적부터 글을 썼지만 성공하지 못했던 여성도 후대에 재발견되어 주목받는 일이 가능해졌다. 실제로 그런 사례가 많이 있었다. 대표적으로 미국의 작가들인 콘스턴스 페니모어 울슨(Constance Fenimore Woolson)과 베트 하우랜드(Bette Howland), 이브 바비츠(Eve Babitz)를 들 수 있다. 한번 검색해보자.

또는 많은 작품을 남긴 마거릿 캐번디시도 있다. 1623년 영국에서 태어나 철학자와 극작가, 시인으로 활동했던 캐번디시는 명성을 추구했지만 평생 꿈을 이루지 못했다. 그리고 세상을 떠나고 수 세기 동안에도 인정받지 못했다. 버지니아 울프는 캐번디시에 대해 이렇게 썼다. "말도 안 되는 글을 쓰느라 시간을 허비하면서 무명과 어리석음으로 점점 빠져들고 말았다."

그러나 최근 들어 널리 관심받고 있다. 대학에서도 그녀의 작품을 가르치고 있고 철학자들은 그녀의 이념을 놓고 논쟁을 벌이고 있다. 유물론자인 캐번디시는 데카르트(Descartes)가 주장했던 육체와 정신의 이원론에 반대했다. 그리고 성의 수직 체계에 저항했던 초기 페미니스트로 인정받고 있다. 캐번디시의 꿈은 야심 차고 원대했다. 그녀는 공상과학 소설에도 도전했다. 훗날 철학적 근간을 다진 인물로 인정받을지 모른다.

그렇게 된다면 그것은 캐번디시가 진정으로 훌륭했기 때문이다. 또한 부분적으로는 그녀가 여성이었고, 오늘날 독자들이 그녀의 이야기에 많은 관심을 기울이고 있으며, 또한 그녀의 동시대 사람들과는 달리 그녀의 이야기를 받아들일 마음의 준비가 되어 있기 때문일 것이다. 한때 문제나 장애물로 여겨졌던 것이 사라질 수 있다. 또는 도움이나 보너스로 바뀔 수도 있다. 과거에 여성에 부과했던 세금과 같았던 것이 폐지되거나 보조금으로 바뀔 수 있다.

소외

덴마크 철학자 잔 페이넨부르그(Jeanne Peijnenburg)와 샌더 베르헤흐(Sander Verhaegh)는 그들이 말하는 "역사 기록학적 소외(historiographical marginalization)"[5]를 주제로 연구를 진행하고 있다. 두 사람은 평생 인정을 받았지만 역사학자와 교과서 저자들이 어떤 이유에서인지 주류로 편입시키지 않은 작품과 사람들, 특히 그런 여성들에 주목해왔다. 그들은 이들이 평생 소외(marginalization)를 겪었다고 지적한다. 그리고 독일 수학자이자 물리학자, 철학자인 그레테 헤르만(Grete Hermann) 사례를 언급한다. 헤르만은 수학자 존 폰 노이만(John von Neumann)의 주요 연구에서 심각한 오류를 발견했음에도 정당한 인정을 받지 못했다. 페이넨부르그와 베르헤흐는 헤르만의 연구가 정당한 인정을 받았다면 "20세기 물리학의 역사는 완전히 달라졌을 것이다"라고 말한다.

페이넨부르그와 베르헤흐는 특히 세월의 기억 속으로 사라진 여성들에 주목했다. 그들은 콘스턴스 존스(Constance Jones, 1849~1922)의 연구에 관심을 기울였다. 존스는 유명한 논리 퍼즐을 풀어서 평생 인정을 받았던 철학자였지만, 안내 책자나 교과서, 선집은 그녀를 다루지 않았다. 그런데 최근 존스가 다시 주목받고 있다. 페이넨부르그와 베르헤흐는 다음으로 분석 철학 분야의 선두 주자였던 미국 철학자 수잰 랭거(Suzanne Langer, 1895~1985)의 사례도 언급했다. 랭거의 1942년 책 《새로운 해법으로서의 철학(Philosophy in a New Key)》은 재판과 재판을 거듭하면서 50만 부 넘게 팔렸다. 그러나 세월이 흐르면서 그녀는 사람들의 기억에서 사라졌다. 그것은 아마도 랭거가 의식과 미신, 예술 연구에 주목했기 때문일 것이다. 랭거는 1940년대 말 소외되었고 오늘날 분석 철학 분야에서 거의 잊히고 말았다.

페이넨부르그와 베르헤흐는 철학적 사고의 흐름이 형성되는 과정에서 역사를 비롯한 다양한 요인의 역할에 주목했다. 예를 들어 1930년대에 비엔나 학파(Vienna Circle) 학자들은 유럽을 떠나 미국과 영국으로 건너갔다. 그리고 새로운 곳에서 논리실증주의(logical positivism) 흐름을 만들어내는 과정에 중요한 역할을 했다. 그러나 페이넨부르그와 베르헤흐는 철학자들이 소수 핵심 인물에만 주목함으로써 "더욱 광범위한, 그리고 학문적으로 더욱 다양한 인물들"을 우리에게서 앗아갔다고 주장했다. 그들은 "여성 철학자들이 소외됐던 과정을 시간을 거슬러 되돌릴 수 있다"고 보지는 않았다. 대신에 그것보다 "우리의 전임자들이 여성 철학자들의 기여에 관해 글을 쓰는 과정에서 저질렀던 누락과 간과, 그리고 명백한 오류(또는 더 나쁘게 아무런 언급도 하지 않았던 태만)를 바로잡는 노력이 더 중요하며 얼마든지 가능하다고 믿었다". 실제로 그러한 작업은 역사를 복원하는 차원에서 활발히 이뤄지고 있다.[6]

사람들은 캐번디시와 같은 인물들이 "시대를 앞서갔다"고 종종 말한다. 그들의 생각과 행동은 동시대 사람들에게 인정받지 못했다. 그들은 "이러한 인물들을 맞이할 준비가 되지 않았다". 하지만 이 말의 의미는 분명하지 않다. 우리는 이를 누군가 살아서 벼락을 맞지 못했지만 사후에 벼락을 맞은 것을 의미하는 것으로 바라볼 수 있다. 그들은 우연한 사건을 계기로 다운로드를 받기 시작했다. 내가 보기에, 이러한 해석은 반 고흐나 미국 소설가 허먼 멜빌(Herman Melville)에 적용할 수 있다. 아니면 그들의 작품이 관심을 받지 못했던 것은 운이 나빠서라기보다 동시대 사람들이 받아들이려 하지 않았기 때문으로 해석해볼 수도 있다.

이러한 맥락에서 로버트 존슨과 코니 컨버스는 좋은 사례다. 동시대 사람들은 아마도 종교와 인종, 정치, 저항, 성별, 계급, 사랑을 바라보는 그들의 시각이 기이하고, 일탈적이고, 지루하고, 또는 상식을 벗어났다고 생각했을 것이다. 그러나 다른 시대 사람들은 그들의 관점을 흥미롭게 바라볼 수 있다.

위대한 영웅

어느 나라에서, 그리고 어느 시대에 누가 관심과 비난, 또는 외면을 받는가? 사람들은 누구를, 또는 무엇을 기억하는가? 누가 역사적 영웅인가? 조지 오웰(George Orwell)은《1984》에서 다음과 같은 섬뜩한 말을 했다. "모든 기록은 파괴되거나 조작되고, 모든 책은 수정되고, 모든 그림은 다시 그려지고, 모든 동상과 거리, 건물의 이름은 바뀌고, 모든 데이터는 대체될 것이다."[7] 우리는 소설 속 세상이 아닌 현실에서 여러 세대에 걸친 기억과 영웅에 대해 이러한 질문을 던질 수 있다(세대 간 사례). 또한 몇 년이나 몇 달, 또는 몇 주에 걸친 기억과 영웅에 대해 물어볼 수 있다(세대 내 사례).

마틴 루서 킹이 암살당했을 때, 나는 열세 살 소년이었다. 그래도 그에 대한 기억은 지금도 또렷이 남아 있다. 어머니는 그를 존경해야 할 영웅적 인물이라고 했다. (한번은 저녁을 먹다가 그를 "대중 선동가"라고 하셨지만 말이다. 그때 나는 그게 무슨 뜻인지 몰랐다.) 그런데 당시에 누가 킹이 정말로 상징적인 인물이 될지 알았겠는가? 그의 이름을 딴 국경일이 제정될지 어떻게 알았겠는가?

어제의 악마는 오늘의 성인이다. 어제의 사제는 오늘의 이단이다. 어제의 슈퍼스타는 오늘의 퇴물이다. 그리고 세월에 걸쳐 일어나는 이러한 현상은 공간에 걸쳐서도 일어날 수 있다. 가령 국내 여러 지역에 걸쳐, 또는 전 세계 여러 국가에 걸쳐 나타날 수 있다. ["알라모를 기억하라"(텍사스군이 알라모 전투에서 멕시코군에 패배한 뒤 나온 구호로, 텍사스 독립 운동을 상징하는 표현-옮긴이)는 말이 기억나는가?] 이러한 생각에

관한 논의는 종종 '집단 기억'을 둘러싼 논의로 모습을 드러낸다.[8]

이와 관련해서 나는 오래전 베이징에서 큰 깨달음을 얻었다. 그때 나는 박물관을 둘러보고 있었는데, 나를 중국에 초대한 사람이 칭기즈칸 전시실로 나를 안내했다. 사실 나는 칭기즈칸에 대해 아는 게 별로 없었다. 다만 악마와 같은 인물이라고만 알고 있었다. 나는 흠칫 놀란 표정으로 그에게 이렇게 말했다. "잔인한 폭군이죠." 그런데 그는 충격을 받은 얼굴로 이렇게 말했다. "아닙니다. 그는 위대한 영웅이에요." 나는 실례를 범한 게 아닌지 당황스러웠다. 그러고는 겸연쩍은 미소를 지으며 이렇게 말했다. "미국에서는 그렇게 말하죠." 그러자 그는 미묘한 긍정의 미소를 지으며 이렇게 답했다. "중국에서는 그렇게 말한답니다."

미국 사회에서는 남북전쟁 이전에 남부 진영에 몸담았던 로버트 리(Robert E. Lee)와 같은 인물들이 집단 기억 속에서 추앙을 받는다. 이러한 정서는 그들을 기념하는 동상으로 모습을 드러내기도 한다. 반면 그들의 동상을 철거하고 옛 남부를 위해 싸운 이들을 정치적으로 폄훼하려는 시도도 오랫동안 이어졌다. 이러한 가운데 많은 정치인과 예술가, 그리고 다양한 분야의 인사들이 살아 있는 동안에, 또는 사후에 존경과 비난을 번갈아 가며 받았다.

사회학자 루이스 코저(Lewis Coser)가 제시한 실제 사례를 살펴보자.[9] 1980년대에 코저는 소련(그렇다. 소련이 존재하던 시절이 있었다)의 몇몇 사회학자들이 최근 발생한 사건들을 입 밖에 꺼내려고도 하지 않는다는 사실을 발견했다. 그 이유는 그들이 "지난 몇 년 동안 기존의 집단 기억을 마치 허물을 벗듯이 떨쳐버리고 전반적으로 새로운 집단 기억을 구축하도록 압박을 받아왔기 때문이었다". 그러나 "스탈린 체제에서 숙청당하고, 명예가 실추되고, 비난받았던 중요한 역사적 인물들이 이제 훌륭한 볼셰비키주의자이자 중요한 혁명의 영웅으로 주목받는 시점에서 그것은 쉬운 일이 아니었다". 역사는 새롭게 쓰였다. 물론 이는 정치 지도자들이 과거를 새롭게 바라보는 오웰주의적 이야기다. 추앙받던 이가 비난받고, 비난받던 이가 추앙받고 있다. 오웰은 이렇게 썼다.

> 모든 기록은 파괴되거나 조작되고, 모든 책은 수정되고, 모든 그림은 다시 그려지고, 모든 동상과 거리, 건물의 이름은 바뀌고, 모든 데이터는 대체될 것이다. 그리고 이러한 작업은 매일 매시간 계속될 것이다. 역사는 멈췄다. 모든 것이 사라졌다. 다만 당이 언제나 옳은 무한한 현재만이 존재할 뿐이다.[10]

코저의 이야기 속에서 악마화된 사람들은 영웅으로 새롭게 태어났다. 이러한 반전은 특히 소련 체제 말기에 극적인 형태로 나타났다. 그리고 여러 반민주주의 국가에서도 생생하게 나타나고 있다. 또한 가령 맬컴 엑스(Malcolm X)와 로버트 리를 완전히 다른 시각으로 바라보듯이 새로운 가치와 약속의 형태로 가장 자유로운 사회에서도 드러나고 있다. 반전은 무명이었던 인물이 관심과 존경을 받을 때, 그리고 거물이 위축되고 사라질 때(또는 존재를 부정당할 때)도

일어난다. 나치와 제2차 세계대전, 그리고 대학살에 관한 역사적 사건에 질문을 던져보자.[11] 우리는 기억하고 있는가? 1960년대에는 무엇을 기억했는가? 1990년대에는? 지금은? 독일에서는? 프랑스에서는? 러시아는?

나중에 간략하게 살펴볼 프랑스 사회학자 모리스 알박스(Maurice Halbwachs)는 1920년대 기독교가 처한 상황에 관해 놀라운 주장을 제시했다. 그것은 언제 어디서 무슨 일이 벌어졌는지 어떻게 알 수 있는가에 관한 것이었다. 알박스는 가령 신성한 장소에 관해 우리가 알고 있다고 생각하는 것 대부분은 예수가 살았던 시대에서 비롯되지 않았다고 결론을 내렸다. 그중 많은 것은 추측이나 발명에서 비롯되었다. 알박스의 이야기를 들어보자.

> 예수의 어린 시절과 젊은 시절, 생애, 그리고 마리아의 죽음에 관한 의심스러운 이야기들, 십자가의 미스터리를 둘러싼 신비적 고찰, 중세 시대에 교회에서 상연된 기적극(mystery play, 성서 속 사건이나 기독교 성인들의 삶을 다룬 연극-옮긴이), 대성당에 걸린 성스러운 초상화. 이들은 모두 순례자들이 다시 발견하고, 위치를 정하고, 놓아두고자 했던 것이었다. 이러한 사실은 시대마다 기독교의 집단 기억이 그리스도의 삶에 관한 사건, 그리고 그러한 사건들이 일어난 장소에 대한 기억을 오늘날 기독교의 상황과 요구, 소망에 따라 수정했다는 사실을 증언해준다.[12]

여기서 잠시 "오늘날 기독교의 상황과 요구, 소망"에 대해 생각해보자. 이는 전반적으로 시대정신, 또는 힘 있고 중요한 청중의 우려나 집착과 밀접한 관련이 있다.

1987년 세상을 떠난 제임스 볼드윈(James Baldwin)은 그가 살았던 시대에 특히 인종 갈등을 다룬 뛰어난 작가로 많은 주목을 받았다. 그런데 그는 한동안 소외를 겪었다. 그리고 이 글을 쓰는 지금, 그는 다시 관심을 끌고 있다. 그 부분적인, 그리고 중요한 이유는 그의 작품들이 오늘날 다양한 사안에 관해 말하고 있기 때문이다. 또는 마틴 루서 킹을 떠올려보자. 그는 급진적인 인물이었는가, 아니면 근본적으로 보수적인 인물이었는가? 그가 백인 우월주의를 타파하기 위해 사회적, 경제적 차원에서 대규모 혁신을 추구했던가? 아니면 인종 평등을 원칙적으로 고수한 온건파였던가? 사람들은 저마다 다른 목적으로, 그리고 오늘날의 상황과 요구, 소망에 따라 킹의 존재를 정의한다.

나중에 다시 살펴보겠지만, 세계에서 가장 많은 유명 슈퍼히어로를 개발, 또는 공동 개발했던 스탠 리는 1960년대에 큰 성공을 거뒀다. 그 부분적인 이유는 약점이 있지만 진취적인 캐릭터를 통해 시대의 정서에 관한 이야기를 직접적으로 했기 때문이었다. 마찬가지로 다시 살펴보겠지만, 윌리엄 블레이크와 제인 오스틴은 세상을 떠나고 오랜 세월이 흘러 대중의 숭배를 받았다. 그 부분적인 이유는 그들의 작품이 적절한 시대에 적절한 청중에게 이야기했기 때문이었다.

하지만 우리는 시대정신과 관련해서 신중할 필요가 있다. 시대정신에 관한 주장은 제시하기는 쉽지만 입증하기는 힘들다. 그래도 이러한 주장은 누가 왜 벼락을 맞는지와 관련해서 우리에게 많은 이야기를 들려준다.

집단 기억

알박스는 집단 기억에 대한 가장 탁월한 설명을 들려준다. 특히 그는 종교적 기억에 많은 관심을 기울였다.[13] 사람들은 자신이 믿는 종교의 역사에 관해 무엇을 기억할까? 알박스는 이렇게 강조했다. "종교 집단의 기억은 끊임없이 수정된다."[14] 이는 하나의 수수께끼다. 새로운 종교가 발생한 초창기에는 대부분 기존 종교의 믿음 체계와 의식(儀式), 전통을 기반으로 하는 여러 다양한 종파가 서로 경쟁을 벌인다. 초기 "기독교는 실제로 그 기원에 아주 가까웠다. 기억, 그리고 현재에 대한 인식을 구분하기 쉽지 않았다".[15]

초창기에 하나의 사건은 아주 다르게 기억된다. "이교와 정교를 구분하는 기준은 이교가 현재나 비교적 가까운 과거로부터 영향을 받아서 형성되었지만, 정교는 아주 오래된 과거에서 비롯되었다는 생각이 아니다. 그것은 충분히 가까운 똑같은 과거를 아주 다양한 방식으로 관찰하고 기억하는가다."[16]

여기서 잠시 생각해보자. 지난주, 또는 지난달에 일어난 사건에 대한 서로 다른 기억은 언제나 존재한다. 한번 떠올려보자. 2021년 1월 6일에 미국에서는 무슨 일이 있었던가? 누가 영웅이고 누가 악당이었는가? 다음 질문에 대해서도 생각해보자. 제2차 세계대전에서 미국과 영국, 소련은 각각 어떤 역할을 했던가?

알박스의 설명에 따를 때 집단 기억은 형성되는 기간에 아주 다양한 형태를 취한다. 확정된 것은 없다. 그러나 오랜 세월이 흐르면서 특정한 견해가 등장하고 고착화된다. 이러한 견해 속에는 영웅과 이교도, 죄인과 성인, 승자와 패자에 관한 판단이 모두 포함되어 있다. 알박스는 이렇게 놀라운 주장을 했다. "10세기, 또는 15세기 후에 복음서에 대한 가톨릭 신자들의 이해 수준은 1세기와 2세기의 이교도와 유대인, 동양인, 로마인보다 더 떨어질 것이다."[17]

알박스의 설명에 따르면, 첫 번째 세대는 아주 중요하다. 그 부분적인 이유는 대단히 창조적이기 때문이다. 첫 세대는 뭔가를 발명한다. 기독교의 경우 첫 번째 세대는 "변화와 적응, 그리고 노력으로"[18] 기독교 전통의 근간을 마련했다. 그 시대에 "유대인이자 예언자, 그리고 갈릴리인으로서의 그리스도 이미지는 전 인류의 구원자로 바뀌었다". 이러한 사실은 "주변 사람들이 예수에 대해 익히 알고 있던 유대인으로서의 특성이 잊히거나 대체되었다"는 것을 의미한다.[19] 이러한 측면에서 뮤직 랩 사례와 비슷한 구석이 있다.

기독교의 역사가 다르게 흘러갈 수 있었을까? 이 질문에 대해 독일의 문화학자 알라이다 아스만(Aleida Assmann)은 이렇게 답했다. "기억에 대해 생각할 때, 우리는 먼저 망각에서 시작해야 한다."[20]

종교가 부흥하고 진화하면서 과거에 대한 기억이 흐릿해질 때, 오늘날의 가치와 요구가 더 중요해진다. 마틴 루서 킹의 사례로 돌아가보자. 그는 인종 중립(racial neutrality)을 내세웠던 온건파였을까? 아니면 인종 계급을 철폐하고자 했던 급진파였을까? 이에 대해 알박스는 기독교 신비주의자의 역할이 컸다고 지적한다. 그들은 "알려지지 않았거나 외면받은 종교적 문헌"을 복원하고자 했다. 하지만 그것은 역사에 관한 객관적인 연구 차원이 아니라, "그들이 관심을 기울이기 전부터 이러한 문헌들은 신비주의 내부에 존재했던 의식적인 종교적 열망에 대한 대답을 들려줬기 때문이었다".[21] 좀 더 광범위하게 바라보자면, 교회의 전통 안에는 "특정 시기에 사라졌다가 세월이 흘러 다시 모습을 드러낸 모든 형태의 전통"[22]이 포함되어 있다.

아무리 간단하게 설명한다고 해도, 종교의 부흥과 개혁은 대단히 복잡하고 골치 아픈 주제다. 이 책의 목적에 비춰볼 때, 핵심은 인정받거나 기억된, 또는 사라지거나 잊힌 주요 인물들의 정체성은 창조 행위에 있으며, 우연한 사건들, 그리고 누가 무엇을, 정확하게 언제 말하거나 했는지에 달린 것으로 드러날 수 있다는 사실이다. 어떤 문헌이 어떻게 성경에 포함되었는지, 그래서 기독교를 정의하게 되었는지를 둘러싸고 치열한 논쟁이 이어졌다는 사실은 이러한 사실을 잘 설명해준다.[23] 그러나 알박스는 자신의 연구에 담긴 함축적 의미, 즉 종교와 관련해서 상황은 얼마든지 아주 다른 방식으로 전개될 수 있었다는 점은 깊이 들여다보지 않았다. 다만 그는 이렇게 말했다.

기독교가 번성하지 못하고 그것이 비롯된 지역에 그대로 머물러 있었다고 상상해보자. 그랬다면 기독교는 출발점, 즉 전통적인 유대교 사회의 아주 작은 일부로 남아 있었을 것이다. 그리고 유대교 사회는 기독교를 탄압하고 제거하려 들었을 것이다. 그리스도의 이야기는 기독교의 물리적 흔적이 희미해지면서 빠르게 잊혔을 것이다.[24]

기독교가 세상에서 사라진, 또는 아주 다른 형태로 진화한 가상 세계를 상상해볼 수 있을까? 물론 이 질문에 확답을 내놓기는 어렵다. 그래도 역사가가 아닌 공상과학 작가라면 좀 더 생생한 그림을 그려볼 수 있을 것이다. 영지주의(Gnosticism, 헬레니즘 시대에 유행했던 종파로, 계시와 신비적인 깨달음을 통해 구원받을 수 있다고 믿었다-옮긴이)가 승리한 세상을 상상할 수 있을까? 그런 세상은 어떤 모습이었을까?[25] 우리는 지금 알고 있는 것과는 다른, 그리고 오늘날 기독교가 인정하는 것과는 완전히 다른 신약 성서를 상상해볼 수 있다. 여기서 구체적인 논의는 힘들지만, 성경에 포함된 마태복음과 마가복음, 요한복음이 기원후 70~100년 사이에 쓰였을 것으로 추정되며, 오늘날 우리가 그 복음서들을 부르는 이름은 2~4세기에 붙여졌다는 사실에 주목하자.

오늘날의 성경은 수많은 치열한 논쟁과 이견이 분분했던 선택의 결과물이었다. 그리고 부분적으로 다른 선택을 강하게 주장했던 이들에 대한 대응의 결과물이었다.[26] 오늘날 우리가 알고 있는 신약 성서에 포함되지 못한 문헌들은 4~5세기부터 '경전(Scripture)'

으로 불렸다.[27] 오늘날의 성경이 완성되는 과정에 정보 폭포와 평판 폭포, 네트워크 효과, 집단 양극화가 중요한 역할을 했다. "예수 자신은 글을 쓰지 않았고 제자들에게 글을 쓰라고도 말하지 않았다." 원래의 메시지 대부분은 구전 형태를 취했다.[28] 그리고 특히 신약 성서의 문헌들은 "애초에 '성경(Sacred Scripture)'으로 쓰인 게 아니다".[29]

다음은 널리 인정받는 설명을 요약한 것이다. 세기의 흐름에 주목해보자.

> 일부 초기 기독교 문헌은 2세기의 첫 3분의 1에 해당하는 시점으로부터 기독교의 최초 경전들과 동등하게 성경으로 인정받기 시작했다. 기독교 문헌집은 2세기 마지막 사분기부터 '신약 성서'로 불리기 시작했고, 교회의 첫 두 성서는 최종적인 기독교 성경(Christian Bible)을 구성하게 되었다. 3~4세기 무렵에 예수의 일부 추종자는 성서를 오늘날 기독교 성경의 구성과 대략 일치하는 범위로 한정 지었다.[30]

미국의 종교 역사가 일레인 페이절스(Elaine Pagels)는 이렇게 주장했다. "승자는 자기 방식대로 역사를 쓴다. 그렇다면 승리한 다수의 견해가 기독교의 기원에 관한 모든 기존의 설명을 당연하게도 지배했을 것이다."[31] 실제로 "경전의 구성"과 "경전 속 말씀"을 포함해 "초기 기독교 교회의 신약 성서는 오늘날 기독교인 대부분이 사용하는 성경과 여러 가지 측면에서 다르다".[32]

고전

우리는 문학과 철학, 미술, 음악, 영화 등 모든 장르의 '정본(canon)'에 관해서, 그리고 세월에 따른 변화와 불변에 관해서도 비슷한 이야기를 할 수 있다.[33] 철학자들이 전통에 대해 말할 때, 그 안에는 누가 포함되는가?[34] 칸트와 벤담(Bentham)? 윌리엄스(Williams)와 파핏(Parfit)? 그리고 '록 음악'의 중심에는 누가 있는가?[35] 제퍼슨 에어플레인(Jefferson Airplane)? 제스로 툴(Jethro Tull)? 수잰 베이가(Suzanne Vega)? 또는 일반적인 문학 선집에는 누가 포함되는가? 누가 빠졌는가? 미국 문학평론가 해럴드 블룸(Harold Bloom)은 밀턴의 《실낙원》이 "밀턴의 시대 이후로 공식적인 정본이 등장하기 전에 고전으로 인정받았다"[36]고 지적했다. 그런데 고전으로 인정한 주체는 누구인가? 블룸은 "그의 친구 앤드루 마벌(Andrew Marvell)에서 존 드라이든(John Dryden), 그리고 18세기와 낭만주의 시대의 거의 모든 중요한 시인들을 거쳐" 밀턴이 "전통을 가볍게 압도하고 포괄했던"[37] 시점에 이르기까지 "강력한 영향력을 발휘했던 시인들"을 지목했다.

뛰어난 문학평론가 휴 케너(Hugh Kenner)는 한동안 다음과 같은 사실에 골몰했었다. "1600년에 살았던 어떤 영국인도 셰익스피어의 시대를 경험하지 못했다. 1600년에는 셰익스피어의 시대란 게 존재하지 않았기 때문이다."[38] 케너는 여기서 한 걸음 더 나아가 이렇게 말했다. 1600년에 고전은 존재하지 않았다. 게다가 셰익스피어는 당시 연극계를 제외하고 "대단한 유명인"이 아니었다. 그렇다면 이후로 무슨 일이 있었던 걸까?

이야기하자면 길다. 그 과정에서 존 헤민지스(John Heminges)와 헨리 콘델(Henry Condell)이 중요한 역할을 했다. 두 사람의 이름을 들어본 적이 있는가? 그들은 배우였다. 그리고 셰익스피어와 함께 연극을 했고 그의 친구이기도 했다. 셰익스피어가 세상을 떠난 뒤, 두 사람은 셰익스피어의 희곡들을 하나로 엮어 1623년에 그 유명한 《퍼스트 폴리오》(First Folio, 최초의 셰익스피어 희곡 전집-옮긴이)를 출판했다. 《퍼스트 폴리오》가 없었다면 오늘날 셰익스피어 희곡 중 절반이 사라졌을 것이다. 그랬다면 〈율리우스 카이사르〉와 〈템페스트〉, 〈맥베스〉를 읽어볼 수 없었을 것이다. 두 편집자가 쓴 그 책의 서문을 한번 읽어보자.

> 고백하건대 저자 자신이 작품을 선택하고 편집했다면 더 좋았을 것이다. 그러나 그가 유명을 달리하면서 그 권리를 잃어버렸기에 그의 작품을 한데 모으고 발표했던 그의 친구들과 그들의 역할, 그리고 그들의 노고를 부디 부러워하지 말길 바란다. (예전에) 부정한 자들이 저지른 사기와 도둑질로 훼손되고 왜곡되거나 도난당하면서 많은 이들이 불법 판본으로 피해를 입었다. 이제 그 작품들을 수정하고 완벽하게 다듬어서 내놓게 되었다. 나머지 모든 작품의 구성도 그가 의도했던 그대로다. 하지만 우리는 그의 작품을 모으고 전달할 뿐, 그를 칭송하는 일은 우리의 몫이 아니다. 그것은 이 글을 읽는 여러분의 일이다.[39]

놀랍다. 1970년대 내가 영문학과 학생이었을 때, 교과 과정은 《노튼 영문학 개론(The Norton Anthology of English Literature)》을 근간으로 이뤄져 있었다. 당시 내가 《노튼 영문학 개론》을 얼마나 사랑하고 아꼈는지 말로 설명하기엔 부족하다. 기억을 떠올려보자면, 그 책에는 〈베오울프(Beowulf)〉와 초서, 밀턴(당연하게도), 존 던(John Donne), 조지 허버트(George Herbert), 키츠, 바이런(Byron), 테니슨(Tennyson), 매튜 아널드(Matthew Arnold), T. S. 엘리엇(T. S. Eliot)이 포함되어 있었다. 그리고 장엄하고 놀라운 제라드 맨리 홉킨스(Gerard Manley Hopkins)의 치명적인 마지막 구절을 소개하고 있었다.

마거릿, 너는 황금빛 숲속에서
떨어지는 잎을 보고 슬픔에 잠겼던가?
낙엽을 인간의 일인 양
순수한 마음으로 걱정했던가?
(…)
인간은 스러지기 위해 태어난 존재,
마거릿, 네가 슬퍼할 것은 네 자신인 것을.[40]

블룸은 "오로지 비유적 언어 기술과 독창성, 인지력, 지식, 풍부한 어휘의 조합으로 이뤄진 미학적 능력만이 고전을 결정하는 기준"[41]이라고 말했다. 1970년대에 나 역시 그런 비슷한 생각을 했다. 다시 말해 《노튼 영문학 개론》은 인간, 또는 논란의 여지가 다분한 선택을 내린 사람들이 만든 게 아니라, 하늘에서 떨어진 것이라 절대 달라질 수 없다고 믿었다. 하지만 1990년대에 나온 《노튼 영문학 개론》은 1970년대에 나온 것과 달랐다. 그리고 최근에 나온 《노튼 영문학 개론》은 1990년대에 나온 것과 달랐다.[42] (충격적이지 않은가?)

특히 《노튼 영문학 개론》의 최근 판본은 더 다양한 분야에서 활동하는 더 다양한 작가를 소개하고 있다. 그리고 낭만주의 시대의 경우, 첫 두 판본은 여성 작가를 한 명도 다루지 않았다. 세 번째 판본에서 처음으로 여성 작가[도로시 워즈워스(Dorothy Wordsworth)]를 추가했고 그 수는 세월에 따라 조금씩 늘어났다.[43] 또한 그 편집자들은 네 번째 판본에서 "여성 의제(The Woman Question)"[44]를 추가했다. 그리고 일곱 번째 판본에서는 "노예제와 프랑스 혁명, 그리고 대영제국의 종말"[45]을 새롭게 마련했다. 또한 여덟 번째 판본에서는 "권좌의 여성"이 추가되었다.[46]

여기서는 폭포 효과와 집단 양극화가 중요한 역할을 했다. 이 두 가지 요인은 여러 다양한 분야에서 정본을 정의하는 핵심적인 역할을 한다. 여기서도 마찬가지로 여러 가지 형태의 균형이 존재한다. 블룸도 종속 변수상에서 선택했다. 오늘의 정본이 내일의 쓰레기가 될 수 있다.[47] 이 점에 관해서는 5장에서 다시 살펴보도록 하자.

수준

수준에 관해서는 아직 많은 이야기를 하지 않았다. 다만 한편에서 수준이 성공을 위한 충분조건은 아니라고 해도 필요조건이라는 당연한 사실만 언급했다. 물론 이와 관련해서도 까다로운 질문이 있다. 가령 그게 언제나 진실인지, '한편에서'라는 말은 무슨 의미인지, 그리고 수준은 무엇을 의미하며 어떻게 측정할 수 있는지 질문을 던질 수 있다. 수준이 떨어지는 영화도 아주 유명해질 수 있다. 가령 〈아바타〉가 그렇다(물론 특수 효과만큼은 대단하지만). 수준이 낮은 책도 많이 팔릴 수 있다. 가령 형편없는《레프트 비하인드》시리즈를 생각해보자. 뭐, 생각해보지 않아도 괜찮다. (그래도 극적인 요소가 있기는 하다.)

우리는 때로 수준을 객관적으로 측정할 수 있다. 가령 단거리 육상 선수나 마라톤 선수의 수준을 측정하기 위한 구체적인 기준을 마련할 수 있다. 또는 휴대전화나 노트북, 냉장고, 오토바이의 수준을 측정하는 기준도 가능하다. 우리는 문학과 미술, 음악의 수준과 관련해서 많은 이야기를 할 수 있다. 하지만 엄청난 성공이나 지속적인 인기를 예측하는 것이 목표일 때, 어떤 작품이 발표되기 전, 또는 발표된 시점에 나누는 수준에 대한 논의는 우리의 기대와는 달리 별 도움이 되지 않을 것이다.

블룸은 서구의 고전을 다룬 자신의 열정적인 책에서 수준에 관해, 그리고 어떤 저자와 작품이 고전의 반열에 들게 되었는지에 관해 많은 이야기를 했다.[48] 그는 이렇게 말했다. 그 질문에 대한 "대답은 받아들이기 힘든 기이함, 또는 우리를 완전히 압도해서 더 이상 기이하게 보이지 않는 독창성인 것으로 종종 드러나곤 한다". 충격적인 주장이다. 이는 (예를 들어) 윌리엄 블레이크나 존 던, 제라드 맨리 홉킨스, 제임스 조이스(James Joyce), 에밀리 디킨슨, 사뮈엘 베케트, 밥 딜런에 대한 그럴듯한 설명이다. 그러나 도저히 받아들일 수 없는 기이함은 많이 존재하며, 그러한 작품들 대부분 고전으로 인정받지 못한다. 반면 찰스 디킨스와 미켈란젤로, 비틀스는 받아들이기 어렵지 않았다. (어떤 점에서 우리를 집어삼켰다.)

오래전 내가 살았던 시카고의 한 방송국에는 〈Make It or Break It(하거나 말거나)〉라는 프로그램이 있었다. 그 진행자는 신곡을 들려주고는 전화로 참여한 애청자에게 소감을 물었다. 노래가 좋다고 답한 사람에게는 다시 이렇게 물었다. "좋은 이유가 뭔가요?" 그러면 대부분 이렇게 대답했다. "그냥 좋게 들리더군요!" 그러면 진행자는 짜증을 내며 더 이상 묻지 않았다.

얼마 전 나는 챗GPT에게 베스트셀러가 될 만한 소설의 첫 단락을 써보라고 했다. 그랬더니 이렇게 나왔다.

> 몇 시간 전 해가 떨어지면서 밀필드라는 작은 마을에 따스한 홍조를 드리우자 그때까지 남아 있던 주민들이 저녁 준비를 위해 집으로 돌아갔다. 마을의 한 외진 곳에서는 한 젊은 여성이 베란다에 앉아 별빛 가득한 하늘을 쳐다보고 있었다. 평생 밀필드에서 산 그녀는 항상 그렇듯 허전함을 느꼈다. 그것은 뭐라 꼬집어 말할 수 없는 그리움 같은

> 감정이었다. 그녀는 알지 못했다. 자신의 인생이 여태껏 한 번도 상상하지 못한 모습으로 바뀔 것이라는 사실을.

나쁘지 않다. 하지만 좀 상투적이다. 이렇게 시작하는 소설도 엄청난 인기를 끌 수 있을까? 불가능하지는 않다. 하지만 다음과 한 번 비교해보자.

> 화창하면서도 서늘한 4월의 어느 날이었다. 시계 종소리가 13시를 알렸다.

이는 조지 오웰이 쓴 〈1984〉의 첫 단락이다. 정말로 훌륭한 문장이다. 상투적으로 시작하지 않으면서 우리의 감성을 건드린다. 모든 소설은 "화창하면서도 서늘한 4월의 어느 날이었다"라는 문장으로 시작할 수 있다. 그런데 시계 종소리가 13시를 알리는가? 그것은 무엇에 관한 이야기인가? 그렇다. 그 책은 재미없을 수 있다. 그러나 예측이 가능한 도입부를 넘어서 놀라움과 미스터리가 이어진다면 더 이상 읽지 않고는 못 배길 것이다. 또는 마크 트웨인(Mark Twain)의 《허클베리 핀의 모험》도 살펴보자.

> 당신은 나에 대해 아무것도 모릅니다. 《톰 소여의 모험》이라는 책을 읽지 않았다면 말이죠. 하지만 그것은 중요하지 않죠. 이 책은 마크 트웨인 씨가 썼고 그 이야기는 대부분 사실입니다. 과장된 부분도 없

진 않지만 대부분 사실이죠. 특별한 건 아니에요. 전 사람들이 한 번쯤은 거짓말을 하는 걸 본 적이 있거든요. 폴리 이모나 과부, 또는 메리 정도를 제외하곤 말이죠. 이 책에는 톰의 이모인 폴리와 메리, 그리고 더글러스 과부가 등장합니다. 그리고 앞서 얘기했듯이 조금 과장은 있지만 그래도 대부분 사실에 기반을 둔 것입니다.

트웨인의 문장은 유쾌하다. 그리고 그 유쾌함은 전염성이 강하다. (허클베리 핀은 그를 "마크 트웨인 씨"라고 부른다.) 물론 그 책은 트웨인이 썼지만, 그는 우리가 의심을 접어놓고 마음 한구석에서 곰곰이 생각하면서 허클베리 핀이 들려주는 이야기에 귀 기울이게 만든다. 그것은 허클베리 핀의 목소리에 진정성이 담겨 있기 때문에, 그리고 트웨인의 이야기가 "대부분 사실입니다"라고 말하는 허클베리 핀에게 믿음이 가기 때문이다. 허클베리 핀은 이렇게 인정한다. "전 사람들이 한 번쯤은 거짓말을 하는 걸 본 적이 있거든요." 물론 이 단락 전부는 허구이며 독자에게 즐거움을 선사한다. 여기서 트웨인은 다양한 기술을 구사한다. 그의 본명은 새뮤얼 클레멘스(Samuel Clemens)다. 이러한 점에서 그는 거울 속 거울에 대해 이야기를 하고 있는 셈이다.

역대 베스트셀러 책이나 역대 베스트셀러 앨범, 또는 역대 최고 흥행을 거둔 영화 등의 다양한 목록은 사실 별로 놀랍지 않다. 〈도표 4-1〉은 인플레이션을 고려해서 역대 가장 높은 수익을 올린 영화들의 목록을 보여준다.

〈도표 4-1〉 가장 높은 수익을 올린 영화 목록

1	바람과 함께 사라지다	1939
2	스타워즈 에피소드 4: 새로운 희망	1977
3	사운드 오브 뮤직	1965
4	E.T.	1982
5	타이타닉	1997
6	십계: 구원의 길	1956
7	죠스	1975
8	닥터 지바고	1965
9	엑소시스트	1973
10	백설공주와 일곱 난쟁이	1937

이들 영화 모두 여러 가지 기준에서 훌륭한 작품이다. 특히 아주 다양한 방식으로 훌륭하다. 어떤 범주로도 이들 작품을 하나로 묶을 수는 없다. 〈죠스〉와 〈엑소시스트〉는 소름 돋는다. 다른 작품들은 그렇지 않다. 그리고 〈바람과 함께 사라지다〉와 〈사운드 오브 뮤직〉, 〈닥터 지바고〉는 낭만적이다. 다른 것들은 그렇지 않다. 그런데 이들 영화 중에서 〈바람과 함께 사라지다〉와 〈스타워즈〉만이 비평가들이 선정한 목록에 올랐다. 가장 낭만적인 역대 최고 영화인 〈카사블랑카〉(그렇게 생각하는 사람은 나뿐만은 아닐 것이다)는 역대 가장 높은 수익을 올린 영화 목록의 근처에도 가지 못했다.

간단하게 말해서 수준에 관해 많은 이야기를 하기는 쉽지 않다. 구체적인 사실이 꼭 필요하다. 그래도 음악에 관해 할 수 있는 이야기를 다른 분야에도 똑같이 적용할 수 있다. 다시 말해 지나친 익숙함은 지루하고 지나친 새로움은 받아들이기 힘들다. 이러한 점에서 스티븐 킹은 훌륭하다. 그는 익숙한 표현을 자주 사용하면서도 우리의 감성을 자극한다. 그리고 전혀 어울릴 것 같지 않은 따스함과 우울함, 예민함을 하나로 엮어 우리 앞에 내놓는다. 그리고 그 가운데는 애수가 서려 있다.

밥 딜런도 좋은 사례다. 그는 많은 것을 빌려왔다. 그래서 종종 표절 의혹에 시달렸다. (사실 마틴 루서 킹에 대해서도 비슷한 이야기를 할 수 있다.) 사람들은 딜런의 노래를 들으면서 어떤 면에서는 지금까지 익숙하게 들어왔던 것을 듣는다. 그러나 거기에는 뭔가 새로우면서도 기이하고, 심지어 섬뜩하기까지 한 뭔가가 더해졌다.

이제 구체적인 사실로 들어가보자. 물론 모든 선택에는 임의성이 다분히 내포되어 있다. 먼저 낭만주의 문학으로 시작해보자. 그것은 아직 생생하고 자료가 풍부하기 때문이다. 다음으로 내가 특히 사랑하는 상징적인 작품과 인물(〈스타워즈〉와 밥 딜런, 스탠 리, 비틀스), 또는 특히 충격적이거나 내가 잘 아는 작품과 인물[에인 랜드, 그리고 한때 유명했던 《라임 스트리트의 마녀(Witch of Lime Street)》]로 시선을 옮겨볼 것이다. 물론 내 선택은 분명히 임의적이고 지극히 개인적이며, 심지어 좀 특이하기까지 하다. 그래도 내가 선택한 것들에 공통점이 있다면 전염성이 강한 에너지가 담겨 있다는 것이다. 분명하게도 나는 그러한 특성을 사랑한다.

어떨지 모르겠지만 부디 이들 사례를 통해 나의 핵심 주장을 잘 전달할 수 있기를 바란다. 또한 내가 관심을 기울이는 (대부분의) 분야와 이러한 분야에서 활동한 뛰어난 인재들을 향한 나의 열정이, 그들이 결국 이르게 된 자리로 올라서는 과정에서 행운이라는 블랙박스가 중요한 역할을 했다는 사실을 외면하게 만들지 않기를 바란다. 나는 때로 그 블랙박스를 열어 거기에 뭐가 들어 있는지 확인할 생각이다.

2부

아이콘: 그들은 어떻게 유명해졌을까

5장

유명 작가의 탄생

리 헌트(Leigh Hunt)라는 이름을 들어본 적이 있는가? 대학에서 영문학을 전공한 나도 최근에야 알았다. 한 친구가 내게 알려준 덕분이었다. 헌트의 시 〈제니가 내게 키스해줬네(Jenny Kiss'd Me)〉를 감상해보자.

우리가 만났을 때 앉아 있던 의자에서 뛰어올라
제니는 내게 키스를 해줬네.
달콤함을 앗아가려는 도둑 같은 시간이여,
그것도 가져가거라!
힘들다 말해도, 슬프다 말해도,
건강과 재산을 잃어버렸다 말해도,

내가 늙어간다 말해도, 이렇게 덧붙여라
제니가 내게 키스해줬다고.[1]

훌륭하다. 그렇지 않은가? 재미있고, 기분 좋고, 사랑과 기억, 연애에 관한 진실을 우리에게 들려준다. 나는 힘들고 슬프고 아프고 가난하고 늙어갈 것이다. 그래도 제니가 키스를 해줬다면 그걸로 됐다. 헌트의 또 다른 시를 소개한다. 이번에는 좀 더 세련되고 날카롭다.

우리는 요정, 쾌활하고 익살스럽지.
비록 크진 않지만
언제나 달빛의 비호를 받으며
종종 과수원을 뛰어다니며 망을 보지.

훔친 사탕은 언제나 더 달콤하고,
훔친 키스는 훨씬 더 황홀하며,
훔친 시선은 예배당에 더 어울리니,
훔친, 훔친, 너희의 사과들이여.

세상이 잠자리에 들 때,
그때가 바로 과수원에서 훔칠 시간이지.
하지만 그 과일은 껍질을 벗길 가치조차 없지.

훔친, 훔친 것이 아니라면.[2]

더 훌륭하지 않은가? "훔친 시선은 예배당에 더 어울리니"라는 문장의 의미는 확실하지는 않지만 좀 충격적이다. (로맨스, 또는 섹스를 암시하는 것인가? 예배당에서?) 그러나 훔친 시선은 정말로 예배당에서 좋다. 그것은 사실이다. (그렇지 않은가?) 헌트는 그가 살았던 시대에 영어권에서 가장 위대한 시인 중 하나로 인정받았다. 사람들은 그가 존 키츠보다 더 위대하다고 말했다. 그런데 무슨 일이 벌어졌던가? 한번 살펴보자.

사회적 역동성을 기반으로 문화적 인물들의 성공을 설명할 수 있을까? 시인과 소설가, 음악가의 성공을? 무작위의 문제를? 존 밀턴과 윌리엄 워즈워스, 조니 미첼을? 그렇다면 무작위란 정확하게 무슨 뜻인가? 이들 질문에 대답하기는 쉽지 않다. 우리는 먼저 검증하려는 가설을 구체적으로 정의해야 한다. 우리는 앞서 사회적 영향의 형태가 다양하고 광범위하다는 사실을 살펴봤다. 거기에는 초반 인기는 물론, 영향력 있는 평론가, 유명하거나 부유한 후원자, 인맥, 팬, 인식된 정체성(젊은이들은 X나 Y를 좋아하는가? 저항적인 사람들은 X나 Y를 좋아하는가?), 그리고 시대와 장소에 따라 다양하게 나타나는 공식적인 관습이 포함된다. 또한 지역적, 시대직 관심사와 편견에 대한 적응이나 부적응도 포함된다. 가령 밀턴과 워즈워스, 미첼은 어떤 나라에서는 공감을 즉각 불러일으킬 수 있다. 그것은 사람들이 좋아하고 익숙한 것을 기반으로 삼거나 흥미로운 자극을 전달하기 때문이다. 그러나 그중 한 사람, 또는 그들 모두 다른 나라에서는 거의 인정을 받지 못할 수 있다.

뮤직 랩 실험은 다음과 같은 구체적인 가설을 검증해줬다. 노래의 인기를 나타내는 다운로드 순위는 사회적 영향으로 인해 여러 하위 그룹에 걸쳐 다르게 나타날 것인가? 이에 비견할 만한 실험을 위해 우리는 여러 소설가[토머스 하디, 찰스 디킨스, 제인 오스틴, 제임스 조이스, 조지 오웰, A. S. 바이엇(A. S. Byatt), 조이스 캐롤 오츠, 스티븐 킹, 할런 코벤]를 선정하고, 이들을 노래처럼 생각하면서 뮤직 랩 실험과 같은 조건으로 하위 그룹들에 걸쳐 인기 순위가 유사하게 모습을 드러내는지 확인해볼 수 있을 것이다. 또한 무명 소설가들을 대상으로 똑같은 실험을 해볼 수 있을 것이다.

그러나 과거나 현재 시점에 유명한 소설가를 대상으로 이런 실험을 하거나, 또는 그들을 덜 유명한 소설가와 비교하는 작업은 훨씬 더 어려울 것이다. 이미 인기를 얻은 소설가는 그의 시대, 또는 지금의 시대에 유리한 지위에 올라서 있다. 역사는 무작위 통제 실험이 아니다. 한 번으로 끝난다. 그래서 유명한 시인과 소설가, 음악가 등을 대상으로 사회적 영향(그리고 다른 요인들)의 역할과 중요성을 검증하기는 쉽지 않다. 또한 검증하려는 가설을 구체화하는 것도 쉽지 않다. (이 문제는 나중에 다시 살펴보도록 하자.)

그럼에도 H. J. 잭슨이 문학적 명성을 주제로 추진했던 뛰어난 연구는 우리에게 중요한 실마리를 건네준다. 또한 우연과 우발적 사건, 지지자, 행운이 중요한 역할을 한다는 사실을 분명히 보여준다.[3] 우리는 잭슨의 연구 결과를 내재적 가치만으로는 지속적인, 또는 세대에 걸친 인기를 누리기에 충분하지 않다는 주장을 뒷받침하는 명백한 증거로 이해할 수 있다. 그리고 세월의 검증을 주장했던 새뮤얼 존슨의 믿음에 대한 강력한 반박으로 받아들일 수 있다. 오늘날 우리가 낭만주의 시대를 대표하는 인물로 손꼽는 이들은 사후 지지자들과 정보 폭포, 그리고 집단 양극화로부터 큰 도움을 얻었다. 반면 우리가 그렇게 인정하지 '않는' 이들은 이러한 요인들로부터 도움을 얻지 못했다. (그럼에도 우리가 인정하는 이들만큼 훌륭할 수 있다.)

잭슨은 여러 다양한 주제를 다루는 동안 윌리엄 워즈워스와 존 키츠, 제인 오스틴, 윌리엄 블레이크를 대표적인 인물로 만들어준 과정에 주목했다. 또한 영국의 시인들인 조지 크래브(George Crabbe)와 로버트 사우디(Robert Southey), 배리 콘월(Barry Cornwall), 리 헌트, 그리고 소설가 메리 브런턴의 인기가 상대적으로 낮은(평가 절하된) 이유를 들여다봤다. 어떤 측면에서 우리는 잭슨의 결론을 워즈워스와 키츠, 오스틴, 블레이크가 시간적인 차원에서 훨씬 거대한 뮤직 랩 연구의 인기 있는 노래와 비슷하며, 반대로 크래브와 사우디, 콘월, 헌트, 브런턴은 인기 없는 노래와 비슷하다는 도발적인 주장으로 이해할 수 있다. 비틀스는 어떤 점에서 키츠와 비슷할까? 그리고 영국의 록밴드 킨크스(The Kinks)는 어떤 면에서 헌트과 비슷할까? 한번 들여다보도록 하자.

잭슨은 인식된 수준을 기준으로 키츠와 콘월, 헌트를 하나의 범주로 묶을 수 있다고 생각했다. 마찬가지로 워즈워스와 크래브, 사우디를, 그리고 오스틴과 브런턴을 또 다른 범주로 묶을 수 있을 것이다. 누군가 자신과 같은 시대를 살아가는 사람들에게 이들 여덟 명 중 21세기에 누가 가장 인기가 높을 것인지 묻는다면, 키츠와 워즈워스, 오스틴을 지지하는 이들로 의견이 갈릴 것이다. 잭슨은 오늘날 역대로 가장 많이 사랑받은 영어권 시인으로 키츠를 꼽았다. 그러나 세상을 떠날 무렵에 키츠는 문학적 명성을 추구했던 자신의 열망이 결국 실패로 끝났다고 생각했다. 그는 이렇게 말했다. "위대한 인물의 반열에 오르기 전에 주저앉고 말 것이다."[4] 키츠는 자신이 성공의 근처에도 가지 못했다고 믿었다.

키츠는 긴 시를 통해서만 오랜 명성을 누릴 수 있다고 생각했음에도 결국 그러한 시를 포기했다. 실제로 그는 자신의 묘비에 이름 대신 다음과 같은 애절한 문구를 새겨 달라는 유언을 남겼다. "이곳에 자신의 이름을 물 위에 썼던 이가 잠들어 있다."[5] 키츠가 살았던 시대에는 콘월이 훨씬 더 큰 성공을 거뒀다. 키츠가 무관심과 적대감에 직면해야 했던 반면, 콘월은 위대한 시인으로 칭송받았다.

잭슨은 이러한 가설을 세웠다. 콘월이 젊은 나이에 세상을 떠났다면(그리고 평생 건강이 좋지 않았다면), 그리고 키츠가 더 오래 살았다면 우리는 지금 키츠["아름다운 것은 영원한 기쁨(A thing of beauty is a joy forever)"]보다 콘월["오 사랑의 힘은 너무나 두렵고 너무나 아름답다(O power of love so fearful and so fair)"]에 대해 더 많은 이야기를 나누고 있지 않을까? 잭슨은 이렇게 지적했다. "키츠를 거부했던 바로 그 청중으로부터 인

존 키츠

출처: John Keats, Wood engraving after W. Hilton, 1872, Wellcome Library, London, CC BY 4.0.

정받았던 배리 콘월의 수수께끼."[6]

잭슨은 뜻밖에도 키츠가 세상을 떠나고 나서야 인기를 얻게 된 여정을 따라가면서 이렇게 말했다. "그가 인기를 얻기까지 특정 개인의 노력보다 마음이 맞는 사람들끼리 서로 중첩되는 소규모 모임을 시작했고, 또한 이들 모임의 구성원들이 서로 의사소통을 나누는 과정에서 그의 이름이 널리 알려지게 되었던 점이 중요한 역할을 한 것으로 보인다."[7] (여기서도 정보 폭포와 평판 폭포, 네트워크 효과, 집단 양극화가 모두 작용했다.) 이를 위해서 여러 가지 사건이 벌어져야 했다. 그리고 실제로 벌어졌다.

키츠가 세상을 떠나고 수십 년의 세월이 흘러 헌트와 콘웰을 비롯한 몇몇 영향력 있는 그의 친구들이 키츠의 위대함을 증언하기 시작했다.[8] 사람들은 키츠의 긴 시만이 아니라 짧은 시도 좋아했다. 그리고 키츠의 시들이 우연한 계기로 선집에 수록되었다. 여기서 키츠의 시들은 큰 주목을 받지는 못했다. 그러나 1829년 프랑스의 한 유명 출판사가 키츠의 시들을 영국 시인 퍼시 비시 셸리(Percy Bysshe Shelley)와 새뮤얼 테일러 콜리지(Samuel Taylor Coleridge)의 작품들과 함께 발표했다.[9]

그 선집은 키츠의 성공에 큰 영향을 줬다. 이 책이 미국에서 재판되면서 키츠는 영국에서 누리지 못했던 명성을 얻었다. 테니슨은 키츠를 사랑했다. 그리고 테니슨의 명성이 높아지면서 키츠의 인기도 함께 높아졌다.[10] 1846~1889년 동안 에드워드 목슨(Edward Moxon)이라는 출판인은 새로운 삽화 및 소개 글과 함께 키츠의 《시집(Poetical Works)》을 여러 권으로 출판했다. 목슨은 1848년에 리처드 몽크톤 밀네스(Richard Monckton Milnes)가 쓴 키츠의 전기를 펴냈다. 그리고 이 책 역시 키츠의 명성에 중대한 영향을 미쳤다.[11] 그런데 흥미롭게도 밀네스는 키츠를 엄청난 잠재력을 실현하지 못한 비극적 인물로 묘사했다. 그는 이렇게 썼다. "진정한 천재가 갑자기 멈춰 서고 말았고, 그를 영국 최고의 시인으로 인정하지 않은 이들도 최고의 자리에 오를 가능성까지 부정하지는 못할 것이라는 주장에는 의심의 여지가 없다."[12]

어쨌든 밀네스는 키츠를 "독창적인 천재"로 인정했다.[13] 그리고 그의 인생을 짤막한 이야기로 요약했다. 키츠만의 고유한 특성(예민하고 병약하고 허약한?)은 수 세기에 걸쳐 독자들의 마음을 사로잡았다. 그리고 목슨과 밀네스의 도움으로 그의 시는 선집에서 더 많은 자리를 차지했다. 1857년에는《브리태니커 백과사전》에 그의 세대에서 가장 유명한 2인, 또는 3인의 시인 중 한 사람으로 소개되었다.[14] 또한 1861년에는 키츠의 시 11편이 폴그레이브(Palgrave) 선집《골든 트레저(The Golden Treasury)》에 수록되었다.[15]

19세기 말에 키츠는 상징적인 인물이 되었다. 한 영향력 있는 작가는 이렇게 말했다. "현대 영시에 대한 모든 비평은 결국 키츠에 대한 비평이다."[16] 잠시 생각해보자. 20세기 초에 키츠는 명예의 전당에 입성했다. 그리고 오늘날 우리가 아는 키츠가 되었다.

잭슨은 키츠의 천재성을 부인하지 않았다. 그러나 동시에 오로지 수준의 관점에서 키츠의 장단점이 콘월의 장단점과 많이 중첩된다고 지적했다.[17] 그는 놀라운 결론을 다음과 같이 그럴듯하게 제시했다. "명성과 관련해서 두 사람 사이의 차이는 대부분 개인적이고 우연한 것에 불과하다."[18] 적어도 우리는 "키츠를 거부했던 바로 그 청중에게서 성공을 거둔 배리 콘월의 수수께끼"라는 표현을 받아들일 수 있을 것이다.[19]

이제 리 헌트에 관한 질문으로 넘어가자. 헌트 시대의 사람들은 키츠보다 콘월을 더 높게 평가했으며, 또한 두 사람보다 헌트를 더 높게 평가했다.[20] 전문적인 평가에 관심을 기울여본다면, 워즈워스와 콜리지, 그리고 바이런 모두 그 셋 중에서 콘월을 가장 높게 평가했다는 사실을 확인할 수 있을 것이다.[21] 셸리는 헌트를 최고로 꼽았다.[22] 잭슨은 이렇게 설명했다.

> 워즈워스의 작품을 받아들인 역사에 대한 고찰은 스스로 고립을 선택한 그가 내재적 가치가 높은 작품을 만들어내면서 계몽된 청중이 변할 때까지 독자들을 하나씩 설득해나갔다는 주장을 뒷받침해주지 못한다. 오히려 다른 이들이 주도적으로 나서서 끊임없이 그의 작품을 재해석했던 과정을 보여준다.[23]

잭슨은 실제로 '점수표'를 만들었다. 그녀는 이 점수표를 가지고 지속적인 명성의 이유를 설명할 수 있다고 했다.[24] 점수표의 맨 위에는 네 가지 요소가 있다.

- 특정 기준을 넘어서는 수준
- 특정 기준을 넘어서는 작품 규모
- 지지자(모임과 자손, 불꽃 수호자, 개인 옹호자)
- 전기(傳記)

이 책의 주제를 고려할 때 가장 중요한 요소는 수준과 지지자다. 잭슨이 여기에 규모와 전기를 추가했다는 사실은 흥미롭다. 게다가 그녀는 다음 요소들도 함께 추가했다.

- 판매 부수
- 비평적 전통
- 가시성(Visualizability)
- 접근성(Locatability, 가령 여행 상품이나 명예의 전당)
- 개작 가능성
- 청중의 다양성
- 선집
- 참고 도서
- 교육 시스템
- 고등 교육
- 논란
- 유명인 추천

이는 잭슨이 문학적 인물들의 성장과 몰락을 참조해서 완성한 유용한 목록이다. 하지만 여기서 두 가지에 신중할 필요가 있다. 첫째, 성공을 위한 목록에서 무엇이 꼭 필요한지, 무엇이 중요한지, 무엇이 유용한지, 그리고 무엇이 중요하거나 유용하지만 꼭 필요하지는 않은지 이해해야 한다. 그래야만 잭슨의 점수표를 다양한 방식으로 단순하게 만들 수 있다. 그리고 이들 요소 중 많은 것이 폭포를 촉발하고 확산하게 만드는 수단이라는 점에 주목해야 한다. 그래도 이들 수단이 각각 온전히 다르다는 사실을 유념해야 한다.

다음으로 둘째, 종속 변수를 기반으로 표본을 수집하지 않아야 한다. 많은 시인이 선집에 이름을 올리지만, 그렇다고 해서 모두 사후에 명성을 누리는 것은 아니다. 그리고 많은 이들이 논란의 중심에 서지만, 명성을 얻을 기회는 종종 그들을 비껴간다. 또한 많은 이들이 유명인 추천을 받지만, 그것으로 끝이다. 수준과 규모만으로는 충분치 않다. 여기서 우리는 잭슨이 명성에 도움을 준 요인, 그리고 꼭 필요하거나 적어도 꽤 중요한 몇 가지 요인(수준? 지지자?)을 언급했지만, 그 구체적인 방법까지 언급하지는 않은 것으로 이해하는 게 옳을 것이다.[25]

시스템이 작동하지 않았다

물론 역사를 하나의 시장으로 봐야 한다고, 그리고 가장 좋은 것은 최종적인 성공이라고 말하고픈 생각이 든다. 이러한 관점에서 시스템은 제대로 작동한 것으로 보인다. 그러나 어쩌면 그것이 아닐지도 모른다. 어떻게 정확히 판단을 내릴 수 있을까? 잭슨은 워즈워스와 오스틴이 "평가할 수 없을 만큼 훌륭하고 걸작을 남긴 작가이기 때문에" 사우디와 브런턴보다 더 높게 평가해야 한다는 주장에 회의적인 태도를 취했다.[26] 잭슨은 이렇게 설명했다. 사람들이 어떤 작가의 작품을 오랫동안 좋아하도록 만들기 위해서는 "어느 정도의 기준(상대적으로 낮은 평가 기준)을 넘어선 역량이 꼭 필요하다".[27]

잭슨은 또한 콘월과 헌트, 키츠 사이의 경쟁 관계를 들여다보면서 콘월과 헌트가 "그들이 살았던 시대에" 키츠보다 "대중 평가에서 우위를 차지했다"[28]고 언급했다. 그녀는 키츠의 성장, 그리고 콘월과 헌트의 하락을 추적하면서 "인기와 보상의 차원에서 내재적 가치가 얼마나 작은 부분을 차지하는지"를 보여주고자 했다.[29] 특히 세월에 따라 변하는 인기와 관련해서 작가의 이미지를 강화하는 반향실 효과(echo chamber effect, 비슷한 생각을 가진 사람들이 함께 모여 서로의 신념과 믿음을 증폭하고 강화하는 현상-옮긴이)를 강조했다.[30] 키츠의 인기가 높아지는 과정에서 집단 양극화가 아주 중요한 역할을 했다는 뜻이다.

1811년에 메리 브런턴은 《자기 통제(Self-Control)》라는 제목의 소설을 발표했다.[31] 이 책은 그해에만 세 가지 판본이 나왔고, 1812년에는 잇달아 네 번째 판본까지 나왔다.[32] 그 소설은 활력이 넘치고 섬뜩하기까지 하다. 그리고 파멸적인 사랑을 그려낸다. 17세의 여성 로라 몬트레빌은 자기 여자가 되어 함께 달아나자는 부유하고 매력적인 난봉꾼 하그레이브 대령의 제안을 거절한다. 결국 하그레이브는 로라를 납치하지만 그녀는 끝내 도망친다.

하그레이브는 로라를 죽음으로 몰아넣었다는 자책감에 자살을 선택한다. 그러나 정작 로라는 예의 바르고 한결같은 (그리고 자기 통제가 강한) 신사와 결혼한다. 그 이야기는 이렇게 끝난다. "적절한 애착과 온건한 욕망, 유용한 직업, 경건한 명상에서 얻는 기쁨은 직접 느껴봐야 한다. 말로써는 설명할 수 없다."[33] 이 소설은 과감하게 스캔들을 다루면서 독자들이 흥분감을 맛보게 만들고, 또한 성실하고 평온한 삶의 기쁨에 대한 약속을 끝까지 보여줌으로써 성공을 거뒀다. 케이크는 보관하면서 동시에 먹을 수는 없는 법이다. 이것도 멋진 제목 아닌가!

《자기 통제》가 엄청난 성공을 거두면서 브런턴은 곧이어 1815년에 《절제(Discipline)》라는 작품을 발표했다. 이 소설 역시 큰 성공을 거뒀다.[34] 당시 브런턴은 앞으로 어떤 소설을 쓸지 여러 가지 계획을 세워놓고 있었다. 하지만 사산아를 출산하면서 1818년에 생을 마감하고 말았다.[35] 이후 브런턴은 반세기 가까이 많은 사랑과 존경을 받았고 동시대 작가인 제인 오스틴을 모든 면에서 넘어섰다. 영문학 분야의 참고 문헌들도 오스틴보다 브런턴을 더 비중 있게 다뤘다.[36]

그런데 오스틴의 존재감이 점점 커졌던 반면, 브런턴은 조금씩 사람들의 관심을 잃어갔다. 그 이유가 무엇이었을까? 잭슨의 설명에 따르면, 브런턴은 여러 문제에 맞닥뜨렸다.[37] 우선 그녀와 남편 사이에 자녀가 없었다. 그리고 지지자도 없었다. 또한 출판사와 인맥도 없었다. 게다가 브런턴의 소설은 오스틴보다 자극적인 부분이 많아서 아이들에게 적합하지 못했다. 브런턴 또한 인기를 좇거나 추구하지 않았다. 브런턴은 정확하게 알려지지 않은 이유로 비평가와 출판사로부터 적극적인 지지를 얻지 못했다. 이러한 점에서 브런턴은 문학계의 로버트 존슨이었다. 물론 브런턴이 존슨보다 시대적으로 훨씬 앞서기는 했지만 말이다.

그런데 한 가지 수수께끼는 1860년에 브런턴과 오스틴의 상황은 비슷했다는 점이다. 브런턴은 1818년에 40세로 세상을 떠났고

제인 오스틴

출처: J. Austen, Johnson Wilson & Co., Publishers, 1873.

오스틴은 1817년에 42세로 유명을 달리했다. 작품은 오스틴이 더 많이 발표했지만, 관심은 브런턴에게 더 쏠렸다. 두 작가는 서로의 작품에서 많은 걸 배웠다. 오스틴은 분명하게도 브런턴의 영향을 받았다. 그 시대를 살았던 일부 독자들은 두 사람을 아예 구분하지 못했다.[38] 잭슨은 다음과 같이 그럴듯한 주장을 내놨다. “브런턴에게 일어났던 일, 즉 이름이 조금씩 희미해지다가 온전히 사라져버린 흐름은 오스틴에게도 얼마든지 일어날 수 있었다.”[39] 1860년이었다면 당연히 그렇게 보였을 것이다. 그러나 오스틴은 모두가 알다시피 명예의 전당에 이름을 올렸다.

그것은 오스틴의 특별한 '사후' 과정 때문이었다. 그 과정은 "일직선으로 이어지지 않았다. 한 가지 보편적인 주장으로는 잘 설명할 수 없다".[40] 대신에 그 과정은 아주 다양한 주제와 흥미롭게도 서로 다른 "제인 숙모들"에 관한 재미있는 이야기다. 오스틴은 유쾌하고 경건하면서 모두에게 친절하고 너그러운 숙모이자 낭만주의자, 전통주의자, 연애에 냉소적인 여성, 가부장제의 기록자, 열정적인 보수주의자, 단호한 진보주의자, 여성 독립에 대한 치열한 옹호자, 여성의 자율권을 주장하는 페미니즘 주창자였다. 여러 집단이 제인 오스틴을 바라본 시선은 우리에게 오스틴보다 그 집단 자체에 관해 더 많은 이야기를 들려준다. 아무튼 오스틴은 이제 "윌리엄 셰익스피어라는 이름을 제외하고 영국에서 어느 작가보다 더 유명한 이름"이 되었다.[41] 19세기 말에 오스틴은 "산문 분야의 셰익스피어와 같은 존재로 널리 알려졌다".[42]

어떻게 그런 일이 벌어졌을까? 일반적인 설명에 따르면, 오스틴의 명성은 "거의 전적으로 사후에 만들어졌다. 먼저 그녀의 형제와 가문의 후손들, 그리고 몇몇 비평가들이 기여했다. 그리고 그 과정에는 오늘날 우리가 말하는 유명인 추천과 상호 언급, 상대 폄하, 상업적 시도, 열광적인 팬들의 활동이 힘을 발휘했다".[43] 그렇다면 오스틴을 숭배하는 집단도 있었던가? 물론 있었다. 실제로 많았다.

여기서 중요한 순간은 오스틴의 조카인 제임스 오스틴-리(James Austen-Leigh)가 쓴 《제인 오스틴의 회고록(A Memoir of Jane Austen)》이 출간된 1870년이었다. 사실 이 회고록은 그녀의 사촌을 포함한 오스틴 가문이 만들어낸 작품이었다.[44] 오스틴-리는 이렇게 첫 문장으로 분위기를 잡았다. "슬퍼하는 이들 중 가장 어린 내가 윈체스터 성당에서 있었던 사랑하는 제인 숙모의 장례식에 참석한 것도 벌써 반세기가 훌쩍 지났다. 이제 나이를 먹고 나니 제인 숙모가 세상을 떠난 뒤로 세상에 태어난 독자 세대로부터 숙모의 인생에서 있었던 모든 일과 숙모의 성품과 관련된 기억을 되살려 그들의 호기심을 충족시켜 달라는 부탁을 받고 있다."

《제인 오스틴의 회고록》은 정확히 밝혀지지 않은 이유로 많이 판매되었고 또한 많은 비평을 받았다. 이 책은 제인 오스틴의 이름을 널리 알렸고 그녀의 성품에 관한 많은 이야기를 퍼뜨렸다. 그리고 잭슨의 설명에 따르면, "그녀를 숭배의 대상으로 만들었고", 또한 "숭배의 기원"인 것으로 드러났다.[45] 동시에 회고록은 추측과 왜곡으로 가득했다. 그 책은 오스틴을 소설 속 주인공처럼 묘사했다. 오스틴-리의 설명에 따르면, 오스틴은 천재였고 부당하게 외면받았다. 하지만 그 외면은 그리 오래가지 않았다.

1832년에는 리처드 벤틀리(Richard Bentley)라는 출판인이 오스틴의 소설 여섯 권 모두의 저작권을 사들였다. 이후 수십 년간 벤틀리는 오스틴의 유산을 책임졌다.[46] 1833년 벤틀리는 오스틴의 소설들을 엮어 전집으로 펴냈다. 그리고 거기에 담긴 열 개의 주목할 만한 삽화는 많은 이들의 관심을 끌었다. 벤틀리가 출간한 오스틴의 책들은 여러 차례 재판에 들어갔고, 그녀의 작품을 읽는 독자층은 천천히, 그리고 꾸준히 늘어갔다.[47] 1870~1893년에 걸쳐 훨씬 더 많은 독자가, 그리고 그중에서도 특히 오스틴의 작품에 더 어울리는 젊은 독자들이 그녀에게 많은 관심과 환호를 보냈다.

19세기 말에 출판사들은 미끼를 물었다. 출판사들은 소설 속 장면을 묘사한 여러 삽화를 통해 독자들이(그리고 책을 읽지 않은 사람도) 오스틴의 다양한 모습을 상상하도록 자극했다.[48] 1890년을 기점으로, 또는 그 이전부터 오스틴의 작품은 연극으로 만들어졌다. 그녀의 소설들이 무대 위에 모습을 드러내면서 1930년대 최고의 상업적 흥행을 이뤄냈다.[49] 그리고 1940년에는 제인 오스틴 소사이어티(Jane Austen Society)가 설립되었다.[50] 이후의 이야기는 모두가 알고 있듯이 역사가 되었다.

잭슨의 관점에 따르면, "제인이 동시대 다른 소설가들을 넘어서는 과정에서 분명하게 드러나지 않은 여러 요인이 작용했으며, 이들 요인 대부분 작품 외적인 것이었다".[51] 그렇다면 브런턴도 새롭게 주목받을 가능성이 있을까? 이 질문에 대해 잭슨은 "블록버스터 영화나 주류 TV 시리즈가 그런 역할을 해줄" 가능성에 대해 말했다.[52]

진정한 시인

윌리엄 블레이크를 아는가? 그의 시 〈예루살렘(Jerusalem)〉은 내 영혼에 새겨져 있다. 고등학교 시절 우리는 그 시를 매주 낭송했다.

그리고 그 옛날 이들이

영국의 푸른 산을 거닐었고,
그리고 찬란한 목초지에는
하나님의 거룩한 어린 양이 있었다!

그리고 그 신성한 얼굴이
구름 낀 언덕에 빛났던가?
그리고 음험한 사탄의 방앗간들 사이에
예루살렘이 세워졌던가?

황금빛으로 불타는 내 활을 가져다오.
내 욕망의 화살을 가져다오.
내 창을 가져다오: 오 구름이여 흩어져라!
내 불의 전차를 가져다오!

영혼의 싸움은 멈추지 않으리니
칼은 내 손에서 잠들지 않으리니
영국의 푸르고 찬란한 대지에
예루살렘을 건설할 때까지.[53]

음악이 없어도 우리의 마음은 요동친다. 그리고 많은 나라의 학생들은 너무도 어려운 이 시를 알고 있다.

호랑아 호랑아, 밝게 타오르네
한밤의 숲속에서
어떤 불멸의 손과 눈이
너의 무시무시한 조화를 빚었나?

어느 심연과 천상에서
너의 눈이 타올랐나?
그는 감히 어느 날개에 오르려 했던가?
어떤 손이 감히 불을 움켜쥐려 했던가?

그리고 어떤 어깨와 어떤 기술이
네 심장의 힘줄을 비틀 수 있을까?
그리고 네 심장이 고동칠 때
어떤 두려워하는 손이? 어떤 두려워하는 발이?

어떤 망치가? 어떤 쇠사슬이,
어떤 용광로 속에 네 머리가 있었나?
어떤 모루가? 어떤 두려워하는 손길이
감히 그 치명적인 두려움을 붙잡으려 하는가?

별들이 창을 내던지고
하늘이 눈물을 쏟을 때

그는 자기가 빚은 작품을 보고 미소 지었던가?
어린 양을 만든 그가 너도 만든 것인가?

호랑아 호랑아, 밝게 타오르네
한밤의 숲속에서
어떤 불멸의 손과 눈이
감히 너의 무시무시한 조화를 빚었나?[54]

블레이크는 많은 이야기를 들려주고자 했다. 〈지옥의 잠언(Proverb of Hell)〉에 대해 생각해보자. "욕망을 억누르기보다 요람 속 아기를 죽이는 게 낫다." 또는 다음은 어떤가? "과잉의 길은 지혜의 궁전으로 이어진다. 신중함은 무능함의 구애를 받는 부유하고 못생긴 늙은 하녀다. 욕망하되 행동하지 않는 자는 역병을 낳는다."

블레이크는 영문학에서 가장 위대한 종교적 시라고 할 수 있는 밀턴의 〈실낙원〉에 대해 이렇게 말했다. "밀턴이 족쇄에 묶인 채 천사와 신에 대해 쓰고 자유의 몸으로 악마와 지옥에 대해 썼던 것은 그가 진정한 시인이자 자기도 모르게 악마의 편에 섰기 때문이다." 또는 화가 조슈아 레이놀즈(Joshua Reynolds) 경에 대해 했던 말을 생각해보자. "일반화는 바보나 하는 짓이다. 구체화야말로 가치를 구분하는 유일한 길이다."

블레이크는 인간의 영혼 깊숙이 파고들었다. 그러나 평생 관심을 받지 못했다. 그의 작품들은 "동시대인들에게 거의 알려지지 못했다".[55] 그가 뭔가로 알려졌다면 그것은 조각가로서였을 것이다.[56] 그의 시는 몇몇 사람들에게 전해졌다. 그러나 1831년 그의 아내가 세상을 떠나고 그의 작품들은 전혀 살아남지 못한 것[57]으로 보인다. 블레이크는 1827~1863년 동안 거의 주목을 받지 못했다. 그런 그가 대중에 모습을 드러낸 것은 세상을 떠나고 30년의 세월이 흐른 뒤였다. 그것은 뜻밖에도 그를 다룬 전기가 나왔기 때문이었다. 그 책의 소제목은 "픽토르 이그노투스(Pictor Ignotus)", 즉 이름 없는 예술가라는 뜻으로 핵심 내용을 상징적으로 말해준다.[58] 알렉산더 길크리스트(Alexander Gilchrist)가 쓰고 지금도 널리 관심을 받고 있는 그 전기는 블레이크를 예술가로, 그리고 시인으로 그려내고 있다. 길크리스트는 블레이크의 글을 폭넓게 인용했다. 블레이크는 별로 가능성이 없어 보였던, 그리고 문학계의 기억 상실에서 간신히 그를 살려낸 힘든 구원 작업의 수혜자였던 셈이다.

길크리스트는 이렇게 말했다. "많은 결함에도 불구하고, 그리고 명성이 이미 사라졌거나 사라지고 있는 거의 모든 '영국 시인'의 아름다운 작품을 관대하게 포용해준 그 모든 선집에서도 유독 하나의 이름만은 줄곧 소외되었다."[59] 길크리스트는 그렇게 소외된 블레이크를 다시 소환하고자 했다. 그는 분명하게도 자신이 높이 평가한 블레이크의 작품이 인기를 얻지 못했다는 사실에 호기심을 느꼈을 것이다. 길크리스트가 다른 이들과 함께 편집한 두 번째 책은 블레이크가 쓴 장문의 글들을 소개했다. 분명하게도 이러한 노력으로 블레이크에 대한 사람들의 관심은 높아졌고 그의 시집들은 존재감을 드러내기 시작했다. 블레이크에 대한 이러한 소환 작업은 1863년에서 제1차 세계대전까지 이어졌다.[60] 그리고 1940~1968년 동안 두 번째 소환 작업이 이뤄지면서 블레이크는 "젊은 급진주의의 상징적 인물로 우뚝 섰다".[61]

연애

앞서 마태 효과는 우리가 좋아하고 인정하는 것을 바꿔놓는다고 말했다. 잭슨은 새뮤얼 존슨이 셰익스피어에 대해 했던 말처럼 이렇게 말했다. "성공은 가치를 높이고 확장한다. 세월에서 살아남은 승자는 규칙을 바꿔버린다. 그리고 새로운 기준으로 자리 잡는다. 사람들은 그들의 작품을 깊이 분석하고 가장 인정받는 몇몇 시를 기준으로 삼아 다른 이들의 작품을 평가한다."[62]

우리는 과연 어떤 기준으로 문학과 음악, 또는 미술을 평가하는 걸까? 그 기준은 아마도 상징적인 작품으로 인정받은 것에 의해 만들어질 것이다. 그런데 키츠를 기준으로 헌트와 콘월을 평가한다면, 당연히 키츠를 선택할 것이다. 그렇다면 그것은 키츠가 더 낫다는 말인가? 한번 생각해볼 필요가 있다. 우연의 결과로 수준이 높다고 인정받은 작품은 사람들의 취향과 가치에 영향을 미칠 것이며, 그래서 그 작품이 차지한 유리한 지위는 더 굳건해진다. 그것은 그 작품이 더 훌륭해서가 아니라, 그 작품이 기준을 만들었기 때문이다. (이는 연애와 좀 비슷하다. 사실 무척 닮았다. 우리가 사랑에 빠질 때, 다른 이성은 눈에 들어오지 않는다. 그것은 그들이 부족해서가 아니라 우리가 먼저 사랑하게 된 상대가 기준이 되었기 때문이다.)

잭슨은 이렇게 결론을 내렸다. "최고의 작가는 세월이 흐르면서 승리하고, 그러한 승리의 역사는 장기적인 생존이 문학적인 내재 가치보다 외적 상황과 우연한 사건에 더 많이 의존한다는 사실을 말해준다."[63] 잭슨은 키츠의 문학적 가치가 헌트나 콘월보다 더 우월하다고 보지 않았다.[64] 문학계의 유명 인사들은 아마도 이름 없는 사람들보다 더 뛰어날 것이다. 우리는 그렇게 믿으려 한다. 어떻게 아니라고 말할 수 있겠는가? 우리는 유명 인사들의 작품을 읽으며 자라났다. 하지만 어쩌면 그런 믿음이 틀렸는지 모른다. 조심스러운 이야기를 하자면, 적절한 시기에 조금의 노력이나 다운로드와 같은 요소가 작용했다면 크래브와 헌트, 브런턴의 작품도 고전으로 인정받았을 것이다.[65] 마지막으로 헌트의 시를 한 번 더 감상하자.

훔친 사탕은 언제나 더 달콤하고,
훔친 키스는 훨씬 더 황홀하며,
훔친 시선은 예배당에 더 어울리니,
훔친, 훔친, 너희의 사과들이여.[66]

키츠가 이보다 더 아름다운 시를 썼던가?

6장

〈스타워즈〉가 만들어낸 포스

〈스타워즈〉(이제는 '새로운 희망'이라는 제목으로 알려진)는 개봉하자마자 엄청난 인기를 끌었다. 개봉일인 1977년 5월 27일에 32곳의 영화관에서만 상영했지만, 그중 뉴욕에 있는 5곳의 영화관 중 4곳을 포함한 총 9곳에서 흥행 기록을 세웠다.[1] 수요일에 사전 개봉을 했음에도 개봉일에 기록한 매출은 총 25만 4,809달러, 또는 상영관당 8,000달러였다.[2] 특히 할리우드에 있는 만 차이니즈 시어터(Mann's Chinese Theatre)는 하루에 총 1만 9,358달러를, 그리고 맨해튼에 있는 아스토어 플라자(Astor Plaza)는 2만 322달러의 매출을 올렸다.[3]

그럼에도 개봉 첫 주말에 박스오피스 순위에서 1위를 차지하지는 못했다. 〈스모키 밴디트〉가 270만 달러의 매출로 250만 달러를 기록한 〈스타워즈〉를 누르고 정상을 차지했다.[4] 그런데 불멸의 〈스모키 밴디트〉는 무려 386개 상영관에서 상영되었다. 게다가 개봉 이후로 중요한 43번의 주말에 걸쳐 〈스타워즈〉는 상영관을 확장하기 위한 많은 기회를 잡지 못했다.[5]

그래도 〈스타워즈〉의 인기는 그해 여름 내내 이어졌다. 도시에 거주하는 사람들이 영화를 보기 위해 무리를 지어 몰려들었다. 오리건주 벤턴 카운티의 경우, 개봉 몇 달 만에 주민 절반이 〈스타워즈〉를 봤다.[6] 놀라움과 흥분이 퍼져나가면서 인기는 몇 달 사이에 크게 높아졌고 8월 중순 들어 절정에 이르렀다. 당시 미국 전역에서 약 1,100곳의 영화관이 〈스타워즈〉를 상영했다.[7] 인기는 이후로도 시들 줄 몰랐고 42곳의 영화관은 〈스타워즈〉를 무려 1년 넘게 계속 상영했다.[8] 미국 전역의 영화관들은 홍보용 인쇄물을 다시 주문해야 했다. 기존 인쇄물이 말 그대로 너덜너덜해졌기 때문이었다.[9]

물론 〈스타워즈〉는 경제적으로 엄청난 성공을 거뒀다. 그해 9월에는 20세기 폭스사에서 역대 가장 큰 성공을 거둔 영화가 되었다.[10] 제작사의 주가는 흥행의 직접적인 도움을 얻어 고공행진을 이어나갔다. 주당 6달러였던 것이 개봉 직후 27달러에 근접했다.[11] 그리고 단 몇 달 만에 〈죠스〉를 앞질러 역대 최고 수익을 올린 영화가 되었다.[12] 상영이 막을 내렸을 때, 총매출은 3억 700만 달러에 달했다.[13]

이 금액은 1977년에 두 번째로 높은 매출을 올린 영화 〈미지와의 조우〉가 기록한 1억 2,800만 달러의 240%에 달하는 기록이었다.[14] 또한 5,080만 달러로 그해 다섯 번째로 높은 매출을 올린 〈머나먼 다리〉의 약 6배에 달하는 기록이었다. 그리고 1,700만 달러로 박스오피스 10위를 차지한 〈거미들의 왕국〉의 약 18배에 달했다.[15] 만약 인플레이션을 고려하고 재개봉까지 포함할 경우, 〈스타워즈〉의 박스오피스 매출은 3,000만 달러에 달할 것이었다.[16]

이 금액은 인플레이션을 반영한 〈아바타〉의 매출보다 6억 달러나 더 높은 것이다.[17] 그리고 사모아의 GDP보다 약 7억 달러나 더 높다.[18] 인플레이션을 고려할 때 〈스타워즈〉의 박스오피스 기록을 앞서는 영화는 〈바람과 함께 사라지다〉가 유일하며, 둘 사이의 차이도 그리 크지 않다. 또한 〈사운드 오브 뮤직〉과 〈E.T.〉, 〈타이타닉〉, 〈십계〉, 〈죠스〉의 기록을 가볍게 따돌렸다.

이후로 루카스가 내놓은 다섯 편의 후속작 역시 엄청난 성공을 거뒀다. 〈스타워즈 에피소드 5: 제국의 역습〉은 초반에만 2억 900만 달러를 벌어들였으며, 후속작들 모두 개봉 초반에 2억 달러를 훌쩍 넘어섰다.[19] 그중 〈스타워즈 에피소드 1: 보이지 않는 위험〉은 꼴찌를 기록했음에도 두 개의 루카스 3부작 중에서 최고 수익(인플레이션을 반영하지 않고도)을 기록했다. 만약 인플레이션까지 고려한다면(마땅히 그래야겠지만) 역대 19위라는 놀라운 기록을 차지하게 된다. 이는 〈스타워즈 에피소드 6: 제다이의 귀환〉보다 두 단계 아래, 그리고 〈스타워즈 에피소드 5: 제국의 역습〉보다 여섯 단계 아래에 해당하는 순위다.[20]

물론 이들은 모두 숫자에 불과하며, 그것만으로 그 시리즈가 문화적 차원에서 미친 영향력을 제대로 평가할 수는 없다. 전 세계 대통령도 그 작품들을 잘 알고, 상원의원도, 대법원 판사도, 당신의 자녀와 부모도 안다. 처음 본 사람과 친해지려면, 〈스타워즈〉 이야기를 꺼내보자. 날씨 이야기보다 효과가 더 좋을 것이다.

쓰레기 더미

그러나 한 가지 아이러니가 있다. 그리고 중요한 수수께끼도 있다. 루카스는 개봉 초기에 이렇게 말했다. "아무도 크게 성공할 거라 예상하지 못했습니다."[21] 많은 관계자도 〈스타워즈〉가 개봉했을 무렵에 흥행을 기대하지 않았다. 영화를 제작하는 내내 "폭스와의 프로젝트에 대한 기본적인 무관심"이 팽배했고 경영진 역시 "이번 작품과 감독에 대해 신뢰가 거의 없었다".[22] 솔직하게 말해서 그들은 "그냥 영화가 엎어지길 수없이 바랐다".[23]

제작비가 바닥을 드러내기 시작하자 루카스는 이전 작품인 〈청춘 낙서〉(마찬가지로 뜻밖에 흥행을 기록한)로 번 돈을 끌어다 썼다.[24] 만약 루카스가 개인적으로 자금을 충당하지 못했다면 프로젝트는 아마도 중단되었을 것이다. 게다가 영화에 대한 근본적인 부정적 인식은 제작 과정 전반의 특이한 측면에 대한 우려가 낳은 유일한 결과물은 아니었다. [드로이드(Droid)나 포스(Force)는 대체 무슨 말인가? 오비완이라는 이름의 나이 든 남자는 누군가? 앨릭 기니스(Alec Guinness)가 그 배역을 맡았다고? 또 라이트세이버(Lightsaber)는 뭐란 말인가?](당시 생소했던 드로이드는 〈스타워즈〉에 등장하는 드론 및 로봇류를, 포스는 〈스타워즈〉 세계관에서 자연계에 흐르는 눈에 보이지 않는 에너지를, 라이트세이버는 〈스타워즈〉에 등장하는 가상의 광선검 무기를 칭한다-옮긴이) 폭스 이사회에서 1차 편집본 상영이 끝나고 나서 루카스는 이렇게 말했다. "아무도 박수치거나 웃지 않았습니다. 크게 실망했죠."[25]

루카스는 제작 마무리 단계에서도 "영화가 성공할 거라 기대하지 않았다".[26] 제작사 관계자들은 대부분 "이사회는 영화에 대한 아무런 믿음이 없었다"라는 말에 공감했다.[27] 이를 말해주는 증거로, 제작사는 겨울 예고편 하나만 공개하는 게 낫겠다고 결론을 내렸다. 그 예고편은 이후 부활절 기간에 한 차례만 더 공개되었다.

놀랍게도 폭스는 말 그대로 필름 값도 건지지 못할 것이라 생각했다. 그래서 제작해놓은 필름 복사본이 100개도 되지 않았다. 그러나 이러한 선택은 사람들이 영화를 보려고 구름처럼 몰려들기 시작하면서 끔찍한 문제로 이어졌다.[28] 그래도 사람들 대부분보다 낙관적이었던 루카스는 젊은 층이 좋아할 것이므로 1,600만 달러 정도는 벌어들일 것으로 내다봤다. 이는 디즈니 영화의 평균 성적에 해당하는 금액이었다.[29] 그는 그보다 더 좋은 성과를 올릴 가능성은 "거의 없다"고 말했다.[30]

루카스는 초반에 엄청난 성공을 거두고 나서도 이렇게 말했다. "수익 분기점 정도 예상했습니다. 아직도 이해가 되지 않아요."[31] 당시 루카스의 아내이자 중요한 협력자였던 마샤 루카스(Marcia Lucas)도 마틴 스코세이지(Martin Scorsese)의 〈뉴욕, 뉴욕(New York, New York)〉(마샤가 편집에 참여했던)이 더 좋은 성적을 거둘 것으로 예상했다.[32]

사람들이 무엇을 좋아할지 예측하는 게 중요한 업무인 영화관들은 아주 신중한 자세를 취했다. 폭스사는 1,000만 달러 규모의 사전 배급 보증을 요구했지만, 그들이 실제로 받은 것은 작은 일부에 불과했다. 구체적인 금액은 굴욕스럽게도 150만 달러였다. 폭스사가 보기에 이번 여름에 흥행 가능성이 가장 높은 영화는 〈깊은 밤 깊은 곳에〉였다. 그래서 그들은 〈스타워즈〉를 받지 않으면 〈깊은 밤 깊은 곳에〉도 받을 수 없을 것이라고 엄포를 놓음으로써 영화관들이 루카스의 영화에 관심을 기울이도록 압박했다.

다음으로 루카스의 친구 찰리 리핀콧(Charley Lippincott)의 열정이 없었다면 마케팅 시도는 모두 실패로 돌아갔을 것이다. 리핀콧은 〈스타워즈〉의 가능성을 믿었다. 그는 홍보 작업을 공격적으로 벌여나갔고, 그 과정에서 비록 많지는 않지만 32곳의 영화관이 〈스타워즈〉를 상영하도록 만들었다. 그리고 그중 한 곳은 샌프란시스코에 있는 유명 대규모 영화관인 코로넷(Coronet)이었다. 결론적으로 말해 코로넷에서 거둔 성공은 대단히 중요한 역할을 했다.

루카스는 〈스타워즈〉 개봉에 맞춰 아내와 함께 하와이로 휴가를 떠났다. 물론 두 사람이 원해서 떠난 여행이기는 했지만, 사실 "실패작을 내놨다"[33]는 비평가들의 혹평이 쏟아질까 봐 두려워서였다. 두 사람은 멀리 떨어진 하와이에서 "루카스의 예상이 재앙으로 드러날 걱정"[34]에서 벗어나려 했다. 2015년에 루카스는 "친구들조차 영화에 대한 믿음이 없었다. 그리고 [제작사] 이사회 역시 신뢰를 보이지 않았다. 긍정적으로 생각하는 사람이 하나도 없었다"[35]고 말했다.

배우들도 다르지 않았다. 앤서니 대니얼스(Anthony Daniels, C-3PO를 연기했던)는 이렇게 말했다. "현장에서는 우리가 완전한 실패작을 만들고 있다는 분위기가 팽배했습니다."[36] 해리슨 포드(Harrison Ford)는 이렇게 말했다. "덩치 큰 사람이 강아지 옷을 입고 걸어 다니고 있더군요. 우스꽝스러웠습니다."[37] 다스 베이더(〈스타워즈〉 시리즈에 등장하는 악인-옮긴이)를 맡았던 데이비드 프로우즈[David Prowse, 더빙은 주로 제임스 얼 존스(James Earl Jones)가 맡았지만]는 이렇게 털어놨다. "우리 대부분은 쓰레기 더미를 만들어내고 있다고 생각했습니다."[38] 루크 스카이워커(〈스타워즈〉 시리즈의 주인공-옮긴이) 역할을 맡았던 마크 해밀(Mark Hamill)은 이런 말을 했다. "일하는 동안 얼굴을 똑바로 들고 다니지 못했던 기억이 납니다. 앨릭 기니스가 우키(Wookiee, 〈스타워즈〉에 등장하는 인간형 외계 종족-옮긴이) 옆에 앉아 있는 모습을 보고 이런 생각이 들더군요. 저 그림에서 뭐가 문제지?"[39] 몇 년 후 캐리 피셔(Carrie Fisher)는 당시를 이렇게 회상했다. "그 영화가 그런 성적을 올리리라고는 생각하지 못했습니다. 전혀 기대할 수 없었거든요."[40]

사운드 디자이너인 벤 버트(Ben Burtt)는 그래도 처음 몇 주 동안은 성적이 괜찮을 것이라 기대했다. "제가 상상했던 최고의 성과는 내년도 〈스타트렉〉 행사에 초청받는 것이었습니다."[41] 루카스는 개봉 후 많은 관중이 몰려들었음에도 이렇게 말했다. "공상과학 영화를 좋아하는 소수의 팬층이 있습니다. 그들은 공상과학 영화라면 무조건 첫 주에 보러 올 겁니다. 계속 지켜봅시다."[42] 한 영화학자는 관련된 증거를 요약하면서 〈스타워즈〉에 대한 엄청난 찬사와 관객들의 열광이 개봉 이후로 계속 이어질지 "누구도 예상하지 못했다"고 말했다.[43]

다시 뮤직 랩 실험을 떠올려보자. 왜 누구도 어떤 일이 벌어질지 예상하지 못했을까? 영화제작사와 그 분야의 전문가라면 당연히 그런 예측쯤은 할 수 있어야 하는 것 아닌가?

수준

물론 〈스타워즈〉는 개봉하자마자 특별한 작품으로 대우받았다. 그 영화의 성공에 대한 어떤 설명도 이를 부인하지는 못한다. 사실 몇몇 사람들은 그 영화를 개봉 전부터 좋아했다. 앞서 폭스 경영진은 그 영화에 대해 상반된 감정을 느끼거나 부정적인 모습을 보였다는 사실을 언급했다. 그런데 그중 한 사람인 가레스 위갠(Gareth Wigan)만큼은 개봉 전 특별 상영회에서 그 영화를 보고 난 뒤 〈스타워즈〉는 "지금까지 봤던 영화 중 최고의 영화"였다고 소리쳤다.[44] 그로부터 몇 주일 후에 열린 시사회에서 스티븐 스필버그(Steven Spielberg) 감독은 이 영화를 "역대 최고의 작품"[45]이라고 불렀다.

청중의 관심은 초반부터 폭발적이었다. 이러한 사실은 사회적 영향이 아니라 사람들이 느낀 놀라움이 인기의 출발점이었다는 것을 말해준다. 개봉 날 청중들은 영화가 시작될 때부터 환호성을 질렀다. 그리고 그 소리는 자막이 올라가고 나서야 잦아들었다.[46] 리핀콧이 상영관을 확보하기 위해 많은 노력을 기울였던 코로넷 영화관에서 〈스타워즈〉를 보기 위한 대기 줄은 한 블록을 에워쌀 정도였다. 코로넷 책임자는 그 광경을 다음과 같이 설명했다. "노인들, 젊은이들, 아이들, 크리슈나 신자들. 그들은 대기 줄에서 카드놀이를 하면서 시간을 보내고 있었다. 체커 게임을 하거나 체스를 두는 사람, 얼굴에 물감을 칠하거나 반짝이로 장식한 사람들도 있었다. 그들은 예전에 본 적이 없는 모습으로 과일을 먹거나 대마초와 LSD(강력한 환각제의 일종-옮긴이)에 취해 있었다."[47]

로스앤젤레스에 있는 아브코 영화관(Avco Theater) 책임자는 전몰장병 추모일 주말에 5,000명을 그냥 돌려보내야 했다고 말했다. 영화를 보러 몰려온 관객들은 대기 줄이 어디까지 이어져 있는지 확인하기도 전에 도심에 있는 영화관에 진입하는 동안 교통 체증을 겪어야 했다. 실제로 사람들은 영화를 보려고 운전을 포기하기까지 했다.[48]

전반적으로 초반의 비평들은 대단히 긍정적이었고 일부는 극찬에 가까웠다. 〈뉴욕타임스〉의 영향력 있는 영화평론가 빈센트 캔비(Vincent Canby)는 그 영화를 "역대로 가장 공들여 제작하고, 가장 많은 돈을 들이고, 가장 아름다운 시리즈"[49]라고 호평했다. 〈샌프란시스코 크로니클(San Francisco Chronicle)〉에 실린 한 우호적인 비평은 그 영화를 "〈2001 스페이스 오디세이〉 이후로 시각적 차원에서 가장 환상적인" 작품으로 소개하면서 동시에 "범위와 경계에 대한 호기심을 자극할 만큼 인간적이다"[50]라고 칭찬했다. 〈뉴스데이(Newsday)〉의 조지프 겔미스(Joseph Gelmis)는 한 걸음 더 나아가 〈스

요다

출처: Yoda Fountain, SW77 on FLICKR, CC BY-SA 2.0.

타워즈〉를 "역대 최고의 어드벤처 무비 중 하나"이며 "영화 산업의 걸작"[51]이라고 추켜세웠다.

유명 잡지들은 영화 자체는 물론 그에 따른 사회적 현상도 다뤘다. 또한 "모든 TV 뉴스 프로그램은 그 환상적인 영화를 보기 위해 줄을 선 군중의 모습을 따로 소개했다".[52] 그해 아카데미 시상식에서 〈스타워즈〉는 최우수 작품상을 포함해 무려 11개 부문의 후보로 올랐다. 그리고 7개 부문을 석권했다.[53] 그로부터 수십 년의 세월이 흐른 지금도 많은 영화감독이 그때 그 영화를 보고 받았던 충격을 떠올리고 있다(다양한 전문 용어를 동원해).

영화감독 리들리 스콧(Ridley Scott)은 이렇게 소회를 밝혔다. "충격이 너무나 컸던 나머지 자살 생각까지 들더군요."[54] 그리고 피터 잭슨(Peter Jackson)은 이렇게 말했다. "〈스타워즈〉를 보러 가는 길은 제가 살면서 경험했던 가장 짜릿한 순간 중 하나였습니다."[55] 유명한 영화제작자이자 나중에 아카데미상을 세 차례나 수상한 사울 자엔츠(Saul Zaentz) 역시 큰 감동을 고백했다. 그는 〈버라이어티(Variety)〉라는 잡지의 한 기사를 통해 루카스와 그의 팀에게 공개서한을 전하면서 이렇게 썼다. "완벽한 영화를 창조한 성취"를 축하하며 "전 세계가 여러분과 함께 기뻐할 겁니다".[56]

소설가 조나단 레덤(Jonathan Lethem)은 한 세대가 흘러 그때의 감정을 이렇게 떠올렸다.

> 1987년 여름에 나는 지금 여기서 이야기하려는 그 특별한 작품인 〈스타워즈〉를 21번이나 봤다. 그런데 그때 그 은밀한 경험 속에 무슨 일이 있었던가? 그리고 믿기 힘든 그 시간의 사원 안에는 어떤 감정이 숨어 있었나? 나는 대체 무슨 생각을 하고 있었던가? 나는 언제나 이미 〈스타워즈〉 광신자였다.[57]

이러한 레덤의 극찬을 이기기는 어려워 보인다. 그런데 방송국 프로듀서 토드 한센(Todd Hansen)이 그 어려운 일을 해냈다.

> 〈스타워즈〉가 우리가 지금껏 봐왔던 어떤 작품보다 뛰어나다는 것은 애써 입증할 필요가 없는 당연한 주장이자 누구나 인정하는 자연의

법칙이다. 그것은 절대적인 진리다. 아이들은 서로 이야기를 나눌 필요도 없었다. 누구나 알고 인정하는 사실이었기 때문이다. 게다가 단지 뛰어난 게 아니라 월등히 훌륭했다. 우리가 마지막으로 봤던 가장 훌륭한 작품보다 열 배, 스무 배 더 훌륭했다. 그 두 번째가 무엇이든 그저 초라해 보일 뿐이다. 심지어 너무 멀어 보이지도 않는다. 아마도 페이지 맨 아래 어딘가 있을 것이다.[58]

이러한 점에서 〈스타워즈〉는 성공할 수밖에 없었다. 뮤직 랩 실험에서 '독자적인 판단' 그룹을 떠올려보자. 그 그룹에 속한 참가자들은 다른 이들의 의견을 참고하지 않고서 스스로 결정을 내렸다. 마찬가지로 사람들이 각자 혼자서 영화를 보고 다른 사람의 생각을 듣거나 비평을 읽지 못한다고 해도, 〈스타워즈〉가 엄청난 성공을 거둘 가능성은 충분했다.

여기서 우리는 이런 질문을 던져야 한다. 당시 상황에서 사람들은 어떻게 그 영화를 알게 되었을까? 이성적인 사람이라면, 아마도 〈스타워즈〉가 뮤직 랩 실험에서 최고의 노래와 대단히 비슷했기 때문이라고 대답할 것이다. 다시 말해 초기 상황이 어떠했는지 상관없이 성공했을 것이라 확신할 것이다. 그것은 충분히 독창적이고 환상적이고 놀라웠기 때문이다.

유명해서 더 유명한

그럴 수도 있겠지만 다른 견해도 생각해보자. 펜실베이니아대학교 던컨 와츠(뮤직 랩 연구 논문의 공저자이기도 한)와 같은 이들은 기본적으로 성공하도록 운명 지워진 것은 없다고 말한다. 최고의 작품도 유명해지려면 긍정적인 사회적 영향을 촉발하는 요인을 비롯해 다양한 우연으로부터 도움을 얻어야 한다. 여기서는 셰익스피어와 다빈치도 예외가 아니다.

〈스타워즈〉 사례에서도 정보 폭포와 절호의 기회, 평판 폭포가 관여했다. 동시에 네트워크 효과도 큰 도움을 줬다. 언론도 그 흐름에 박차를 가했고, 이 모두는 분명하게도 조지 루카스를 유명인으로 만드는 데 기여했다. 개봉일에 올라왔던 〈워싱턴 포스트〉 비평 기사는 역대 최고 흥행을 거둔 "〈죠스〉의 엄청난 인기에 비견할 수 있을 정도의 인기몰이"를 만들어낼 것으로 예측했다.[59] 또한 개봉 5일 만에 〈타임〉은 그 영화에 "올해 최고의 영화"라는 꼬리표를 달았다.[60]

성공의 흐름은 점차 빨라졌다. 개봉을 한 주말을 시작으로 미국 전역의 뉴스 매체는 〈스타워즈〉의 인기에 관한 이야기와 그 영화에 쏟아진 뜨거운 찬사를 전했다.[61] 〈버라이어티〉는 6월의 한 기사에서 〈스타워즈〉를 상영하는 영화관의 전화번호를 묻는 요청이 빗발치면서 전화 교환수들의 업무가 마비되었다는 소식을 보도했다.[62] 〈버라이어티〉의 기사에 따르면, 교환수들은 한 시간에 100통 가까이 걸려 오는 문의에 대처하려면 모든 영화관의 전화번호를 달달 외어야 했다.[63]

이뿐만이 아니었다. 네트워크 효과는 지속적인 힘을 발휘했다.

〈스타워즈〉는 사람들이 꼭 알아야만 한다고 생각하는 여러 문화 상품 중 하나가 되었다. 사람들은 작품의 내재적 가치를 떠나서 다른 이들과 대화하려면 그 영화를 꼭 알아야 했다. 루크 스카이워커나 다스 베이더, 또는 오비완 케노비(〈스타워즈〉 시리즈에 등장하는 주인공의 스승-옮긴이)에 관한 이야기를 꺼냈는데 그저 뚱한 눈으로 바라보는 상대를 좋아할 사람은 없을 것이었다. 다른 모두가 〈스타워즈〉를 좋아하고 열광한다고 생각할 때, 사람들은 무엇보다 한 가지 이유로 그들과 함께하려 한다. 그것은 무리에서 소외되기 싫다는 생각이다. 다시 말해 사람들은 집단의 일원이 되고 싶어 한다.

작가 아리온 버거(Arion Berger)는 이렇게 말했다. "문화적 광풍에 휩쓸리는 것은 신나는 경험이다." 그리고 〈스타워즈〉가 바로 그 광풍이었다.[64] 잡지 편집자 앤 프리드먼(Ann Friedman)은 이렇게 표현했다. "모든 친구가 볼 것이기 때문에, 그리고 모든 친구의 친구들 역시 볼 것이기 때문에 나도 언젠가는 '포스가 깨어나는 장면'을 보게 될 것으로 생각했다. 점차 희귀해지는 진정한 대중 문화적 현상에 사로잡히고 만 것이다."[65] 또한 버거는 〈스타워즈〉가 "숭배의 대상이자 엄청나게 널리 퍼진 현상"이라고 언급했다.[66] 그 영화는 문화적 분열의 시대에 강력한 구심점이자 소중한 사회적 자산이었다. 분열의 시대를 살아가는 사람들은 이러한 가치를 좋아하고 절실히 요구한다.

그리고 네트워크 효과도 모습을 드러냈다. CBS 뉴스 진행자이자 미국 언론인으로 가장 신뢰가 높은 월터 크롱카이트는 일반적으로 영화는 좀처럼 다루지 않았고, 특히 케셀 런(Kessel Run, 〈스타워즈〉에 나오는 우주 항로-옮긴이)이나 제다이 기사(〈스타워즈〉에서 은하공화국을 수호하는 기사단의 구성원-옮긴이)에 대해서는 아무런 언급도 하지 않았다. 그런데 그런 그가 그해 초여름에 특별 코너로 〈스타워즈〉를 소개했다.[67] 뮤직 랩 실험의 경우처럼 초기 관심이 인기 상승에 박차를 가했다.

〈스타워즈〉 시리즈의 공식 전기 작가라고 하기에 가장 적합한 인물인 J. W. 린즐러(J. W. Rinzler)에 따르면, 그해 여름 내내 수많은 관객이 〈스타워즈〉를 보려고 계속 몰려들도록 만든 거대한 원동력은 "개인 간 교류"였다.[68] 그리고 크리스 테일러(Chris Taylor)는 흥미로우면서도 역동적인 분석을 바탕으로 이렇게 설명했다. "공상과학 커뮤니티 내 구전 효과"가 첫 번째 주에 관객몰이를 주도했고, "열광적인 리뷰"가 두 번째와 세 번째 주에 엄청난 관객을 끌어들였으며, "관중의 규모를 다룬 뉴스 기사들이 전몰장병 기념일 이후로 사람들을 끌어모았다".[69] 폭포 효과에 관한 전형적인 설명이라 하겠다.

또한 테일러는 이렇게 말했다. 〈스타워즈〉는 "박스오피스 매출 그 이상의 것이었다. 그 영화는 유명해서 더 유명해졌다".[70] 그는 초기 네트워크 효과를 관찰했고 이를 바탕으로 책 한 권 분량의 이야기를 술술 풀어나갔다. 관객들은 "영화에 나오는 이상한 이름과 상징적인 표현을 잘 알고 있었다". 그리고 "'포스'의 정확한 의미를 놓고 의견이 분분했지만, 그래도 그들 모두 '포스'의 존재를 아는

특별 클럽의 회원이었다".[71]

미국 배우이자 TV 진행자인 스티븐 콜베어(Stephen Colbert)는 〈스타워즈〉를 보고 나서 친구들과 함께 "이제 모든 것이 변했다"[72]는 학창 시절의 깨달음을 떠올리게 되었다고 말했다. 그리고 앤 프리드먼은 다시 한 번 이렇게 강조했다. "이 영화는 분열된 청중에게 문화적, 세대적 경계를 아우르는 거대한 존재의 일부가 되는 것이 어떤 경험인지 떠올리게 해줬다. 때로 자신만의 공간에서 벗어나 진정으로 보편적인 현상의 일부가 되어보는 것은 정말로 기분 좋은 일이다."[73]

시대정신

〈스타워즈〉는 시대정신과 맞닿아 있었을까? 그 시대와 특별한 공감대를 이뤄냈을까? 당시 루카스는 대중이 가장 원하는 것을 의도적으로 만들어냈을까? 아니면 우연히 맞아떨어진 걸까? 시대정신이 〈스타워즈〉의 진짜 성공 이유일까?

많은 이들은 그렇게 믿는다. 어떤 면에서 그 영화는 잇따른 혼란스러운 사건에 충격을 받은 미국 대중이 사회적 정서를 전환해줄 신화를 열망하고 있을 때 등장했다. 영화평론가 A. O. 스콧(A. O. Scott)은 보편적인 관점을 바탕으로 이렇게 말했다. 영화의 성공은 "인구 통계 요인과 사회적 요인의 필연적 결과물을 반영하는 것이다".[74] 같은 맥락에서 테일러는 〈스타워즈〉 개봉일에 다우 지수가 16개월 만에 최저치를 기록했다고 언급했다. 또한 리처드 닉슨

(Richard Nixon) 대통령은 영국 방송인 데이비드 프로스트(David Frost)와의 인터뷰에서 이렇게 말했다. "[베트남] 전쟁의 상처가 아직 곳곳에 남아 있습니다."[75] 신학자 데이비드 윌킨슨(David Wilkinson)은 국가 경기 침체, 환경에 대한 우려, 베트남 전쟁에 대한 생생한 기억, 냉전 시대의 지속적인 위협, 워터게이트 사건, 우주 개발 프로그램의 정체 상황이 〈스타워즈〉 성공을 위한 좋은 토양이 되어줬다고 입장을 드러냈다.[76]

기자인 린다 엘러비(Linda Ellerbee)는 다큐멘터리 영화인 〈스타워즈: 공개된 유산(Star Wars: The Legacy Revealed)〉에 나와서 이렇게 말했다. "미국 사회가 희망에 차 있던 시절이 아니었습니다. 사람들은 냉소적이고 생기가 없었으며, 유가가 고공 행진을 이어가는 동안에도 미국 정부는 우리를 실망시켰습니다."[77] 미국 정치인 뉴트 깅그리치(Newt Gingrich)는 이렇게 말했다. "미국 사회는 실질적인 변화를 필사적으로 모색하고 있었습니다. 그때 〈스타워즈〉가 등장해서 세상에는 선과 악이 있고 악은 패배할 수밖에 없다는 중요한 신화를 다시 일깨워줬습니다."[78] 지미 카터(Jimmy Carter) 대통령이 방송에 출연해서 국민들에게 "희생하고 검소하게 살아가야 한다"고 말했을 때, 미국인들은 오래전 머나먼 은하계로 떠난 환상적인 모험 이야기를 들을 만반의 준비가 되어 있었다.[79]

하지만 그렇지 않을 수도 있다. 시대정신에 주목하는 이러한 문화적 차원의 설명은 어쩌면 지푸라기라도 잡으려는 절박한 시도일지 모른다. 이러한 생각을 이해하기 위해 작은 실험을 해보자.

1977년 5월 말 미국의 고유한 상황을 고려할 때, 〈스타워즈〉는 〔 괄호 안을 채워보자 〕 때문에 성공할 수밖에 없었다.

괄호 안에 경제를 집어넣을 수 있겠다. 다시 말해 주식 시장과 인플레이션율, 실업률을 원인으로 지목할 수 있다. 그리고 냉전이나 소련, 중국, 쿠바 등 국제 상황을 집어넣을 수도 있다. 또는 워터게이트 사건과 그에 따른 사회적 여파를 넣어도 좋겠다. 아니면 시민권 운동을 넣어봐도 되겠다. 또는 기술이나 기술에 대한 전국적인 열광 및 양가 감정을 넣어볼 수도 있다. 한편으로 〈스타워즈〉는 이러한 모든 이유 덕분에 성공할 운명이었다고 주장할 수도 있다.

그중에서 오답으로 보이는 것은 없다. 그런데 문제는 정답으로 보이는 것도 없다는 사실이다.

이 문제를 이해하기 위해 〈스타워즈〉, 또는 이와 대단히 비슷한 영화가 각 시대의 제작 여건을 적절하게 반영해 1959년이나 1969년, 1989년, 1999년, 2009년, 2019년, 또는 2029년에 개봉되었다고 한번 상상해보자. 그랬다면 성공했을까, 실패했을까? 일단 성공했다고 가정해보자. 만약 그랬다면, 똑똑한 사람들은 위의 괄호 넣기 실험에서 아주 우수한 점수를 올렸을 것이다. 그들은 〔 연도를 집어넣자 〕년 5월 말 미국의 특별한 상황에 비춰볼 때, 〈스타워즈〉는 〔 괄호 안을 채우자 〕 때문에 성공할 수밖에 없었다고 주장했을 것이다. 시대정신이 무엇이었든 간에(적어도 합리적인 관점에서) 〈스타워즈〉가 거둔 엄청난 성공을 아주 쉽게 설명해낼 수 있었을 것이다.

그렇다면 결론은 이렇다. 어떤 제품이 최적의 출시 시점 덕분에 성공했다고 말할 때, 이를 타당한 주장으로 받아들일 수 있다. 그러나 그 주장은 아무것도 설명해주지 못한다. 다만 이야기를 들려주는 것에 불과하다. 최적의 시점을 성공 원인으로 설명하는 접근 방식의 위험성은 특히 무작위 통제 실험을 할 수 없고, 또한 경기 침체나 경기 상승, 시민권 운동, 테러 공격 때문에 성공했다고 쉽게 주장할 수 있는 책과 음악, 영화 시장에서 더 높다. 쉽다. 그런데 타당한가?

〈스타워즈〉는 초반에 많은 도움을 받았다. 개봉 직후에 그 영화는 유명해서 더 유명해졌다. 그리고 사람들은 다른 모두가 그 영화를 봤다고 생각했기 때문에 그들도 영화를 보려고 했다. 이러한 현상은 1977년부터 행운으로 작용했다. 〈스타워즈〉는 〈모나리자〉와 좀 닮았다. 〈모나리자〉는 정말로 유명하고 단지 훌륭한 작품의 수준을 넘어선다. 그럼에도 필연적이라고 말할 수 없는 문화적 규범("그 그림은 꼭 봐야 해")의 수혜자였다. 물론 그 자체로 훌륭하다. 또한 1970년대 말 문화적 현상과 공감대를 형성했다. 하지만 그렇다고 해서 사회적 영향이 필요 없는 것은 아니었다.

7장

거부할 수 없는 스탠 리

마블 유니버스(Marvel Universe)는 전 세계적인 경제 현상이다. 그 세상은 현실을 뛰어넘는다. 6편의 '스파이더맨' 영화가 3억 달러를 돌파했다.[1] 그리고 '어벤저스' 영화 4편[2]과 '블랙 팬서' 영화 2편, '토르' 영화 2편, '아이언맨' 영화 3편도 그랬다.[3]

그런데 여기에 등장하는 캐릭터 모두는 놀랍게도 적어도 부분적으로 스탠 리라는 한 사람의 머릿속에서 나왔다. 마블은 정말 놀라운 기업이며 리 역시 놀라운 인물이다. 하지만 여기서도 슈퍼히어로 스타일의 마태 효과가 작동한 것으로 드러났다.

리의 성공을 살펴보기 위해 잠시 1960년대로 돌아가보자. 당시 만화책 시장은 두 기업이 양분하고 있었다. 첫 번째 기업은 슈퍼맨과 배트맨, 원더우먼, 플래시의 고향이라 할 수 있는 DC 코믹스(DC

Comics)였다. 그리고 두 번째는 스파이더맨, 토르, 아이언맨, 판타스틱 4, 헐크, 엑스맨의 고향인 마블이었다.

DC의 슈퍼히어로들은 사각턱에 차분하고 진지하며 조금은 지루한 느낌을 준다. 그들은 평화를 사랑한다. 슈퍼맨은 이렇게 주장했다. "그건 슈퍼맨에게 어울리는 일이다." 그리고 이렇게 외치곤 했다. "위로, 위로, 그리고 멀리(Up, up, and away)." (그러고는 하늘로 날아올랐다.) DC의 슈퍼히어로들은 그렇게 하늘에서 땅으로 순식간에 내려와 사람들을 구한다.

반면 마블의 영웅들은 현실적이고, 유머 감각이 있고, 좀 불안해 보이고, 걱정 많고, 때로 뜻밖의 모습을 보이면서도 유쾌하다. 스파이더맨은 자신을 이렇게 소개한다. "여러분의 친절한 이웃 스파이더맨." 그리고 "스파이디(Spidey)"라는 별명도 있다. 씽(Thing)으로 잘 알려진 벤 그림(Ben Grimm)은 종종 이렇게 외친다. "나가서 싸우자!" (그러고는 모든 걸 부숴버린다.) DC가 드와이트 아이젠하워(Dwight Eisenhower)라면 마블은 존 F. 케네디(John F. Kennedy)였다. 그리고 DC가 빙 크로스비(Bing Crosby)라면 마블은 롤링스톤스였다. DC가 아폴로라면 마블은 디오니소스다.

2018년 95세의 나이로 세상을 떠난 리는 마블에서 등대와 같은 존재이자 가장 중요한 작가였다.[4] 리는 스파이더맨과 어벤저스, 판타스틱 4, 헐크, 엑스맨, 블랙 팬서, 토르, 데어데블, 닥터 스트레인지, 블랙 위도우, 실버 서퍼, 앤트맨 등 놀랍게도 많은 마블 캐릭터를 창조했다.[5]

리는 마블이라는 브랜드를 만들어냈다. 그는 독자들에게 멋진 키즈클럽의 감성을 선사했다. 그 클럽의 회원들은 비밀을 알고, 서로 윙크하고, 반항적으로 행동한다. 또한 "앞으로(Face Forward)"나 "엑셀시오르(Excelsior)", 또는 "그만하면 됐다(Nuff said!)"처럼 그들만의 은어로 이야기한다. 앞서 나는 리가 메리 마블 마칭 소사이어티라는 팬클럽을 만들어냈다는 이야기를 했다.[6] 리는 운율을 사랑했고 정보 폭포와 평판 폭포, 네트워크 효과, 집단 양극화에 대해 많은 걸 알았다. 또한 그는 반향실을 구축했다.

리가 만들어낸 캐릭터 모두 초능력과 함께 약점이 있었다. 사람들은 이들 영웅에게 알지 못할 측은함을 느꼈다. 데어데블은 앞을 보지 못하고, 제이비어 교수는 휠체어 신세를 져야 한다. 리는 현실적인 문제(연애처럼)로 괴로워하는 슈퍼히어로를 창조함으로써 젊은 독자에게 불안감을 선사했다. 그는 이렇게 말했다 "내 사상이자 핵심 주제는 우리와 다르다고 해서 반드시 더 나은 것은 아니라는 사실이다."[7] 그리고 그 주제에 정치적 의미를 추가했다. "인간성에서 가장 나쁜 부분은 이것이다. 우리는 자신과 다른 사람을 싫어하는 경향이 있다."[8]

DC가 과거를 회상한다면 마블은 미래를 내다본다. 그것은 무엇보다 마블 특유의 활력과 재미, 그리고 파괴적인 에너지 때문이다. 마블 독자들은 파도타기를 한다고 생각했다. 그리고 마블의 독자라는 사실에 자부심을 느꼈다. 그들은 네트워크였다. 그것은 그들이 하나로 뭉쳤기 때문에["어벤저스 어셈블(Avengers Assemble)!"], 그리고 그렇게 뭉칠 수 있도록 리가 판을 깔아줬기 때문이었다.

개인적인 고백을 하자면, 나는 스탠 리 덕분에 읽는 법을 배웠다. 1960년대 초 꼬마 시절의 나는 마블 만화책을 닥치는 대로 읽었다. 당시 부모들은 대부분 자녀에게 만화책을 허락하지 않았다. 그들의 눈에 만화책은 '진짜 책'이 아니었다. 그런데 우리 부모님은 내게 뭐든 읽어도 좋다고 하셨다. 특히 어머니는 더 많은 만화책을 읽어서 독서 습관을 들이도록 했다. 토르가 "복수는 나의 것!"이라고 외칠 때 나는 환호성을 질렀다.《데어데블: 두려움이 없는 남자(Daredevil: The Man without Fear)》 제1권이 우리 집에 도착했던 순간은 지금도 어린 시절 최고의 추억으로 남아 있다.

그렇다면 문화적 영향력의 차원에서 리는 지난 60년간 가장 중요한 작가일까? 아마도 의견이 분분할 것이다. 리가 창조한 캐릭터들이 있었기에 수많은 영화와 TV 프로그램, 연극, 소설이 인기를 끌 수 있었다. 수많은 아이를 비롯해 꽤 많은 성인이 헐크의 다른 자아인 브루스 배너에 감정을 이입했다. 배너는 이렇게 경고했다. "맥기 박사, 나를 화나게 하지 마시오. 내가 화나면 나를 좋아할 수 없을 테니 말이오."

그리고 많은 사람은 각자의 삶에서 어떤 역할을 맡고 있든 간에 스파이더맨 첫 번째 시리즈에 나오는 리의 대사를 잊지 못할 것이다. "거대한 힘에는 거대한 책임이 따르는 법!" 셸리의 표현대로 "시인이 세상의 비공식 입법가"라면, 리는 시인으로서 상당히 많은 법을 만들어냈을 것이다.[9]

그래도 리의 인기는 한동안 그리 높지 않았다. 다시 1960년대로 돌아가서, 내게는 스무 살인 로버트 레빈슨이라는 친구가 있었다. 우리 두 사람은 마블을 사랑했다. 레빈슨은 내게 이런 말을 했다. "만화책 영웅이 등장하는 영화가 나와야 해! 스파이더맨과 캡틴 아메리카, 헐크, 그리고 어벤저스도 주인공으로 나와야 해." 당시 열두 살이었던 내게 레빈슨의 생각은 말도 안 되는 것처럼 들렸다. 영화에 스파이더맨이 나온다고? 만화책 영웅이 영화 주인공이 된다고? 물론 레빈슨의 아이디어는 결국 진실로 판명 났다. 그런데 그 모든 일이 어떻게 벌어진 걸까?[10]

막강한 잡지

1950년대 말과 1960년대 초, 마블의 상황은 아주 애처로웠다. 뉴욕에 있는 사무실은 방 하나가 전부였다. 마틴 굿맨(Martin Goodman)은 마블의 유일한 소유주였고 소설가를 꿈꿨던 리는 유일한 직원으로 회사 운영을 맡았다. 당시 전쟁과 로맨스, 괴물을 주제로 한 마블의 만화책은 판매가 신통치 않았다.[11] 1957년에 DC는 괴팍한 굿맨에게 별 볼 일 없던 마블 캐릭터들을 사겠다고 제안했지만, 그는 거절했다. DC와 마블이 벌인 경쟁의 역사를 기록한 리드 터커(Reed Tucker)는 이렇게 썼다. "그 거래가 성사되었더라면 세상이 지금 어떻게 바뀌었을지 상상해보라. 우린 결코 알 수 없을 것이다."[12]

모든 이야기는 1961년 여름에 시작되었다. 1922년에 태어난 리는 더 이상 풋내기가 아니었다. 그는 1939년부터 지금의 마블로 성장하게 될 그 회사와 함께했다. 리는 10대 시절에 심부름을 하거나 교정을 보고 커피를 타는 일을 했었다. 그는 1941년에 편집자가 되었다. 그러나 야심 찬 40대의 리는 그리 성공적인 삶을 살아오지 못했다. 만화책 산업은 전반적으로 어려움을 겪고 있었다. 리는 자신이 하는 일을 부끄러워했고 누가 무슨 일을 하냐고 물어보면 그냥 출판업계에 있다고만 했다.

굿맨은 리에게 편집자로서 아틀라스 코믹스(Atlas Comics)를 계속 맡을 수 있겠지만, 그러자면 재정 문제로 다른 직원을 모두 내보내야 한다고 말했다. 리는 한 동료에게 이렇게 말했다. "배가 가라앉고 있어. 우린 그 안에 있는 쥐라고. 어서 탈출해야 해."[13] 하지만 리에게 탈출구는 없었다. 그는 직장을 그만둘 처지가 아니었다.

어느 날 오후, 굿맨은 좋은 아이디어가 떠올랐다. 리에게 슈퍼히어로를 만들 새 팀을 맡기는 것이었다. 사실 그것은 슈퍼맨과 배트맨, 원더우먼, 플래시를 한데 모아서 저스티스 리그(Justice League)라는 새로운 시리즈물을 만든 DC의 기획을 그냥 베끼자는 것이었다. 굿맨은 이렇게 말했다. "이봐, 슈퍼히어로 시장이 아직 있을 거야. 저스티스 리그 같은 팀을 한번 만들어보지 그래?"[14] 굿맨은 라이터스 리그(Righteous League)라고 이름까지 지어놓은 상태였다. 그러나 어디서 갖다 붙인 재미 없는 이름 같았다. 그렇지 않은가? 너무 뻔하지 않은가?

리는 굿맨의 아이디어가 마음에 들지 않았다. 그는 DC를 좋아하지 않았고 따라 하고 싶은 마음도 없었다. 그는 아내 죠니에게다 때려치우고 싶다고 말했다. 그러나 아내는 직장을 그만두는 대신에 크게 한번 생각해보라고 했다. "마틴이 당신더러 슈퍼히어로를 가지고 새 팀을 만들라고 했다면, 그건 당신이 항상 바랐던 좋은 기회일 수도 있어."[15] 아내의 말은 계속되었다. "깊이와 내용이 있는 이야기를 상상하고 개성이 돋보이는 캐릭터를 만들어야 해. 진짜 사람처럼 말하는 그런 캐릭터 말이야." 그러고는 이렇게 덧붙였다. "어쨌든 그만두고 싶어 했으니 실패해도 손해 볼 거 없잖아?"

리는 덥석 미끼를 물었다. 하지만 슈퍼맨("위로, 위로, 그리고 멀리!")은 별로 좋아하지 않았다. "모두 똑같이 착하고 심심한" 슈퍼히어로를 만들고 싶지 않았다. 그는 "하늘에서 날아와 문제를 해결하고 사라지는 패턴을 언제나 반복하는"[16] 캐릭터를 끔찍이 싫어했다. 또한 리는 여성 캐릭터가 필요하다고 생각했다. 그것도 원더우먼처럼 예외적인 존재가 아니라 팀의 일원으로 활약하는 캐릭터가 필요했다. 결국 리는 그만의 담대함으로 "만화계가 지금껏 보지 못했던 슈퍼히어로 팀"[17]을 만들어보기로 결심했다. 그가 원한 것은 "실수도 하고 건방진, 그리고 무엇보다 화려한 의상 안에 약점을 숨긴"[18] 그런 캐릭터였다.

대략적인 아이디어밖에 없었지만, 그래도 리는 희망에 차 있었다. 그는 재능 있는 만화가 (그리고 오늘날 아이콘이 된) 잭 커비(Jack Kirby)를 영입해서 약점 있는 영웅들이 서로 말싸움과 농담을 주고받는 새로운 유형의 만화책을 만들고자 했다.

리와 커비는 실제로 새로운 세상을 창조했다. 그것은 바로 〈판타스틱 4〉였다. 미스터 판타스틱이라는 별명의 수다쟁이 과학자 리드 리처드는 자기 몸을 자유자재로 늘릴 수 있다. 씽으로 알려진 벤 그림은 돌로 만들어졌고, 못생긴 외모에 엄청난 힘을 갖고 있다. 그리고 날카롭고 똑똑한 수전 스톰은 몸을 숨기는 능력으로 인비저블 걸(Invisible Girl)이라고도 불린다. 마지막으로 수전의 좌충우돌 동생인 조니 스톰은 휴먼 토치(Human Torch)라는 별명으로 알려져 있으며 불로 변신할 수 있다. (남성 캐릭터는 몸을 변형시킬 수 있고 여성 캐릭터는 몸을 사라지게 할 수 있다는 점에 대해 잠시 생각해보자.) 리는 창간호 표지 기사에서 이렇게 말했다. "이 막강한 잡지를 통해 처음으로 하나로 뭉쳤다!"

그래도 리는 큰 기대가 없었다. 그 슬로건 때문에 해고되지나 않을까 걱정했다. 하지만 리의 아내는 적어도 자신만의 시스템으로 창조했다는 말로 위로했다.[19] 그런데 나중에도 분명하게 밝혀지지 않은 이유로 엄청나게 많은 팬레터가 리의 팀으로 쏟아져 들어오기 시작했다. 마치 비틀마니아를 보는 듯했다. 그로부터 수십 년이 흘러 대단히 인기 있는 만화가인 앨런 무어(Alan Moore)는 이렇게 평가했다. "1961년 만화의 불모지에서 단 한 권의 만화책이 미친 엄청난 파급력을 가늠하기란 쉽지 않다."[20] 리는 세 번째 호의 표지에 이렇게 자신감 넘치는 슬로건을 집어넣었다. "세상에서 가장 위대한 만화 잡지!"

그런데 〈판타스틱 4〉가 그렇게 폭발적인 인기를 누릴 수 있었던 정확한 이유는 뭘까? 사실 우리는 정답을 알지 못한다. 어쩌면 에너지 넘치고 참신한 캐릭터 때문이었을 것이다. 그 슈퍼히어로들 모두 재미있고 인간적이었으며 종종 말다툼도 했다. 그 새로운 형태의 만화는 뚜렷한 존재감과 함께 뭔가 달랐다. 그리고 훌륭했다. 하지만 앞서 살펴봤듯이 그것만으로는 충분치 않다. 엄청난 판매를 기록하기 위해서는 주변 상황이 도움을 줘야 한다. 초기 다운로드와 같은 요인이 있어야 한다. 〈판타스틱 4〉를 구매한 독자들은 자신이 산 것을 좋아해야 했다. 여기서 8~18세의 주 독자층이 클럽에 가입했다고 느꼈다는 사실은 대단히 중요한 역할을 했다. 〈판타스틱 4〉는 자기 정체성을 확인하고 집단의 일원이 되고, 또한 누구보다 유행에 밝은 사람이 되려는 독자들의 욕망을 충족시켜줬다.

엄청난 판매량에 잔뜩 상기된 굿맨은 리에게 더 많은 요구를 했다. 이후로 이제는 상징적인 존재가 된 많은 캐릭터가 줄줄이 쏟아져 나왔다. 그중 대부분이 1962~1963년 동안 완성되었다. 굿맨은 〈판타스틱 4〉로 성공하고 난 뒤 말싸움을 하지만 결코 미워할 수 없는 슈퍼히어로로 이뤄진 또 다른 팀을 원했다. 이번에도 라이터스 리그를 요구했을까? 그러나 리는 여전히 베끼기는 싫었다. 대신에 그는 지킬 박사와 하이드의 변형이라 할 수 있는 헐크를 내놨다. 헐크는 괴물로 변하는 슈퍼히어로였다. 헐크의 슬로건은? "헐크 스매시(HULK SMASH)!"였다. (위트가 돋보이는 부분이다.) 그 캐릭터가 매력적인 이유는 분명하다. 그것은 우리 모두의 내면에는 헐크가 살고 있고, 그 괴물을 계속해서 가둬놓는 것은 정말로 힘든 일이기 때문이다.

다음으로 리가 내놓은 것은 방사능 거미에게 물린 10대 청년인 스파이더맨이었다. 그런데 굿맨은 강하게 반대했다. 그는 충분히 합리적이게도 사람들은 원래 벌레를 싫어한다고 말했다. 슈퍼히어로는 10대가 아니라 성인이어야 한다고도 덧붙였다. 하지만 리는 동의하지 않았다. 그리고 끝까지 포기하지 않았다. 결국 그는 굿맨의 허락을 받지 않은 상태에서 스파이더맨을 〈어메이징 판타지(Amazing Fantasy)〉 시리즈에 카메오로 출연시켰다. 이를 위해 리는 이제는 전설이 된 만화가인 스티브 딧코(Steve Ditko)와 함께 작업했다. 만화책에서 윙크하는 얼굴로 등장한 리는 스파이더맨을 이렇게 소개했다. "코스튬 히어로(costume hero, 특수 복장을 입고 악당을 물리치는 영웅 캐릭터-옮긴이)일까요? 살짝 비밀을 알려주자면, 만화책 출판사에서는 그들을 '내복 캐릭터'라고 부릅니다. 알다시피 그들은 어디에나 있습니다. 하지만 스파이더맨은 좀… 다른 캐릭터라는 사실을 알게 될 겁니다!" 리의 "비밀"을 알고 싶다면, 인상적인 "…"에 주목하자. 리는 독자들이 스스로 내부자이자 절친한 친구라고 생각하도록 만드는 귀재였다.

스파이더맨의 데뷔는 순조로운 출발 그 이상이었다. 이는 10년 동안 가장 많이 팔린 만화책이 되었다. 엄청난 성과에 놀란 굿맨은 리의 자리로 달려가서 이렇게 말했다. "리, 지난번에 내가 스파이더맨 아이디어를 너무나 마음에 들어 했던 것 기억나지? 이제 시리즈로 만들어보면 어떨까?"[21]

다음으로 리는 돌연변이 유전자 덕분에 특별한 능력을 갖게 된 젊은 성인들의 집단인 엑스맨을 창조하는 과정에도 참여했다. 리는 남들과 '다르다'는 이유만으로 무시당하는 소수 그룹에 관한 이야기를 의도적으로 들려주고자 했다. 엑스맨의 리더인 찰스 제이비어 교수는 인간들과 평화롭게 지내고 서로 이해하고자 했다. 그리고 그 시리즈에 나오는 악당 집단인 브라더후드 이블 뮤턴트(Brotherhood of Evil Mutants)의 리더인 마그네토는 제이비어 교수와 맞서는 캐릭터였다. 그도 악당인가? 리는 마그네토에 대해 이렇게 설명했다. "편협하고 인종 차별적인 인간들을 벌하고자 했다. 그는 돌연변이 종족을 지키고자 했다. 그들을 부당하게 대한 인간들에게 가르침을 주고자 했다. 나는 한 번도 그를 악당이라고 생각하지 않았다."[22] 제이비어 교수를 마틴 루서 킹의 만화 캐릭터로, 그리고 마그네토를 맬컴 엑스의 만화 캐릭터로 생각해볼 수 있다는 그럴싸한 주장도 있다.

솔직하게 말해서

리는 어떻게 성공했을까? 무엇보다 그는 재미있고 뛰어났다. 그의 재능은 특히 1960년대 초 본궤도에 올라서면서 더욱 빛을 발했다. 물론 그것만으로는 충분하지 않다. 우리는 그 시대와 그 세대 안에서 그의 경력, 특히 뛰어난 창조성과 성과를 들여다보고 싶은 마음이 든다. 리는 60년대의 가장 중요한 과제와 욕망을 이해했다. 1950년에 머물러 있던 DC와 달리 리는 새로운 미래를 말했다. 그는 시대정신을 간파했고, 아마도 그래서 성공했을 것이다. 정치 상황도 도움이 된 것으로 보인다. 리는 마블이 펴낸 잡지의 한 사설을 통해 이렇게 말했다.

> 솔직하게 말해서, 편견과 인종 차별은 오늘날 세상을 파괴하는 가장 치명적인 사회적 병폐다. 하지만 코스튬 슈퍼빌런을 물리치는 것처럼 얼굴에 주먹을 날리거나 광선총을 쏘는 방식으로는 그들을 막을 수 없다. 그들을 물리칠 유일한 방법은 그들의 정체를 세상에 보여주는 것이다. 다시 말해 그것들이야말로 정말로 교활한 악당이라는 사실을 세상에 폭로하는 것이다. 편견이란 무조건, 미친 듯이, 무차별적으로 증오하는 비이성적인 혐오다.[23]

리는 만화책에서 정치적 메시지를 전하려는 시도를 못마땅하게 여겼던 독자들에게 이렇게 말했다. "내가 보기에, 무의식적이라고 해도 메시지가 없는 이야기는 영혼이 없는 인간과 같다. 사실 현실도피적인 문학 작품들도(옛날 요정 이야기나 영웅들의 전설) 대부분 도덕적, 철학적 견해를 드러냈다."[24] 리는 그 시대의 문화와 직접적으로 맞닿아 있었다. 베트남 전쟁 반대와 시민권 운동 시대에서 저항은 사회적 분위기였고, 리가 창조한 진취적이고 재치 있는 슈퍼히어로들은 의사의 처방과 같았다. 터커는 이렇게 말했다. "리와 그의 동료들은 감각이 뛰어났든, 아니면 그저 운이 좋았든 미국 사회가 역사적, 사회적 변화의 단계로 들어서는 시점에 완전히 차원이 다른 영웅들을 선보였다."[25]

그렇다고 해서 리가 남을 가르치려 들었던 것은 아니다. 오히려 그는 그저 유쾌했고 즐거움으로 가득했다. 리는 정치를 넘어서 그 시대에 존재했던 평범함에 대한 불신과 에너지, 충만함을 전했고, 어떤 면에서 이러한 정서를 더 강화했다. 내가 보기에, 이러한 태도는 그를 특별한 존재로 만들어줬다. 물론 그것만으로 성공할 수는 없었을 것이다. 그에게도 사회적 영향이라는 마법이 필요했다. (그는 사회적 영향을 탁월하고 직관적으로 이해했다. 이에 대해서는 나중에 자세히 살펴보자.) 동시에 특유의 생동감도 그를 고유한 존재로 만들어줬다.

천의 얼굴을 가진 영웅

어떤 이들은 리의 슈퍼히어로를 "제2차 세계대전에 참전하거나 대학살을 목격했던, 또는 아우슈비츠를 겪고 나서 도덕적 책임과 삶의 문제에 고민했던(의식적으로든 아니든) 유대계 미국인 1세대의 불안을 근간으로 만들어진 캐릭터"[26]로 볼 수 있다고 말한다. 리의 작품을 이런 관점으로 바라보는 것은 간단한 문제는 아니지만, 그래도 이러한 주장을 뒷받침하는 증거가 있기는 하다. 리의 원래 이름은 스탠리 리버(Stanley Lieber)였다. 그의 아버지 잭은 대공황으로 실직한 뒤 오랫동안 일자리를 구하지 못했다. 스탠 리는 열일곱 살 때 친척을 통해서 굿맨과 취업 면접을 봤다. 역시 유대인이자 5학년으로 학업을 마무리하고 만화책 출판사를 운영하고 있었던 굿맨은 리를 심부름꾼으로 채용했다.

당시 만화책 시장에서 활동했던 만화가와 작가들 대부분 유대인으로 다른 곳에서는 직장을 구하지 못했다. 그래고 대부분의 만화책 출판사들 역시 유대인이 운영했다. 원래 이름이 제이컵 커츠버그(Jacob Kurtzberg)였던 잭 커비는 1941년에 나치를 물리치는 데 혈안이 된 슈퍼히어로인 캡틴 아메리카(Captain America)를 만들어내는 과정에 참여했다. 1942년에 리는 군대에 징집되었다. 어쩌면 당연하게도 히틀러와의 전쟁은 리의 상상 속 세상에서 큰 비중을 차지할 수밖에 없었다.

그러나 리의 이야기가 유대인의 유산으로부터 많은 영향을 받았다거나 캐릭터 창작 과정에서 그 유산을 활용했다는 충분한 증거는 없다. 실제로 그의 가족은 유대교 예배당을 다녔고 리도 바르미츠바(bar mitzvah, 유대교에서 13세가 된 소년을 대상으로 하는 성인식-옮긴이) 의식을 치렀다. 물론 모든 종교 전통은 도덕적 깨달음이나 개인의 의무, 모두의 내면에 있는 선과 악, 유혹, 구원과 같은 중요하고 영구적인 주제에 대해 말한다. 리도 그런 주제를 활용했고 이를 통해 캐릭터에 영속적인 매력을 부여했다.

이러한 점에서 리와 루카스 사이에는 공통점이 있다. 루카스도 보편적인 주제를 변형해서 세상에 내놨다. 앞서 살펴봤듯이 루카스는 조지프 캠벨(Joseph Campbell)과 그의 저서《천의 얼굴을 가진 영웅》으로부터 많은 영향을 받았다. 여기서 캠벨은 다양한 신화 및 종교에 등장하는 영웅들은 비슷한 여정[단일 신화(monomyth)]을 거치게 된다고 설명했다.[27] 영웅의 여정이 다양한 요소로 구성된다는 점에 주목하자. 또한 캠벨은 이렇게 자신의 생각을 요약했다. "영웅은 평범한 세상에서 초자연적인 신비의 세상으로 넘어가는 모험을 떠난다. 전설 속 강자들과 맞붙어서 결국 승리를 거둔다. 신비의 모험을 끝낸 영웅은 고향으로 돌아와 사람들에게 도움을 준다."[28]

내가 아는 한, 리가 캠벨의 책을 읽었다는 증거는 없다. 그래도 마블이 만들어낸 많은 슈퍼히어로의 인생에는 단일 신화가 중요한 요소로 등장해서 다양한 시대와 문화에 걸친 매력을 이들에게 부여한다. 그리고 인간 영혼 깊숙이 있는 뭔가를 건드린다. 물론 약점과 고난, 사랑스러움을 뿜어내는 영웅이라는 획기적인 아이디어(스파이더맨은 소녀들 앞에서 수줍음을 타는 10대 청년이었다)와 더불어 리가 창의적이고 뛰어난 이야기꾼이었다는 사실도 중요한 역할을 했다.

잭팟

그러나 다시 한 번, 리의 비밀 무기는 그것이 아니었다. 그것은 전염성이 강하고, 유쾌하고, 진취적이고, 저항하기 힘든 리만의 에너지였다. 피터 파커(스파이더맨의 이름-옮긴이)와 그의 운명의 상대인 아름다운 메리 제인 왓슨이 처음 만났을 때, 그녀는 이런 말을 건넸다. "받아들여요. 지금 잭팟을 터뜨린 거라고요!" 리는 "엑셀시오르"라는 말을 수십 년 동안 써먹었다. 그는 2010년에 그 말의 의미를 이렇게 설명했다. (역시 트위터로) "위대한 영광을 향해 더 높이!"[29]

이러한 설명들 모두 리에 관한, 그리고 리를 특별한 작가로 만들어준 요인에 관한 것이다. 하지만 결정적으로 리는 유능한 마케터

이자 메신저이기도 했다. 1960년대에 리는 기대에 부푼 독자들에게 그들이 은밀한 농담과 암호를 사용하는 클럽의 일원이자 반역자이며, 또한 내부자라는 인식을 심어줬다. 독자들은 리의 이야기 속에서 누구보다 멋지고 함께 비밀을 공유하는 폭도였다. 그리고 그들 모두 홀든 콜필드[J. D. 샐린저(J. D. Salinger)의 역작 《호밀밭의 파수꾼》의 주인공]들이었다.

리는 독자에게서 온 편지를 만화책에 소개했다. 그 편지들은 흥분과 활기로 가득했고 마블의 가치를 높이 평가했다. 리는 '불펜 게시판(Bullpen Bulletin)'과 '스탠의 비누상자(Stan's Soapbox)'라는 코너를 신설했다. 그리고 이를 통해 작가와 만화가들의 작업과 관련된 소식을 독자들에게 전했다. 또한 그는 네트워크를 창조하려고 했다. 그 이야기를 잠깐 살펴보자.

> 자세한 내용을 알고 싶어 하는 이들을 위해 설명하자면, 출판 세상에서 마블 코믹스 시대가 폭발적으로 시작되고 10년의 세월이 흘렀습니다. 이제 우리에게는 과거의 성공이 단지 일시적인 사건이 아니었다는 사실을, 그리고 잡지를 읽지 않은 사람도 마블이라는 이름을 알게 해준 열광과 놀라움, 눈부신 발전 과정을 다시 한 번 불타오르게 할 수 있다는 사실을 입증해야 할 과제가 남았습니다.[30]

특히 마지막 문장에서는 운율을 맞춘 "dazzling dynamism"이라는 표현과 함께 마블을 누구나 아는 이름으로 만들겠다는 과장되면서도 희망찬 포부로 스탠 리만의 특별한 이미지가 잘 드러나고 있다.

리는 내부자 그룹과 함께 외부자 그룹도 만들었다. 그는 DC를 브랜치-에크(Branch-Echh, 광고사에서 경쟁 제품을 부를 때 사용하는 용어인 브랜드 X의 패러디)라고 불렀다. 그는 독자들에게 작가와 만화가들의 소식을 전했고, 또한 그들에게 독특한 별명도 지어줬다. 잭 커비는 잭 "킹(King)" 커비였고, 스티브 딧코는 "스마일링(Smilin')" 스티브 딧코였다. 리는 이렇게 설명했다. "모두의 이름을 실어줬다. 레터러(letterer, 만화의 대사와 내레이션을 쓰는 사람-옮긴이)의 이름도 빼놓지 않았다. 독자들이 우리가 누구인지 알고 우리의 팬이 되어주길 바랐다. 인격을 부여해주고 싶었다."

리는 "우리는 하나의 그룹이며 모두가 우리의 일을 좋아하고 서로 아는 것처럼 친근한 인상을 전달하고 싶었다."[31] 독자들은 이러한 점을 매우 좋아했다. 1964년 마블이 1960년 기준으로 잡지를 800만 부 가까이 더 많이 판매했을 때, 리의 이러한 접근 방식이 성과를 드러내고 있다는 사실이 분명해졌다.[32]

이제 우리는 리의 성공이 특정한 형태의 눈부신 발전 과정으로부터, 더 구체적으로 말해서 3장에서 살펴본 모든 요인으로부터 비롯되었다는 사실을 분명히 이해할 수 있다. 마블은 정보 폭포에서 많은 도움을 받았고 지금도 마찬가지다. 이러한 사실은 스파이더맨과 헐크, 아이언맨, 블랙 팬서, 토르 등 리가 만들어낸 모든 대표적인 캐릭터에서 확인할 수 있다. 또한 1960년대에는 평판 폭포도 작용했다. 〈판타스틱 4〉 모임에 나온 열 살 소년은 그 영웅들의 이름을 모두 대지 못하면 함께 어울릴 수 없었다. 앞서 나는 마블이 네트워크를 기반으로 성장했다는 점을 강조했다. 무엇보다 리는 소속감을 성공적으로 심어줬다. 이 말은 마블이 집단 양극화로부터 도움을 받았다는 뜻이다. 아이들은 하향식이 아닌 상향식으로 조직을 만들었고, 이를 통해 신간이나 새로운 소식을 접하고 다음에 뭐가 나올지 상상했다.

리의 활기는 파급력이 대단했다. 팀원들이 업무를 어떻게 바라보는지에 대해 리는 이렇게 설명했다. "이름 없는 영웅인 여러분들은 우리가 우리 잡지에 대해 정말로 어떻게 생각하는지 많이 물었습니다. 우리가 우리의 잡지를 진지하게 여기는지, 아니면 별 의미 없는 것으로 생각하는지 궁금해했습니다." 독자의 궁금증에 대해 리는 이런 대답을 내놨다. "장담하건대 찰리, 우리는 우리의 멋진 슈퍼히어로들을 믿습니다!"

그들은 정말로 믿었다. 그리고 장담하건대 찰리, 우리도 믿는다.

8장

밥 딜런과 습관화

인간은 익숙해진다.[1] 가령 새 차를 사면 첫 주는 너무나 기분이 좋다. 그러나 얼마 지나면 그냥 또 한 대의 차가 되어버린다. 처음 가본 도시는 몇 주 동안 아주 재미있지만, 시간이 지나면 그 또한 일상이 된다. 추운 지방으로 이사 가면 첫째 날보다 네 번째 날이 덜 춥게 느껴진다. 그리고 한 달이 되면 춥다는 생각도 들지 않는다. 이처럼 화려한 색상은 쉽게 회색으로 바뀌어버린다. 그것은 말 그대로 진실이다. 고개를 고정하고서 어떤 색상을 오래 바라보고 있으면 점차 색이 흐려지기 시작한다.[2]

그런데 어떤 음악, 또는 더 보편적으로 예술은 우리를 이러한 습관화에서 벗어나게 만든다. 즉 고개를 움직이게 만든다. 익숙한 대상을 너무 오래 바라볼 때, 우리 눈에 들어오는 것은 온통 회색뿐이다. 음악가와 화가의 성공적인 작품들은 우리의 흥미를 자극하기에 충분히 생소하면서 동시에 이해하고 받아들이기에 충분히 익숙하다. 그렇다면 최고의 혁신가들은 모두 표절자인가? 당연한 말씀이다.

우리는 여기서 신중해야 할 필요가 있다. 어떤 음악이나 그림은 우리가 습관화에서 벗어나도록 만들어주지 않는다. 그런 작품들은 전혀 낯설지 않다. 이들 작품은 우리에게 편안함을 선사하며 편안함은 판매에 도움이 된다. 롤링스톤스는 한때 사람들이 습관화에서 벗어나게 만들었다. (〈Get Off of My Cloud〉를 한번 들어보자.) 그러나 이후로 수십 년 동안 청중이 원하는 옛날 히트곡만 연주했다. 사람들은 맥북 에어를 상징적인 디자인으로 설명하지만, 사실 그 디자인은 오랫동안 바뀌지 않았다. 그럼에도 예술과 비즈니스 분야에서 성공을 오래 이어나가는 작품이나 제품들은 적어도 초반에 사람들에게 큰 충격을 안겨다줬다.

행복에 관한 많은 연구는 특히 두 가지 가치를 강조한다. 그것은 즐거움과 목적을 말한다.[3] 우리가 좋아하는 TV 프로그램이나 무서운 영화, 맛있는 요리처럼 즐겁고 행복한 경험을 할 때, 하루는 즐거움으로 가득하다. 어떤 기업은 그러한 날을 선물하겠다고 약속함으로써 많은 돈을 번다. 마찬가지로 업무를 효율적으로 처리하거나 다른 사람을 돕고 부모나 자녀를 돌볼 때, 또는 성취감을 느낄 때, 하루는 목적의식으로 가득하다. 어떤 기업은 직원이나 고객에게 목적의식을 선사하겠다고 약속함으로써 많은 돈을 번다.

그런데 심리학 연구는 즐거움과 목적 외에 또 다른 가치를 강조한다. 그것은 다양한 경험을 수반하는 '심리적으로 풍요로운 삶'을 말한다.[4]

폭넓은 경험으로 가득한 심리적으로 여유로운 삶은 어쩌면 즐겁거나 신나지 않을 수도 있다. 우리는 즐거움을 희생해서 심리적으로 여유로운 삶을 추구하는 경우를 쉽게 상상해볼 수 있다. 예를 들어 재미있고 흥미로운 곳으로 여행을 떠났는데 먹거리가 형편없고 교통이 지옥이다. 잠자리도 불편하다. 그러면 행복한 시간은 아닐 것이다. 그래도 우리는 여러 가지 불편함을 참아가며 여정을 마쳤다는 생각에 기쁨과 만족을 얻을 수 있다.

군대에 다녀온 사람들은 그때의 경험을 소중히 간직한다. 그것은 그 경험으로 의미와 심리적인 풍요를 얻었기 때문이다. 그러나 다양한 경험으로 가득한 심리적으로 여유로운 삶에서 의미에 대한 인식이 빠져 있을 수도 있다. 마찬가지로 우리는 심리적으로 여유로운 삶을 추구하면서 의미나 목적의식을 포기하는 상황을 쉽게 상상해볼 수 있다. 예를 들어 아름다운 해변에서 일주일을 지내면서 환상적인 경치와 주변의 소리를 즐길 수 있다. 그렇다면 그 일주일은 크게 의미가 있지는 않겠지만 우리 삶에 많은 것을 선물할 것이다. 많은 이들은 그러한 심리적 풍요를 중요하게 여기며 이를 위해 즐거움과 목적의식을 기꺼이 포기하려 한다.[5]

그 한 가지 이유는 우리가 즐거움과 목적의식에 쉽게 익숙해지기 때문이다. 반면에 그 정의상, 심리적 풍요를 가져다주는 다양한 경험은 좀처럼 익숙해지지 않는다.

미친 사람들

1957년에 소설가 잭 케루악(Jack Kerouac)이 쓴 한 문장이 한동안 미국 전역의 고등학교와 대학교 포스터에 실리는 일이 있었다. 그 문장은 이렇다. "내가 좋아하는 이들은 모두 미친 사람들이다. 삶에 미치고, 이야기에 미치고, 구원에 미친, 그리고 모든 걸 한꺼번에 갖길 원하면서 지루하게 하품하거나 평범한 것을 말하지 않는, 그러면서 별들을 가로지르는 거미처럼 폭발하는 놀랍고 화려한 불꽃놀이와 같이 타오르고 타오르며 타오르는 사람들…."[6] 이 문장은 정보 폭포를 타고 널리 퍼졌다. 밥 딜런은 40년 넘게 인터뷰를 하는 동안 그리니치빌리지 시절을 떠올리며 이 문장을 거의 그대로 인용하곤 했다.

> 저는 케루악이 완전히 미쳐 돌아가는 세상에 대해 말했던 그 모든 분위기와 함께 그가 관심을 기울이는 이들이란 모든 미친 사람 중에 "삶에 미치고, 이야기에 미치고, 구원에 미친, 그리고 모든 걸 한꺼번에 갖길 원하면서 지루하게 하품하지 않는" 사람들이라는 말에 매료되었습니다. 그리고 저야말로 바로 그런 부류의 인간이라는 생각이 들더군요.[7]

케루악의 문장은 지루하게 하품하거나 평범한 것을 말하는 사람

들, 그리고 "한꺼번에 모든 것을 원하고", "타오르고 타오르며 타오르는" 사람들을 대조하고 있다.[8]

밥 딜런은 재즈평론가 냇 헨토프(Nat Hentoff)와의 인터뷰에서 이렇게 말했다.

> 포크 음악은 평범한 사람들의 것입니다. 저는 이러한 음악 모두를 전통 음악으로 여깁니다. 전통 음악은 육각형 상징에 기반을 두고 있습니다. 그리고 전설과 성경, 고난에서 비롯되고 삶과 죽음을 중심으로 돌아갑니다. 누구도 전통 음악을 죽이려 하지는 않습니다. 사람들의 머리에서 자라나는 장미와 너무나 어리석은 연인, 그리고 천사가 된 백조에 관한 노래 모두 절대 사라지지 않을 겁니다. 누군가 불쑥 들어와서 화장실 휴지를 훔쳐 갈지 모른다며 불안해하는 망상가들이 있습니다. '그들은' 사라질 겁니다. 〈Which Side Are You On?〉이나 〈I Love You, Porgy〉와 같은 노래는 포크 음악이 아닙니다. 그건 정치적인 노래입니다. 그런 노래들은 '이미' 죽었습니다.[9]

여기서 중요한 차이에 주목해보자. 한편에는 "사람들의 머리에서 자라나는 장미와 너무나 어리석은 연인"에 관한 노래가 있다. 이러한 노래는 전통적이다. 그리고 "삶과 죽음"을 중심으로 돌아간다. (그래서 살아 있다.) 다른 한편에는 "평범한 사람들"과 "정치적인 노래"가 있다. 전통 음악은 영원하다. 정치적인 노래는 누군가 휴지를 훔쳐 갈지 모른다고 두려워하는 이들이 만든 노래다. (잠깐 그 의미를 생각해보자.) 그런 노래들은 이미 죽었다. 딜런은 말한다. "박물관은 저속하다. 그건 성을 억압하기 때문이다."[10]

딜런은 어떻게 성공했을까? 이 질문에 대해 우리는 많은 이야기를 할 수 있지만 정답을 내놓을 수는 없다. 레프 톨스토이(Leo Tolstoy)는《안나 카레니나》를 다음과 같은 유명한 문장으로 시작했다. "행복한 가정은 모두 비슷하지만, 불행한 가정은 저마다의 방식으로 불행하다." 물론 이 말은 틀렸다. 행복한 가정도 서로 비슷하지 않다. 저마다의 방식으로 행복하다. 성공적인 예술가 모두 저마다의 방식으로 성공하지만, 실패한 예술가는 모두 비슷하게 실패한다.

그래도 딜런의 성공에서 네트워크 효과는 엄청난 역할을 했고 집단 양극화도 그랬다. 2023년 4월에 나는 털사대학교가 주최하고 밥 딜런 대학 연구소(University's Institute for Bob Dylan Studies)가 후원한 '밥 딜런의 세계(World of Bob Dylan)'라는 이름의 콘퍼런스에서 강연을 했다. 그 자리에 수백 명이 참석했다. 그들 모두 딜런 전문가들이었다. 마치 모두가 순례의 길을 함께 걷기 위해 모여든 것 같았다. 나는 연설을 하다가 청중 모두 비록 불확실하다고 해도 딜런에 관한 모든 정보를 알고 있다는 사실에 깜짝 놀랐다.

그날 뜻밖에도 워싱턴 DC에서 대법원 고위직으로 일하는 법학 교수인 한 동료가 홀에 있던 나를 찾아왔다. 나는 물었다. "당신도 강연자로 오셨나요?" 그는 대답했다. "그럴 리가요. 그냥 오고 싶어서 왔습니다."

리틀 리처드 밴드에 들어가기

미네소타 히빙에서 태어나고 자란 로버트 짐머만(Robert Zimmerman)은 고등학교 시절부터 로큰롤에 열광했다. 연감(yearbook, 학교에서 일 년간의 활동이나 행사, 학생들의 사진 등을 실은 책-옮긴이)에 적어낸 그의 목표는 다음과 같았다. "리틀 리처드(Little Richard, 미국 로큰롤 가수이자 작곡가-옮긴이) 밴드에 들어가기."[11]

짐머만은 엘비스 프레슬리 같은 로큰롤 스타가 되었을까? 그 이름으로는 그럴 가능성이 희박했다. 하지만 이름은 얼마든지 바꿀 수 있었고, 실제로 바꿨다. 그런데 그의 재능과 스타일, 외모는 어땠을까? 재능은 뛰어났지만 스타일이나 외모는 아니었던 듯싶다. 적어도 초창기 시절에는 말이다. 1959년 여름에 짐머만은 노스다코타주의 파고에서 조금 이름을 알린 록그룹에서 피아노를 연주했다. 하지만 곧 쫓겨나고 말았다.[12] 이후 그는 다시 히빙으로 돌아왔고, 그해 가을에 미네소타대학교에 들어갔다. 거기서 짐머만은 헌책방과 술집들이 즐비하고 곳곳에서 포크 음악이 흘러나오는 작은 상업 구역인 딩키타운(Dinkytown)이란 데를 발견했다.[13]

그곳에서 짐머만은 포크 음악과 사랑에 빠졌다. 그 음악들은 그의 내면 깊은 곳에 있는 뭔가를 건드렸다. 그는 이렇게 말했다. "[록 음악에는] 거창한 구호와 심장을 뛰게 만드는 리듬이 있다. 하지만 그 노래들은 진지하지 않고 삶을 실제로 반영하지 못했다. 나는 그 사실을 포크 음악을 처음 접하고 깨달았다. 포크 음악은 더 진지한 음악 장르였다. 그 노래 속에는 더 깊은 절망과 더 진한 슬픔, 더 찬

젊은 시절의 밥 딜런과 존 바에즈

출처: Rowland Scherman, Civil Rights March on Washington, D.C. [Entertainment: closeup view of vocalists Joan Baez and Bob Dylan.], August 28, 1963.

란한 성공, 초자연적인 존재에 대한 더 강한 믿음, 그리고 훨씬 더 진한 감정이 담겨 있었다."[14] (그가 포크 음악으로 넘어간 것을 경력 전환으로 볼 수 있을까? 그럴 수 있을 것 같다. 실제로 짐머만은 나중에 그렇다고 밝혔다.)

짐머만은 자신이 갖고 있던 전기 기타를 어쿠스틱 기타와 바꿨다. 그리고 이름도 바꿨다. 처음에는 로버트 앨린(Robert Allyn)으로, 그리고 다음으로 밥 딜런으로 바꿨다.[15] 왜 그랬을까? 이유는 아무도 모른다. 유대인처럼 보이기 싫었던 걸까? 이에 대해 그는 여러 해명을 내놨다. 그중 교묘하면서도 재치 있는 설명을 들어보자. "어떤 이들은 말하자면 잘못된 이름으로, 잘못된 부모 밑에서 태어난다. 그냥 그렇게 태어난다. 우리는 자기 마음대로 이름을 지을 수 있다. 이곳은 자유의 땅이니까."[16] 이러한 감성은《밥 딜런 자서전: 바람만이 아는 대답(Chronicles: volume 1)》에서 랭보(Rimbaud)에 대해 언급한 부분과 맞닿아 있다. "나는 'Je est un autre'라는 랭보의 문구를 발견했다. 그것은 '나는 또 다른 사람이다'라는 의미다. 이 문장을 읽는 순간, 종소리가 울렸다. 나는 온전히 이해했다. 누군가 그 말을 내게 더 일찍 해줬으면 하는 아쉬움이 들었다."[17]

그는 자신의 이름을 바꾼 이유를 좀 더 구체적으로 설명했다.

> 밥 레비로 바꿨더라면 실패했을 것이다. 또는 밥 뉴위르스나 밥 도넛도 마찬가지였을 것이다. 사람들은 대부분 유대인은 전부 대부업자, 아니면 상인이라는 인식을 갖고 있다. 그들은 모든 유대인이 그럴 것이라고 생각한다. 하지만 그건 유대인이 할 수 있는 유일한 일이기 때문이다. 그들에게 허락된 전부이기 때문이다.[18]

잠시 생각해보자. 딜런은 유대인 이름을 고집했더라면 성공하지 못할 수도 있었다고 생각했다. 물론 밥 딜런이라는 이름만으로 싱어송라이터로 성공할 수는 없다. 그래도 밥 짐머만이라는 이름은 싱어송라이터로서 실패할 운명이었을 것이다. 아이러니하게도 딜런이 영웅으로 생각했던 인물 중 하나는 램블링 잭 엘리엇(Ramblin' Jack Elliott)이라는 특출한 포크 가수였다. (그가 불렀던 〈If I Were a Carpenter〉를 들어보자. 최고의 노래다.) 엘리엇은 카우보이처럼 옷을 입고 다녔다. 그는 텍사스 출신이었나? 아니면 오클라호마? 사실 그는 브루클린 출신으로 원래 이름은 엘리엇 찰스 애드노포즈(Elliott Charles Adnopoz)였다. 그의 아버지 에이브러햄 애드노포즈(Abraham Adnopoz)는 의사였다. 그리고 엘리엇은 사실 어릴 적에 산책(ramblin')을 별로 좋아하지 않았다.

포크 음악에 흠뻑 빠진 딜런은 딩키타운의 한 커피숍에서 노래했다. 그는 노래를 잘했다. 그것도 아주 잘했다. 1961년 1월에는 뉴욕으로 이주했는데, 그 한 가지 이유는 위대한 우디 거스리(Woody Guthrie)를 만나기 위해서였다. 실제로 딜런은 거스리를 찾아갔고 어느 정도 친분도 쌓았다.[19] 딜런이 마음에 들었던 거스리는 이렇게 말했다. "피트 시거(Pete Seeger)는 포크 가수가 아니라 포크송을 부르는 가수입니다. 반면 바비(Bobby) 딜런은 포크 가수죠."[20]

딜런은 그리니치빌리지 시절에 지역에서 활동하는 많은 유명 가수들을 만나 배움을 얻었다. 그중에는 맥두걸 가의 시장(Mayor of MacDougal Street)이라 불린 데이브 반 롱크(Dave Van Ronk)도 있었다.[21] 딜런은 그리니치빌리지의 작은 클럽들[카페 와(Cafe Wha), 가스라이트(Gaslight), 저디의 포크시티(Gerde's Folk City)]을 오가며 거스리의 스타일을 따라 하다가 점차 고유한 스타일을 갖춘 포크 가수로 성장했고 곡도 직접 썼다.

사실 작곡을 했다는 것은 놀라운 사실이었다. 우리는 딜런의 가치를 과장해서 말하기는 어렵다. 당시만 해도 포크 음악 세상에서 새로운 노래를 만든다는 것은 부적절한 행동으로, 심지어 불경스러운 행동으로 여겨졌다. 포크 음악의 핵심은 스탠더드 곡들, 즉 전통적인 명곡들을 부르는 것이었다. (그러나 앞서 살펴본 것처럼 코니 컨버스는 딜런보다 앞서 작곡을 했다. 비록 아무도 알지는 못했지만.)

그러나 딜런에게는 할 이야기가 있었다. 수십 년이 흘러 딜런은 과거와 미래를 연결했다. "이런 노래들이 갑자기 나온 게 아니다. 대충 짜깁기해서 만든 게 아니다. 그 노래들 모두 전통 음악에서 비롯되었다." 그리고 그러한 노래에는 전통적인 포크 음악도 포함되었다. 딜런은 이렇게 덧붙였다. "아마도 〈John Henry〉라는 노래를 나만큼 많이 부른 사람이라면, 틀림없이 '인간은 얼마나 많은 길을 걸어야 하는가'(How many roads must a man walk down?, 딜런의 〈Blowin' in the Wind〉에 나오는 가사–옮긴이)라는 가사를 썼을 것이다."[22]

1960년대 초 그리니치빌리지를 중심으로 활동하던 유명 포크 가수들은 따로 앨범을 내지 않았다. 명목상 이유는 앨범을 내는 것은 상업적이고 순수하지 않은 활동이라는 것이었지만, 아마도 앨범을 낼 기회가 없었을 것이다. 그러나 딜런에게는 기회가 찾아왔고 그는 놓치지 않았다. 1961년 9월 4일에 딜런은 컬럼비아 레코드에서 신인 뮤지션 개발 담당자인 전설적 인물, 존 해먼드(John Hammond)를 만났다.[23] 1910년에 태어난 해먼드는 베니 굿맨(Benny Goodman)과 빌리 홀리데이(Billie Holiday), 카운트 베이시(Count Basie), 피트 시거 등 수많은 스타를 발굴하고 널리 알리는 일을 했다.[24] 그렇다면 이런 질문을 던져도 좋겠다. 존 해먼드를 만나지 않았더라면 딜런은 어떻게 되었을까?

해먼드는 꽤 유명한 포크 가수인 캐롤린 헤스터(Carolyn Hester)의 아파트에서 열린 연주회에서 딜런이 하모니카를 연주하는 모습을 처음으로 봤다.[25] 해먼드는 그 자리에서 딜런에게 계약을 제안했다고 한다. 그것이 사실이든 아니든 간에 딜런의 녹음 과정은 순조롭게 진행되지 못했다. 해먼드는 이렇게 말했다. "바비는 'p'를 모두 과장되게 발음했고 's'에서는 쇳소리를 냈으며 마이크 주변을 자꾸 어슬렁거렸습니다. 더 실망스러웠던 부분은 실수에서 뭔가를 배우려 하지 않았다는 겁니다. 그렇게 자기 마음대로 구는 사람과 여태껏 작업한 적이 한 번도 없었다는 생각이 들더군요."[26] 그런 우여곡절 끝에 완성된 앨범인 《밥 딜런》은 1962년에 발매되었다. 이 앨범에서 창작곡은 두 곡뿐이었다. 그 앨범은 평론가들의 관심을 별로 끌지 못했고 판매도 저조했다. 이 문제는 컬럼비아 내부에서 "해먼드의 실수"[27]라고 알려졌다.

그렇게 데뷔 앨범이 실패로 돌아가면서 컬럼비아의 경영진은 딜런과 계약을 끝내려고 했다. 하지만 해먼드는 완강히 반대했다.[28] 1962년 4월에서 1963년 4월에 이르는 기간에 딜런은 새 앨범을 녹음했다. 이는 데뷔 앨범과는 완전히 달랐고, 지금까지도 최고의 작품으로 인정받고 있다. [발음하기도 힘든 《더 프리휠링 밥 딜런(The Freewheelin' Bob Dylan)》이라는 앨범 제목은 아마도 램블링 잭 엘리엇에게서 영감을 받았을 것이다.] 그 무렵 딜런은 정치적 성향이 아주 뚜렷한 수즈 로톨로(Suze Rotolo)와 연애를 시작했다.[29] 딜런은 로톨로에게서 상당한 영향을 받았으며, 〈Masters of War〉와 〈A Hard Rain's A-Gonna Fall〉,

〈Oxford Town〉, 〈Talkin' World War III Blues〉 등 강력한 정치적 메시지를 담은 노래를 많이 만들었다. 그런데 놀랍게도 〈Let Me Die in My Footsteps〉와 〈Hero Blues〉, 〈Ballad of Hollis Brown〉, 〈The Death of Emmett Till〉, 〈Walls of Red Wing〉처럼 똑같이 정치적 메시지를 담고 있었지만 1991년 앨범에 수록되지 못한 곡들 역시 인기곡에 비해 전혀 손색이 없을 만큼 훌륭했다.

1963~1965년 동안 딜런은 이제는 고전이 된 포크송들을 믿을 수 없을 정도로 많이 작곡했다. 대표적으로 〈All I Really Want to Do〉와 〈It Ain't Me Babe〉, 〈Chimes of Freedom〉, 〈Mr. Tambourine Man〉, 〈It's All Over Now, Baby Blue〉, 〈The Times They Are A-Changin'〉이 있다. (이 곡들을 모두 포크송이라고 할 수 있을까? 좋은 질문이다.) 그럼에도 딜런 자신에게는 아주 실망스럽게도 '저항 가수'라는 꼬리표가 붙었고, 사람들은 그를 "세대를 대변하는 목소리"로 생각했다. 1965년에 열렸던 기자회견에는 다음과 같은 대화가 이어졌다.[30]

기자: 당신과 같은 음악 분야에서 활동하는 사람 중에서 저항 가수, 즉 노래를 통해 우리가 살아가는 사회적 상황에 맞서는 가수는 얼마나 될까요? 많이 있을까요?

딜런: 네, 136명입니다.

기자: 정확히 136명이란 말씀이세요?

딜런: 아, 글쎄요. 132명일 수도 있고요.

"저항이란 무슨 뜻입니까?"라는 질문에 딜런은 "사람들의 예상과 어긋나는 방식으로 노래하는 것"이라고 답했다. 그리고 이렇게 덧붙였다. "저는 사랑 노래를 부릅니다."[31]

1965년 3월 "딜런은 일렉트릭으로 전향했다".[32] 인기가 절정으로 치닫던 순간에 방향을 튼 것이다. 이에 당황하고 배신감을 느낀 팬들은 딜런이 포크 음악을 저버렸다고 비난했다. 실제로 딜런은 요란하고 화려한 밴드를 구성했고, 리드 기타에는 전설적인 기타리스트 마이크 블룸필드(Mike Bloomfield)를 앉혔다.[33] 그렇게 딜런은 로큰롤을 부르기 시작했다. 한 유명한 사례로, 그는 예전에 영웅이나 신적인 존재로 대접받았던 뉴포트 포크 페스티벌(Newport Folk Festival) 무대에서 팬들의 야유를 받았다.[34] 이후 딜런은 역대 가장 인기 있는 노래인 〈Like a Rolling Stone〉을 작곡했다. 그리고 〈Desolation Row〉와 〈Tombstone Blues〉, 〈Ballad of a Thin Man〉, 〈Highway 61 Revisited〉, 〈Visions of Johanna〉, 〈I Want You〉와 같은 곡들을 썼다. 1966년 6월 딜런은 오토바이 사고를 당했다. 부상 정도는 정확하게 알려지지 않았지만, 피로와 좌절감을 느낀 그는 몇 년 동안이나 순회공연을 하지 않았다.[35]

1967년과 1969년에 딜런은 완전히 새로운 모습으로 로큰롤보다 포크 음악에 더 가까우면서 컨트리 음악의 향기가 물씬 풍기는 곡들로 돌아왔다. 1969년에 발표한 〈내슈빌 스카이라인(Nashville Skyline)〉은 컨트리 음악처럼 들렸다. 1975년에는 《블러드 온 더 트랙스(Blood on the Tracks)》라는 음반을 제작했다. 많은 이들이 이 앨범을 딜런의 대표 작품으로 꼽는다. 잠깐 그 음반의 제목('철로에 뿌려진 피'라는 의미-옮긴이)에 대해 생각해보자. 정말로 절묘한 표현이다. 실제로 그 앨범은 딜런의 끝나버린 결혼 생활에서 비롯되었고, 수록된 곡들에는 피의 흔적이 남아 있다. 이 앨범은 또한 로큰롤, 또는 그 비슷한 장르로의 회귀를 의미했다. 〈Idiot Wind〉와 〈Tangled Up in Blue〉, 그리고 거침없이 날아오르는 〈Shelter from the Storm〉, 감미롭고 기쁨으로 가득한 〈Buckets of Rain〉을 한번 들어보자.

그로부터 얼마 지나지 않아 딜런은 기독교인으로 다시 태어났다. 또는 적어도 그렇게 보였다. 1979~1983년 동안 그는 가스펠 앨범을 4장이나 발표했다. 그중에는 《세이브드(Saved)》와 《인피델스(Infidels)》가 있다. 딜런은 그렇게 왕성한 활동을 계속 이어나갔지만 1989년까지 이렇다 할 모습은 보여주지 못했다. 결국 〈Oh Mercy〉를 발표하고 나서야 사람들은 딜런이 다시 돌아왔다고 느꼈다.

1997~2003년 동안에는 다시 로큰롤로 돌아가 많은 이들이 딜런의 후기 3부작이라 부르는 앨범들을 내놨다. 그리고 2009년에는 크리스마스 앨범을 만들었고, 이후에는 주로 자신보다 이전 세대에 나왔던 팝 명곡들로[프랑크 시나트라(Frank Sinatra), 딘 마틴(Dean Martin), 빙 크로스비(Bing Crosby)가 부른] 세 장의 앨범을 냈다. 2020년에는 《러프 앤드 라우디 웨이즈(Rough and Rowdy Ways)》라는 앨범을 발표했다. 이 앨범은 여러 나라에서 차트 정상을 차지했다. 이 앨범에 수록된 〈Murder Most Foul〉은 빌보드 차트 1위를 차지한 그의 첫

노래가 되었다.[36]

지금까지 이야기는 딜런의 음악 인생에 대한 지극히 피상적인 요약이었다. 물론 일부 사실만을 선택적으로 소개했다. 딜런의 위대함은 누구도 의심하지 않는다. 그래도 그의 성공에 도움을 줬던 초창기 몇몇 사건을 떠올려보자. 파고에서 겪었던 실패 아닌 실패, 딩키타운 인근에 살았던 시절, 우디 거스리로부터의 배움, 그리니치빌리지 시절의 교훈, 존 해먼드와의 만남, 그리고 수즈 로톨로와의 인연.

끊임없이 새로 태어나는

딜런은 〈It's Alright, Ma (I'm Only Bleeding)〉에서 이렇게 노래했다. "그는 끊임없이 새로 태어나는 게 아니라 끊임없이 죽어가고 있다(He not busy being born is busy dying)." 이 가사는 너무 자주 인용되어서 조금은 상투적이고 색 바랜 느낌까지 든다. 물론 그것은 딜런의 잘못은 아니다.

나는 앞서 음악을 포함한 예술 작품의 핵심은 탈습관화에 있다고 말했다. 탈습관화란 뭔가를 듣거나 보거나 읽을 때 우리가 일상과 습관에서 벗어나도록 일깨우는 것이다. 우리가 다른 시각으로 바라볼 때, 반복적이고 평범한 것처럼 보이는 대상이 사실은 전혀 그렇지 않다는 사실을 깨닫게 된다. 다음 대화를 생각해보자.[37]

기자: 그때 사랑에 빠져 있었나요?

딜런: 전 '언제나' 사랑에 빠져 있습니다.

사랑에 빠져 있다는 것은 본질적으로 습관에서 벗어난 상태를 의미한다. 딜런은 예전 한 인터뷰에서 이렇게 말했다. "제가 행복하거나 불행하다고 생각하지 않습니다. 행복과 불행의 관점에서 제 인생을 바라본 적이 없거든요. 그냥 그런 적이 없어요."[38] 딜런은 〈Maggie's Farm〉이라는 곡에서 이렇게 노래했다. "당신이 고생할 때 그들은 노래하고 나는 그저 지루할 뿐(They sing while you slave and I just get bored)."

딜런은 탈습관화의 대가였다. 〈Desolation Row〉라는 곡의 가사에, 특히 마지막 구절에 주목해보자. 그 가사는 이전의 모든 이야기에 대한 결정적인 실마리를 던져준다. 딜런은 어제 받았던 "문손잡이가 부러진 시간에 관한" 편지에 대해 이야기한다. 그리고 이렇게 덧붙인다. "당신이 제게 어떻게 지내냐고 물었을 때 / 그건 농담 같은 말이었죠(When you asked how I was doing / Was that some kind of joke)?" 딜런은 "당신"이 말했던, 그리고 그가 "정말 따분하다"고 생각한 사람들의 이야기를 한다. 딜런은 그들에 대해 이렇게 말한다. "그들의 얼굴을 새롭게 바꾸고 / 모두에게 다른 이름을 줘야만 했지(had to rearrange their faces / And give them all another name)." 딜런은 "황량한 거리에서(from Desolation Row)" 오지 않은 "편지는 더 이상" 원치 않았다.

이 가사는 무슨 의미일까? 그것은 (아주 긴 노래에서) 지금까지 했던 모든 이야기와의 근본적인 결별을 뜻한다. 이 노래는 정신이 딴 데

팔려 있는 무능한 권위자와 뒷주머니에 손을 찔러 넣은 신데렐라, 미국 배우 베티 데이비스(Bette Davis) 스타일, 슬퍼하는 로미오, 카인과 아벨, 노트르담의 꼽추, 쇼를 위해 옷을 차려입고 준비하는 착한 사마리아, 겨우 스물두 살의 나이에 벌써 늙어버린 오필리아, 오래전 전자 바이올린을 연주해서 유명해진, 그리고 로빈 후드로 변장한 아인슈타인, 닥터 필스(Dr. Filth)와 그의 간호사, 오페라의 유령, 카사노바, 선장의 탑에서 싸우고 있는 에즈라 파운드(Ezra Pound)와 T. S. 엘리엇의 이야기를 들려준다. (그렇다면 황량한 거리는 사실 그 반대인 것으로 밝혀진다. 그곳은 생명으로 가득하고 전혀 황량하지 않다.)

이러한 광경들이 주마등처럼 스쳐 지나가다가 노래는 갑자기 첫 번째 사람과 평범한(그리고 황량한) 이들로 넘어간다. 딜런은 정신을 잃어버린 걸까? 꿈에서 깨어난 걸까?

아마도 자기 어머니에게서 왔을 그 편지는 "문손잡이가 고장 난 시간에 관한" 것이었다. 어머니는 편지, 또는 전화로 그가 잘 지내는지 묻는다. 그러나 그는 대뜸 이렇게 대꾸한다. "그건 농담 같은 말이었죠?" ("잘 지내니?"라는 애매모호한 질문보다 더 생기 없는 말이 있을까?) 그 편지는 이러한 "사람들", 즉 화자가 "아주 진부한" 사람들이라고 생각하는 가족과 친구에 관한 이야기를 한다. 그래서 그는 그들의 얼굴을 새롭게 바꾸고 모두에게 새로운 이름을 지어줘야만 했다. 그들은 방금 들었던 노래에서 바로 그런 캐릭터가 되었을까? 아마도 그럴 것이다. 어떤 경우든 화자는 황량한 거리에서 오지 않은 편지는 더 이상 원치 않는다.

이 노래는 대립에 대해 말한다. 한편으로, 우리에게는 서커스 사람들과 같은 격렬함과 생동감이 있다. 그래서 "황량한 거리"는 놀라움과 화려함, 생명력으로 가득하다. 그곳은 전설과 성경, 재난으로부터 온 사람들로 북적인다. 그러나 다른 한편으로, 안부를 묻는 편지와 같은 아주 지루한 회색 지대가 존재한다. 이 노래는 이렇게 명령한다. 문손잡이가 부러진 시간에 대해서는 더 이상 아무 말도 하지 마라.

우리는 바로 이러한 맥락에서 1960년대 저항 운동과 거리를 두려고 했고 때로는 거친 반응을 보였던 딜런의 모습을 잘 이해할 수 있다. 그는 저항 운동이 예술과 반대편에서 관습화되고 부패하면서 죽어간다고 생각했다. 그래서 그들의 노래는 절대 저항 노래가 아니다(실제로 그랬다.) 딜런은 이렇게 지적했다. "오늘날 많은 이들이 저항을 주제로 곡을 쓰고 있다. 그러나 내가 들었던 그런 노래들은 모두 '손을 잡으면 모든 것이 좋아질 거다'라는 식의 공허함뿐이었다. 다른 것은 하나도 느끼지 못했다. 누가 '폭탄'이라는 말을 꺼냈다고 해서 '올레!'를 외치며 달려 나가 박수 치는 일은 없을 것이다."[39]

딜런은 이렇게 설명했다. "'저항'이라는 표현은 수술받는 사람들을 위해 만들어진 말이다. 그것은 놀이공원에서 쓰는 말이다. '메시지'라는 단어는 탈장(脫腸)이라는 말처럼 들린다. 그것은 '맛있는'이라는 말과 같다. 또한 '놀라운'이라는 말과도 같다."[40] 딜런은 1962년에 발표한 〈Blowin' in the Wind〉라는 노래를 이렇게 소개했다. "저항 노래나 그와 비슷한 노래가 아니다. 나는 저항 노래를 전혀 쓰지 않기 때문이다."[41]

1965년 딜런은 〈The Times They Are A-Changin'〉라는 노래가 세대 갈등을 다뤘는지 묻는 질문에 이렇게 대답했다. "그런 이야기를 하려던 게 아닙니다. 그건 아마도 생과 사를 구분하기 위해 발견했던 유일한 표현이기 때문일 겁니다. 세대와는 아무 상관 없습니다."[42] 딜런이 생각하는 현대적인 노래의 철학은 키츠의 말을 변형한 문장에 잘 나타나 있다. "진실은 혼돈이다. 아마도 아름다움도 그럴 것이다."[43] (이 문장은 "아름다움은 진실이고, 진실은 아름다움이다"고 했던 키츠의 말보다 덜 예측 가능하고 덜 위선적이라는 점에서 훨씬 더 좋다. 그리고 더 진실하다.) 또한 딜런은 현대적인 노래의 철학에 대해 이렇게 말했다. "나는 탐욕과 정욕은 이해하지만 정의(定義)와 제약의 가치는 이해하지 못한다. 정의는 파괴적이다."[44] 1984년에 딜런은 이런 말을 했다. "내가 사람들에게 뭔가 다른 이야기를 들려줄 수 없다면 무슨 소용이 있겠는가? 그저 로네츠(Ronettes, 1960년대 유명했던 걸그룹-옮긴이) 스타일의 앨범만 내놨을 것이다."[45]

더 젊어진 지금

이러한 맥락에서 〈My Back Pages〉라는 노래의 유명한 가사를 살펴보자. "아, 그러나 그때 나는 더 나이가 들었었다 / 지금 나는 더 젊다(Ah, but I was so much older then / I'm younger than that now)." 딜런은 자신의 젊은/나이 든 자아가 따랐던 믿음을 한탄하면서 이렇게 젊음을 선언했다. "나는 평등에 대해 말했다 / 마치 혼인 서약처럼" 물론 혼인 서약은 일종의 성명서다. (정치 이념과 결혼하고픈 사람이 있을까?) 이 노래는 그런 성명서를 활기 없이 죽은 것으로 돌아보면서 이렇게 울부짖는다. "모든 증오를 없애버려라." 딜런은 1963년 (악명 높은) 즉흥 연설에서 이렇게 말했다. "젊어지기까지 오랜 시간이 걸렸습니다. 이제 저는 제가 젊다고 생각합니다. 그리고 그 사실이 자랑스럽습니다. 제가 젊다는 사실이 자랑스럽습니다."[46]

누가 왜 전자 음악으로 전향했는지 물었을 때, 딜런은 이렇게 답했다.

> 글쎄요, 전 기타를 치고 노래를 부르면서 잘살고 있었습니다. 그건 분명한 사실이었습니다. 비록 이해를 못 하신다고 해도 그건 확실했습니다. 그러다 조금씩 지루함이 느껴졌습니다. 예전처럼 밖으로 나가 노래할 수 없었습니다. 그만둘까 생각도 했죠. 그땐 분명히 그런 생각이 들었습니다. 전 청중이 무엇을 하고 어떻게 반응할지 잘 알고 있었습니다. 그 반응은 지극히 자동적이었으니까요. 우리의 마음은 길을 발견해 온전히 머물 때까지 끊임없이 떠돌아다니기 마련입니다.[47]

이것이야말로 습관화에 대한 명백한 설명이다. 다시 말해 모든 게 예측 가능하고 자동적으로 이뤄지는, 그래서 누구도 살기 힘든 억압적인 세상에 대한 설명이다. "이미 죽어버린" 것에 대한 반감을 드러냈다는 사실은 그의 잦은 변화를 잘 설명해준다. 딜런은 포크 가수에서 록 뮤지션으로, 컨트리 뮤지션으로, 가스펠 가수와 종교적 열광자로, 그리고 전통적인 노래를 부르는 가수로 넘어갔다(많은 것들 중에서 몇 가지만 예를 들자면). 우디 거스리의 노래가 마음에 와 닿았는지 묻는 질문에 딜런은 이렇게 대답했다. "오, 물론입니다. 그의 노래는 독창적입니다. 노래 위에 고유함의 마크가 붙어 있죠. 가사도 그렇습니다."[48] 딜런은 존 제이콥 나일스(John Jacob Niles)에게서 많은 영향을 받았다. 그는 나일스에 대해 이렇게 말했다. "캐롤라이나 출신의 악마적 캐릭터인 그는 하프처럼 생긴 악기를 망치로 두드리고 소름을 돋게 만드는 소프라노 목소리로 노래했다. 나일스는 섬뜩하면서 비논리적이었고 무서우리만치 강렬하면서 소름 돋게 했다."[49]

딜런은 〈All I Really Want to Do〉라는 노래에서 연인에게, 또는 청중에게, 아니면 둘 다에게 이렇게 말했다.

> 널 구속하려는 게 아냐
> 놀라게 하거나 때리거나 가두려는 게 아냐
> 분석하거나 분류하려는 게 아냐
> 단정 짓거나 알리려는 게 아냐

이 노래는 딜런이 상대에게 들려주는 이야기일 뿐 아니라, 그에게 무엇을 바라거나 기대하는지에 관한 노래다. 우정은 분석이나 분류, 그리고 단정 짓거나 알리는 일과 관계없다. 우리는 이와 똑같은 감성을 〈Isis〉라는 노래에서 더욱 낭만적인(그리고 더 매력적인) 모습으로 만나게 된다.

그녀가 말했지, "어디 있었어?" 난 말했지, "여기저기 돌아다녔어."
그녀가 말했지, "변한 것 같아." 난 말했지, "글쎄, 어쩌면."
그녀가 말했지, "그렇게 가버렸어." 난 말했지, "어쩔 수 없었어."
그녀가 말했지, "이제 머물 거야?" 난 말했지, "네가 원한다면."

딜런은 〈Like a Rolling Stone〉이라는 노래를 소개하면서 이렇게 말했다. "그냥 그렇게 가사를 쓰게 되었다. 스무 쪽이나 되는 긴 글을 토사물처럼 쏟아냈다. 글은 종이 위에서 리듬을 타며 흘러넘쳤고 끝없는 내 모든 증오는 거짓 없는 어딘가를 향했다. 그렇게 〈Like a Rolling Stone〉이 완성되었다."[50]

딜런이 종이 위에 쓴 가사를 읽었다면 "끝없는 증오"가 어디서 나왔는지 이해할 것이다.

이제 그리 큰 소리로 말하지 않네
이제 그리 건방져 보이지도 않네
다음 끼니를 구걸해야 하는 현실에 대해서 말야

가혹하다. 하지만 딜런이 들려주는 이야기에 귀를 기울여보면, 그 노래가 특별한 것은 예전에 우쭐댔던 사람의 몰락에 대해 즐거움이나 기쁨을 드러내기 때문은 아니라는 사실을 곧바로 이해하게 된다. 그것은 천박하고 생기 없는 행동이다. (〈Positively 4th Street〉이라는 노래의 이야기는 그렇게 흘러간다. 그리고 딜런이 보기에 그것은 나름대로 훌륭하지만 조금은 천박하고 생기가 없다.) 〈Like a Rolling Stone〉이 훌륭한 애국가로 새롭게 태어날 수 있었던 것은 자유라고 알려진 해방의 노래이기 때문이다.

어떤 느낌이 들어, 아, 어떤 느낌이 들어?
이제 돌아갈 집도 없이, 혼자가 되었네
마치 아무도 모르는 사람처럼, 구르는 돌멩이처럼

물론 이런 이야기는 아주 다양한 방식으로 노래할 수 있다. 그리고 그렇게 노래해왔다. 그러나 딜런이 노래했듯이 어딘가를 향한 끝없는 증오는 바로 거기에 있지 않았고, 거짓 없는 어딘가로부터 온 축하("아, 어떤 느낌이 들어?")로 바뀌어버렸다. 그것은 혼돈과 전설, 예측 불가능성, 변화, 미친 사람, 재앙, 끊임없이 죽어가는 것에 대한 신나는 축하다.

누가 인생을 "성장의 관점으로" 보는지 물었을 때, 딜런은 이렇게 답했다. "아뇨! 한 번도 그렇게 본 적이 없습니다. 제 생각을 말하자면, 우리는 어디서도 멈추지 않습니다. 멈출 곳은 없습니다. 길가에 멈춰 설 수 있겠다고 생각하지만, 그건 착각에 불과합니다."[51] 자신이 "그저 앞으로 나아가는" 존재라고 생각하는지 물었을 때,

딜런은 이렇게 말했다. "모든 사람을, 그리고 모든 세상을 그렇게 생각합니다. 앞으로 나아가지 않는 것은… 죽은 거니까요."[52]

해럴드 블룸은 서양 고전에 관해 이야기하면서 이렇게 썼다. "위대한 글을 쓰겠다는 욕망은 자신만의 시간과 장소에 있는, 유산과 합쳐야 하는 독창성 안에 있는, 그리고 영향에 대한 불안이 있는 다른 어딘가로 가려는 마음이다."[53] 이 말은 밥 딜런에 관한 핵심을 잘 보여준다.

딜런이 탈습관화에 부친 송시인 〈Isis〉로 다시 돌아가보자. 첫 구절에서는 분명하게도 앞으로 나아가는 이야기를 하고 있다.

> 5월 5일 이시스와 결혼했지만
> 그녀를 오래 붙잡진 못했지
> 결국 난 머리를 자르고 그 길로 떠나버렸네
> 잘못을 저지를 수 없는 미지의 야생으로

여기서 딜런은 다시 한 번 가장 낭만적인 이야기를 하고 있다. 이 마지막 구절은 제임스 조이스의 《율리시스》의 결말을 떠올리게 한다. [그러나 여기서 이야기를 들려주는 사람은 몰리 블룸(Molly Bloom, 〈율리시스〉에 등장하는 주요 인물-옮긴이)이 아닌 한 남자다.]

> 그녀가 말했지, "어디 있었어?"
> 난 말했지, "여기저기 돌아다녔어."

그녀가 말했지, "변한 것 같아."

난 말했지, "글쎄, 어쩌면."

그녀가 말했지, "그렇게 가버렸어."

난 말했지, "어쩔 수 없었어."

그녀가 말했지, "이제 머물 거야?"

난 말했지, "네가 원한다면."

그리고 그 마지막에 지금까지 했던 모든 이야기를 이해하기 위한 열쇠가 있다.

너의 미소를 아직 기억해

보슬보슬 비 내리던 5월 5일 그날에

9장

후디니의 위대한 도전

미국 역사에서 가장 위대한 대결은 무엇이었을까? 권투에서는 아마도 무하마드 알리(Muhammad Ali)와 조 프레이저(Joe Frazier), 아니면 잭 뎀프시(Jack Dempsey)와 진 튜니(Gene Tunney)를 꼽을 수 있겠다. 그리고 체스에서는 바비 피셔(Bobby Fischer)와 보리스 스파스키(Boris Spassky)가 있다. 또한 정치에서는 존 F. 케네디와 리처드 닉슨(Richard Nixon), 또는 에이브러햄 링컨(Abraham Lincoln)과 스티븐 더글러스(Stephen Douglas) 정도가 되겠다.

그런데 우리가 살아가는 일상적인 세상에서 벌어진 한 대결이 개인적, 지성적 차원에서 위 사례들을 모두 압도한다. 그것은 바로 자칭 심령술사들의 정체를 폭로한 마술사 해리 후디니와 20세기 가장 매력적인 심령술사인 미나 크랜든의 대결이었다. 두 사람 모두 대단한 유명인이었다. 후디니는 다름 아닌 후디니라는 이유로, 그리고 크랜든은 초능력자라는 이유로 유명했다. 미국 주요 신문에 계속 모습을 드러냈던 크랜든은 후디니가 가장 버거워했던 상대이자 최고의 경쟁자였다. 그런데 두 사람은 어쩌면 서로 사랑에 빠질 수도 있었다.

1920년대에 몇몇 세계적인 사상가들은 죽은 사람과 이야기를 나눌 수 있다고 믿었다. 아서 코넌 도일(Arthur Conan Doyle) 경은 이제 고전이 된 소설 작품들에서 셜록 홈스라는 형사 캐릭터를 만들어냈다. 홈스는 언제나 속임수와 사기를 꿰뚫어 봤다. 그런데 도일은 제1차 세계대전으로 아들을 잃고 난 뒤로 '확고한 심령주의자'가 되었다. 그는 죽음을 "반드시 필연적인 것은 아닌 사건"[1]으로 봤다. 1918년에 나온 도일의 유명한 책《새로운 계시록(The New Revelation)》에서 그는 심령주의를 강하게 지지했다. 그리고 그 책을 "가장 중요한 진실을 증언하기 위해 조롱과 세속적인 불이익을 감내하는 도덕적 용기를 70년 동안 지켜왔던 겸손하면서도 학식 있는 모든 용감한 남성과 여성에게" 바쳤다.[2] 1919~1930년 동안 도일은 똑같은 주제로 15권이 넘는 책을 썼다.[3]

그러한 도일을 지지한 이들 중에는 영국의 유명한 물리학자 올리버 로지(Oliver Lodge) 경이 있었다. 그는 전류와 엑스레이, 전파 신호를 주제로 중요한 연구를 추진했던 인물이었다.[4] 로지는 자신의 죽은 아들인 레이먼드와 이야기를 나눴다고 주장했다. 그리고 그 경험과 이를 뒷받침해주는 과학을 주제로 책을 썼다.[5] 영국 심리학

협회[British Society for Psychical Research, 처음에 당시 최고의 철학자라 할 수 있는 케임브리지대학교의 헨리 시지윅(Henry Sidgwick)이 이끌었던]의 회장인 로지는 자신의 경험을 주제로 본격적인 연구를 추진하고자 했다.[6] 생리학 분야에서 노벨상을 받은 콜레주 드 프랑스(College de France)의 샤를 리셰(Charles Richet)는 '엑토플라즘(ectoplasm)'이라는 새로운 용어를 만들어냈는데, 이는 유령이 모습을 드러내게 만드는 물질을 말한다.[7] 토머스 에디슨(Thomas Edison)은 심령주의자는 아니었지만, 세상을 떠난 이들과 소통하는 원리를 연구하겠다는 의지를 드러낸 바 있었다.[8]

당시 이러한 심령주의에 대한 가장 막강한 회의주의자는 누구였을까? 바로 해리 후디니였다. 본명이 에리히 바이스(Ehrich Weiss)였던 후디니는 탈출 전문가로 널리 이름을 날렸다. 동시에 후디니는 마술사와 영매로서도 사람들 앞에 모습을 드러냈다.[9] 그는 생계를 어떻게든 꾸려가기 위해 '저승'과 교류하는 능력이 있는 "인정받은 초감각 투시자"를 자처했다.[10] 후디니는 자신이 아주 매력적인 심령술사임을 입증해나가는 동안에 자기에게 특별한 재능이 있다는 사실을 알게 되었다. 그것은 일종의 천재적 재능으로, 탈출이 불가능해 보이는 상황에서 어떻게든 빠져나오는 능력이었다. 작가 데이비드 자허(David Jaher)는 그 능력에 대해 이렇게 썼다.

> 사람들은 그를 무시무시한 시베리아 죄수 호송차에 감금하고 우유통에 집어넣었고 네덜란드에서는 얼음 속에 파묻기까지 했다. 그리

고 돌아가는 풍차나 자동차 차체, 장전된 대포 총신에 그를 묶기도 했다. 또는 미국에서 사용하는 우편 가방에 그를 집어넣고는 자물쇠로 채워버렸다. 공사 중인 21층 건물의 대들보에다가 그를 밧줄로 묶거나, 거대한 자루에 집어넣고 밀봉하거나, 또는 나무상자에 집어넣고 못을 박은 뒤 뉴욕항에 던져놓기도 했다. 하지만 후디니는 그때마다 자신감에 가득 찬 표정으로 미소를 지으며 걸어 나왔다.[11]

후디니의 이러한 재능은 특별한 신체적 역량과 밀접한 관련이 있었다. 그는 황소처럼 힘이 셌고 훈련을 통해 손가락을 쓰는 것처럼 발가락을 쓸 줄 알았다.[12] 또한 셜록 홈스만큼 추적 능력이 뛰어났다. 그는 족쇄를 찬 상태에서 순간적으로 탈출 경로를 파악하는 능력이 있었다.

인기가 점점 높아지는 가운데, 후디니는 영적 소통에 여전히 회의적이기는 했으나 그래도 호기심을 느꼈다. 그가 사랑했던 어머니(평생을 사랑한)가 세상을 떠나면서 그 호기심은 더 강해졌다.[13] 가까운 친구였던 후디니와 도일은 영적 소통을 주제로 많은 이야기를 나눴다. 후디니는 도일의 확신을 자기도 받아들이고 싶다는 심정을 털어놓은 바 있다. 하지만 그때까지 후디니가 만났던 심령술사들은 모두 사기꾼이었다. 후디니는 가장 까다로운 몇몇 사례에서 숨겨진 속임수를 폭로함으로써 그 방면에서 세계적인 전문가가 되었다. 가령 에디슨은 버트 라이스(Bert Reiss)라고 하는 한 유명 '유심론자'가 실제로 예지력이 있다고 믿었다. 그러나 후디니는 그가

해리 후디니

출처: Campbell-Gray, Ltd., Harry Handcuff Houdini, 1913.

사기꾼이라는 사실을 쉽게 밝혀냈다.[14] 후디니, 그리고 자칭 유심론자(다시 말해 사기꾼들)들 간의 대결 구도가 드라마처럼 펼쳐지면서 대중의 관심이 집중되었다.

〈사이언티픽 아메리칸(Scientific American)〉은 지금도 그렇듯

1920년대에도 대단히 인기 있는 잡지였으며 주로 연구 성과를 알리는 데 집중했다. 1922년 도일은 그 잡지의 편집장인 오슨 먼(Orson Munn)에게 심령 현상를 본격적으로 연구해보도록 권했다.[15] 그리고 그 제안에 〈사이언티픽 아메리칸〉의 편집자이자 컬럼비아대학교 수학과 교수를 지낸 제임스 맬컴 버드(James Malcolm Bird)가 많은 관심을 보였다.[16] 그렇게 〈사이언티픽 아메리칸〉은 그해 11월에 5,000달러 상금의 콘테스트를 기획하고 그 소식을 널리 알렸다. 그들은 물건이 방 안을 날아다니게 만드는 것처럼 "물리적 구현"의 결정적 증거를 보여주는 이에게 상금을 주겠다고 약속했다. 그리고 아직까지 "심령 현상에 관한 주장들의 타당성에 대해 분명한 결론을 내리지 못했다"[17]고 진지하게 인정했다. 〈사이언티픽 아메리칸〉의 폭넓은 인기 덕분에, 그리고 심령 현상이라는 주제의 특성 덕분에 많은 사람이 그 콘테스트에 관심을 보였다. 심령술사가 정말로 존재하는 것일까?

심사위원은 총 다섯 명이 선정되었다. 그중 가장 유명한 윌리엄 맥두걸(William McDougall)은 하버드대학교 심리학과 학과장이자 미국 심리 연구 협회(American Society for Psychical Research) 회장이었다.[18] [그 두 자리 모두에서 맥두걸의 전임자는 저명한 심리학자인 윌리엄 제임스(William James)였다.] 다음으로 유명한 물리학자이자 공학자인 대니얼 프로스트 콤스톡(Daniel Frost Comstock)은 MIT 교수였다.[19] 다음으로 예일대학교 박사 월터 프랭클린 프린스(Walter Franklin Prince)는 초자연적인 사건으로 소문난 다양한 사례들을 조사하고 매번 과학적인 설명을 제시한 인물이었다.[20] 그리고 많은 책을 쓴 저자이자 한때 마술사로도 활약했던 허어워드 캐링턴(Hereward Carrington)은 속임수를 밝혀내는 데 집중했던 인물이었다.[21] 그렇게 심사위원회를 꾸린 〈사이언티픽 아메리칸〉은 심령술에 대한 폭로를 주제로 글을 쓰고 출간을 기다리고 있던 후디니를 여기에 추가했다.[22] 콘테스트는 대중의 상상력을 자극했다. 〈뉴욕타임스〉는 이 대회를 "심령술에 대한 엄격한 심사"라고 불렀다.[23]

하지만 초기 후보자들 모두 심사를 통과하지 못했다. 위원회는 지원자들을 철저하게 검토했다. 그런데 그 무렵 미나 크랜든이라는 여성이 보스턴 지역을 중심으로 많은 관심을 끌고 있었다.[24] 그녀의 남편은 돈 많고 잘생긴, 그리고 아주 나이 많은 하버드 출신 유명 산부인과 의사였다. 그는 미나를 만나기 전 이미 두 번의 결혼 이력이 있었다.[25] 1920년대 초 크랜든 박사는 올리버 로지 경의 심령론 강의에 참석했고, 두 사람은 그날 밤늦게까지 많은 이야기를 나눴다. 크랜든은 강의 내용에 꽤 많은 관심을 보였다. "이해할 수가 없습니다. 과학자들에 대해 지금까지 알고 있던 어떤 패턴과도 다르군요."[26] 그는 심령술에 점차 집착을 보였다. 한 친구의 설명에 따르면, 크랜든은 "마르크스주의에 빠진 유대인처럼 심령 연구에 빠져들었다".[27] (재미있는 표현이다.)

그의 아내인 미나는 재치 있고 따뜻한 성품에 장난기가 많고 재미있는 일을 좋아하는 매력적인 여인이었다. 크랜든 박사의 한 친구는 많은 이야기를 들려주면서 미나를 "아주 아주 아름다운 소녀"이자 "아마도 내가 알고 있는 가장 매력적인 여인"[28]이라고 말했다. 그런데 미나는 남편이 관심을 기울이고 있던 심령술을 탐탁지 않게 생각했다. 그녀는 남편이 산부인과 의사라서 "사후세계 탐구에 자연스럽게 관심을 기울이게 되었다"[29]며 농담조로 이야기했다. 그래도 그녀는 "그 모임이 아주 흥미로워 보인다"고 생각했고, 그래서 놀이처럼 그 모임에 참석했다.[30] 거기서 현직 목사인 한 영매는 스물여덟 나이에 안타까운 사고로 세상을 떠난 미나의 오빠인 월터의 영혼을 만났노라고 주장했다.[31] 또한 그는 미나에게 이런 말을 했다. "당신에게 대단히 특별한 능력이 있다는 사실을 조만간 모두가 알게 될 것입니다."[32]

그로부터 얼마 지나지 않아 크랜든 부부는 보스턴 라임가에 있는 자택에서 특별한 파티를 열었다. 파티의 목적은 무엇이었을까? 그것은 영혼을 보는 것이었다. 하지만 미나는 완전히 쓸데없는 짓이라고 생각했다. "모두들 너무 심각한 표정이어서 웃음만 나더군요."[33] 그런데 파티에 참석한 사람들이 탁자를 중심으로 빙 둘러서서 손을 잡았을 때, 갑자기 탁자가 요동치더니 바닥으로 넘어졌다.[34] 그들은 누가 영매인지 밝혀내기 위해 한 사람씩 차례로 방을 나갔다. 그리고 미나가 나갔을 때 진동이 멈췄다. 그녀가 다시 방으로 돌아왔을 때 사람들은 박수를 쳤다.[35]

크랜든 부부는 기존 회원에 몇몇을 추가해서 모임을 계속 이어나갔다. 모임에 참석한 사람들은 두드리는 소리가 나거나 탁자가 진동하는 것처럼 이상한 현상을 증언했다.[36] 그리고 6일 후 미나는

미나 크랜든

출처: Stanley De Brath, Mina Crandon materialized hand, 1930년.

자기 오빠의 영혼에 빙의된 듯한 모습을 보였다. 그녀는 자기 목소리가 아니라 목구멍에서 올라오는 목소리로 말했다. 그럴 때 미나의 모습은 흥미진진하고 생기발랄해 보였다. (놀랍게도 거칠고 상스러운 모습까지 보이기도 했다.)[37]

이러한 미나에 관한 이야기는 보스턴 전역으로 퍼져나갔다. 이에 하버드위원회는 그녀의 정체를 밝히고자 했다. 크랜든 박사의 지인인 닥터 로박(Dr. Roback)이라는 심리학자는 "영적인 사기"를 의심했지만, 자신이 직접 목격한 광경에 대해서는 아무런 설명도 내놓지 못했다.[38] 그는 미스터리를 해결해줄 인물로 맥두걸을 지목했다. 이후 두 심리학자는 미나의 강령회에 참석했고 크게 당황했다. 그 모임에 참석했던 한 사람은 이렇게 말했다. "모임에 여러 번 참석했는데 그때마다 월터의 목소리를 다른 참석자들 목소리만큼 뚜렷하게 들었다." 또한 월터가 "내 귀에 대고 나와 내 가족에 관한 사적인 이야기를 속삭였다"[39]고 말했다.

12월에 크랜든과 아내 미나는 파리와 런던을 돌면서 그녀의 능력을 시연했다. 미나는 사람들을 놀라게 했다. 런던에서는 여러 조사관들이 지켜보는 가운데 탁자가 둥둥 떠다니는 광경을 연출했다.[40] 크랜든 부부는 도일과 가깝게 지냈다. 그는 미나의 능력이 진짜임을 확신했다. 로지는 동료들에게 미국을 방문하면 꼭 봐야 할 게 두 가지 있다는 말을 했다. 그것은 나이아가라 폭포와 크랜든 부인이었다.[41]

미나의 인기에 호기심을 느낀 버드는 보스턴에 있는 크랜든 부부를 방문했다. 그리고 미나의 진지함과 우아함, 그리고 재치 있는 유머에 강한 인상을 받았다. 나중에 그는 그녀에 대해 설명하면서 "짓궂은"[42]이라는 표현을 썼다. 그는 아마도 미나에게 완전히 마음을 빼앗겼던 것 같다. 그는 모임에서 본 광경에 놀랐다. 그곳에서 그는 불빛이 번쩍이고, 뭔가를 두드리는 소리와 휘파람 소리를 들었으며, 서늘한 미풍을 느꼈다.[43] 그는 오슨 먼에게 이렇게 말했다. "크랜든 부인과 하버드 과학자들 사이에 전쟁이 벌어졌어요." 그러자 먼은 물었다. 누가 이겼습니까? 버드는 영매가 이겼다고 답했다. 그는 미나가 〈사이언티픽 아메리칸〉 콘테스트에 참가할 수 있도록 그녀를 초청했다.[44]

미나는 그 제안을 받아들였고, 버드를 비롯해 여러 심사위원 앞에서 여러 차례 시연했다. 미나는 물체를 이동시키거나 여기저기서 소음을 만들어냈고 월터의 영혼과 소통했다. 1924년 봄과 여름에 걸쳐 버드는 크랜든 부부의 집을 60번 가까이 방문했다.[45] 그는 미나가 진짜라고 믿었다. 56번이나 모임에 참석했던 콤스톡은 아무런 허점도 발견할 수 없었다고 했다.[46] 맥두걸은 수개월 동안 미나의 속임수를 알아내려고 애썼다. 그리고 그 과정에서 미나를 계속해서 사기꾼으로 몰아붙였다. 하지만 아무런 증거도 찾아내지 못했다. "그녀는 맥두걸의 의심을 재치 있게 받아쳤다."[47] 캐링턴은 처음에 관련된 이야기들이 말도 안 된다고 생각했지만, 40번 넘게 방문하고 나서도 자기가 본 것을 설명하지 못했다.[48]

결국 맥두걸과 콤스톡, 캐링턴은 그녀를 인정하는 듯 보였다. 체질적으로 회의적인 프린스마저 생각이 바뀐 듯했다.[49] 〈사이언티픽 아메리칸〉의 1924년 7월호에서 버드는 미나에 관해 설명하면서 그녀의 프라이버시를 지켜주려고 "마저리(Margery)"라는 가명으로 그녀를 불렀다. 그는 이렇게 말했다. "초반에 진실로 밝혀질 확률은 그 위원회가 예전에 다뤘던 어떤 다른 사례보다 더 높았다."[50] 버드의 인터뷰 기사를 둘러싸고 많은 논란이 일었다. 그 주제는 쉽게 외면할 수 없는 것이었다. 〈뉴욕타임스〉의 한 헤드라인은 이렇게 말했다. "마저리가 심령 테스트를 모두 통과했다."[51] 그리고 〈보스턴 헤럴드〉는 이렇게 보도했다. "다섯 명 중 네 명은 그녀가 100% 진짜임을 확신했다."[52]

그러나 유명한 마저리의 시연을 한 번도 보지 못한 후디니는 이러한 소식을 듣고 분노했다. 그는 곧장 뉴욕으로 가서 버드를 만나 그녀에게 상금을 줄 것인지 물었다. 버드는 이렇게 대답했다. "가장 유력한 후보입니다."[53] 후디니는 아직 자신이 그녀를 조사하지 못했기 때문에 그녀에게 상을 주는 것은 부당하다고 따졌다. 버드는 후디니의 주장에 동의했다. 이에 크랜든 박사는 크게 기분이 상했다. 후디니는 마저리를 만나기 전 도일에게 보낸 편지에서 이렇게 말했다. "제가 가장 유감스럽게 생각하는 부분은 그 저급한 유대인이 미국인들에게 뭔가를 주장하고 있다는 겁니다." 그는 앞으로 있을 그녀와의 만남을 "끝장을 내기 위한 결투"라고 했다.[54]

반면 크랜든 부인은 긍정적인 반응을 보였다. 그녀는 어릴 적부터 후디니를 유명 스타로 알고 있었고, 그런 그가 자신을 찾아온다는 생각에 대단히 뿌듯해했다. 그녀는 그를 공손하고 호기심 많고 위엄 있고 매력적이기까지 한 남자로 생각했다. 후디니가 도착하던 날 밤, 그녀는 캐비닛을 움직이고, 축음기 속도를 느려지거나 멈추게 만들고, 벨 박스에서 저절로 소리가 울리게 하는 일반적인 시연을 보였다.[55] 이후 버드가 먼과 후디니를 호텔로 데려다주는 길에 먼은 후디니에게 어떻게 봤는지 물었다. 후디니는 곧바로 이렇게 대답했다. "모두 속임수입니다. 하나도 빠짐없이 말이죠."[56]

그런데도 후디니는 크랜든 부인과 좋은 관계를 유지했다. 그녀에게 매력을 느꼈던지 후디니는 그날 밤 일기에서 그녀의 아름다운 외모에 대해 썼다. 그리고 다음 날에는 함께 사진을 찍었다. 크랜든 부인은 후디니에게 그 사진을 개인적으로 간직해 달라고 했다. 후디니는 일반적으로 여성을 조심스럽게 대했지만, 사진 속 그는 그녀에게 몸을 밀착하고 있었다. 후디니는 "그녀의 손을 잡고서 애정 어린 미소를 보내고 있었다. 그리고 그녀는 키스를 기대하듯 그를 바라보고 있었다".[57] 첫 번째 만남 이후로 두 사람은 애틋한 편지를 주고받았다. 그녀는 이렇게 썼다. "'위대한 후디니'를 알고 있다고 말할 수 있게 되어 무척 기쁩니다."[58]

후디니는 여러 차례 그녀를 가까이서 관찰했고 어떻게 그런 연출을 만들어내는지 파악했다. 그는 놀란 표정으로 이렇게 설명했다. 크랜든 부인은 "지금까지 내가 봤던 '가장 교묘한' 기술"을 보여줬고 "회의주의자들의 마음을 모두 돌려놨다".[59] 그리고 이렇게 덧붙였다. "그녀의 다양한 움직임을 추적하려면 내 30년 세월의 경력이 필요했다."[60]

그해 11월에 후디니는 꽤 두꺼운 책을 내놨다. 여기서 그는 강령회 현장을 그린 많은 삽화와 함께 크랜든 부인이 어떻게 어둠 속에서 팔과 발, 어깨와 고개를 이용해서 다양한 효과를 연출했는지 자세히 밝혔다. 그는 이렇게 썼다. "그녀의 신체는 운동선수처럼 대단히 강했기 때문에 의자 팔걸이에 손목을 강하게 압박한 채 몸을 움직여 의자를 마음대로 흔들 수 있었다."[61] 후디니는 크랜든 부인이 "놀랍도록 다양한 기술을 갖춘 민첩하고 교묘한 여성"[62]이라고 평가했다.

크랜든 부인은 여러 차례 해명을 내놨지만, 설득력은 없었다. 크랜든 부인 측근들은 후디니를 옹졸한 협잡꾼이라고 비난했다. 도일도 후디니를 편견에 사로잡힌 솔직하지 못한 인물로 폄하했다. 어쨌든 1925년 2월 12일에 공식 판결이 나왔다. 후디니가 옳았다. 프린스와 맥두걸은 그 결론에 대해 이렇게 설명했다. "우리는 정상적인 방법으로 만들어낼 수 없는 어떤 특이한 현상도 관찰하지 못했다."[63] 이 결론에 유일하게 반대했던 캐링턴은 "거기서 진정한 기적이 일어났다고 확신한다"[64]고 진술했다.

그러나 마저리의 이야기는 거기서 끝나지 않았다. 버드는 즉각 나서서 후디니를 거짓말쟁이이자 무식한 인간으로 몰아세우면서 그녀를 옹호하기 시작했다.[65] 크랜든 부인은 강령회를 계속 이어 나갔다. 그리고 이런 농담도 했다. "150년 전에 태어났다면 아마도 마녀로 처형되었겠지만 이제는 하버드에서 나를 연구하기 위해 교수위원들을 보내고 있군요. 그건 뭔가 변화가 있다는 말이겠죠?"[66] 후디니도 그녀가 새로 시도한 몇몇 기술은 제대로 설명하지 못하고 결국 이렇게 인정했다. "그 여인은 신비롭다."[67] 〈라이프〉지는 그녀가 "국제연맹만큼 잊어버리기 힘들다"[68]고 말했다.

그러나 시간이 지나면서 그녀는 점차 신뢰를 잃어갔다. 하버드의 새로운 연구원 그룹은 6개월간 조사를 통해 그녀가 속임수를 썼다는 확실한 증거를 찾아냈다.[69] 그리고 1930년에는 하버드 조사의 신뢰성을 떨어뜨리기 위해 애썼던 충직한 버드마저 마저리가 후디니를 속이기 위해 몇 가지 기술을 사용하는 과정에서 자신에게 도움을 요청했다는 사실을 털어놨다. 그녀의 진정성을 의심하지 않았던 버드는 이렇게 시인했다. "속임수와 순수한 강령회 사이에서 선택을 해야만 했을 때, 그녀는 속임수를 선택했다."[70] 가장 결정적으로 연구원들은 그녀가 사용한 한 가지 이상한 기술의 정체를 밝혀냈다. '월터'가 자신의 지문을 밀납에 남겼는데, 그 지문이 크랜든 부인의 치과의사 지문과 일치한 것으로 드러났던 것이다.[71]

우연하게도 1920년대 중반에 라임가 10번지에서 많은 일이 벌어졌다. 크랜든 부인은 말년에 위원회에서 자신을 유일하게 믿어준 캐링턴과의 은밀한 관계에 대해 털어놨다.[72] (캐링턴은 아마도 기쁜 마음으로 "여기서 진정한 기적이 일어났다고 확신한다"고 했을 것이다.) 또한 버드도 그런 관계였다고 주장했다. 하지만 그것은 아마 혼자만의 상상이었던 것으로 보인다. 실제로 크랜든 부인은 버드를 "역겹다"고 설명했기 때문이다.[73] 맥두걸과 프린스도 그녀가 그들을 유혹하려 했다고 말했다.[74]

후디니도 그 비슷한 말을 하면서 이렇게 덧붙였다. "강령회가 열리는 방으로 들어갔을 때, 그녀의 아름다운 금발이 눈에 들어왔습니다. 하지만 그녀가 하는 이야기는 제겐 통하지 않았죠. 전 그런 경험을 무척 많이 했거든요."[75] 그래도 크랜든 부인은 후디니에 대해 긍정적으로 말했다. "그들 중 누구보다 후디니를 존경했습니다. 그는 언제나 현실 감각을 잃어버리지 않았거든요."[76] 후디니가 세상을 떠났을 때, 그녀는 진정한 슬픔을 표하면서 그의 남자다움과 결단력, 용기에 대해 말했다.

크랜든 부인이 누렸던 인기는 쉽게 설명할 수 있다. 당시 많은 유명 사상가들이 심령 현상에 대해, 그리고 죽은 자와의 소통에 관심을 보였다. 그것은 아직 밝혀지지 않은 현상이기도 했고, 또한 그렇게 믿고 싶어 했기 때문이었다. 크랜든 부인은 아주 영리했고 속임수를 찾아내려는 전문가들을 농락할 정도로 기술이 뛰어났다. 또한 아름답고 매력적이었다는 점도 큰 도움이 되었다. 그 과정에서 정보 폭포가 유리하게 작용했다는 사실은 전혀 놀랍지 않다. 그녀의 정체를 밝혀야 할 심사위원회는 집단 양극화의 희생양이 되었다. 적어도 후디니가 들어와서 모든 걸 망쳐놓기 전까지 말이다.

다음으로 심리적인 미스터리가 남았다. 크랜든 부인은 어떻게 그런 일을 벌이게 되었을까? 한번 추측해보자. 1923년 무렵에 그녀의 결혼 생활은 순탄치 않았다. 크랜든 박사는 우울증에 빠졌고 쉬지 않고 일했다. 게다가 심령주의에 골몰해 있었다. 이러한 상황에서 유쾌하고 재주 많고 능력 있는 그의 아내는 처음에 남편이 좋아하는 주제로 장난을 쳐보고 싶었다. 그녀는 직접 강령술을 배웠고 그 과정에서 자신에게 특별한 재능이 있다는 사실을 발견했다. 그녀는 타고난 마술사였다. 그렇게 자신의 재능을 남편이 가장 관심을 기울였던 분야에서 발휘했다. 그런데 유명세를 타면서 상황은 건잡을 수 없이 커졌다. 원래 친구들과 함께 놀이로 시작했던 일이 세계적인 뉴스거리가 되어버렸다. 상황이 그렇게 되자 그녀는 남편과 캐링턴, 버드, 그리고 자신을 믿어주는 모든 사람을 공범으로 끌어들였다. 중요하게도 마저리로서 했던 역할은 남편과의 관계를 회복시켜주는 접착제로 기능했다. 그렇게 그녀는 그 일에 빠져들게 되었다.

그런데 왜 그렇게 많은 사람이 마저리를 믿었던 걸까? 제정신이 아니었던가? 그렇게만 볼 수는 없다. 지금도 많은 사람이 죽은 이와 소통할 수 있다고 믿고 있다는 사실을 우리는 안다. 또한 그들은 그렇게 믿기를 원한다. 실제로 많은 이들은 의심하면서도 그녀가 정말로 초능력을 갖고 있지 않을까 내심 기대했다. 그런데 어떻게 젊은 가정주부가 뚜렷한 경제적 동기도 없이 기술을 개발했던 걸까? 그녀는 가구를 움직이게 하고 두드리는 소리를 내고 벨이 저절로 울리게 했으며, 자신과는 완전히 다른 남자 목소리로 말했다. '저승 세계'와의 소통이 불가능했던 만큼 복잡한 속임수를 정교하게 사용해서 사람들이 완벽하게 믿도록 만드는 일도 불가능했을 것이다.

이제 기억 저편으로 사라져버린 이 사건을 모두 호기심 때문이었다고 단정 지을 수도 있다. 당시 세계적으로 인지도가 낮았던, 그리고 현대 사회로 진입하고 있었던 미국 사회에서 고등 교육을 받은 시민들이 기꺼이 미신을 받아들이려 했다. 하지만 이런 결론은 어쩌면 잘못된 것일 수도 있다. 지금도 전 세계 많은 사람이 마술과 기적, 심령, 영혼의 존재를 믿으며, 그중 상당수는 고등 교육을 마친 사람들이다. 많은 이들은 아직도 과학을 비웃거나, 또는 적어도 과학적 합의를 의심한다. 그들은 전문가의 말을 믿지 않는다. 그리고 자신이 보는 것만 보고 자신이 믿는 사람만 믿는다. 또한 자신이 생각하고 싶어 하는 것만 생각한다. 그들은 마법에 열광한다. 그래서 마저리처럼 재능 있고 신비한 마법의 기술을 가진 이들에게, 그리고 청중의 관심을 마음대로 이동시킬 수 있는 이들에게 강하게 끌린다. (뛰어난 정치인들도 바로 그런 기술을 갖고 있다.) 바로 그렇게 폭포 효과와 네트워크 효과, 집단 양극화가 나타난다. 그리고 그에 따라 명성이 높아진다.

마저리를 조사했던 프린스턴대학교 심리학자 헨리 맥코마스(Henry McComas)의 이야기에 주목해보자. 맥코마스는 놀란 눈으로 후디니에게 크랜든 부인이 초능력을 갖고 있으며 자신이 직접 눈으로 봤다고 지적했다. 맥코마스는 그때 후디니가 내뱉은 경멸의 말을 평생 잊지 못할 것이라고 했다. "'봤다'라고 하셨죠? 그런데 지금은 못 보셨나요? 아무것도 안 보이세요?"[77] 후디니가 양 손바닥으로 50센트 동전을 잡자마자 동전은 사라지고 말았다.

그래도 후디니의 위대한 경쟁자는 절대 인정하지 않았다. 한 연구원은 2년 동안 과부로 지낸 크랜든 부인에게 마지막으로 진실을 털어놓고 세상에 자신의 속임수를 알린다면 죽음을 더 편안하게 맞이할 것이라고 했다. 그러자 놀랍게도 그녀의 눈은 그 옛날처럼 밝게 빛났다. 그리고 부드럽게 미소를 지으며 이렇게 말했다. "제가 어쩔 것 같나요?"[78]

10장

에인 랜드의 컬트

나는 10대 시절에 에인 랜드에 푹 빠졌다. 더 정확히 말해서, 그녀의 소설에 빠졌다.《파운틴헤드》를 읽던 열네 살의 나는 랜드가 창조한 강렬한 인상의 영웅 캐릭터에 마음을 뺏겼다. 절대 꺾이지 않는 영혼의 소유자인 이상주의적 건축가 하워드 로아크를 어찌 잊을 수 있겠는가? "그의 얼굴은 마치 자연의 법칙과 같았다. 누구도 의심하거나 바꾸거나 사정을 봐 달라고 애원할 수 없었다. 황량하고 공허한 뺨 위로 광대뼈가 우뚝 솟았고, 회색의 눈은 차갑고 흔들림이 없었으며, 상대를 경멸하는 듯한 굳게 닫힌 입은 사형 집행인이나 성자의 그것과 같았다."[1] 로아크의 대표적인 특징은 절대적인 독립성이었다. "그 누구도 내 인생의 단 1분에 대해, 내가 가진 조금의 에너지에 대해, 내가 이룩한 모든 성취에 대해 권리를 주장할 수 없다. 누가 그러한 권리를 요구하든, 얼마나 많은 이가 요구하든, 또는 얼마나 강하게 요구하든 상관없다."[2]

나는 수많은 10대 소년들처럼 로아크와 같은 영웅이 되고 싶었다. 또한 랜드가 만들어낸 여주인공 도미니크 프랭컨도 너무 매력적이었다. 그녀는 비현실적으로 아름다우면서 똑똑하고 우아하며, 동시에 오만하고 잔혹했다. "그녀는 이상적인 여인의 모습이었다. 자기 옆에 선 일반적인 비율을 가진 사람들을 모두 뚱뚱하고 괴상하게 보이게끔 만들어버렸다."[3]

랜드의 이야기 속에서 인간은 두 부류로 나뉜다. 그것은 창조자와 기생충이다. 창조자는 "자기 충족적이고 스스로 동기를 부여받으며 자신의 힘으로 창조한다".[4] 그의 유일한 요구는 독립이다. 그는 자신을 위해 살아간다. 반면 기생충은 "혼자 살아가지 못하고" 남에게 의존한다.[5] 기생충은 인간의 품위를 떨어뜨리는 '이타주의'를 설파하며 "모두가 다른 이를 위해 살아가야 한다고 주장한다".[6]

나는 처음에 랜드의 이야기에 매료되었다. 이야기 속 교활한 기생충은 창조자를 길들이고 무력화하기 위해 필사적으로 도전한다. 그러나 창조자는 스스로 길을 개척함으로써 성취를 이뤄나간다. 여기서 랜드는 비밀을 폭로했다. 일종의 입장권을 제시했다. 그리고 세상을 뒤집어놨다. 그런데 몇 주간 황홀한 시간이 지나자 그녀의 이야기가 점점 지겨워졌다.

대부분의 인간을 멸시하고, 인간의 나약함에 무자비하고, 재분배의 도덕적 폐해를 끊임없이 비난하는 그녀의 소설을 읽던 나는 문득 폐쇄공포증을 느꼈다. 그녀의 이야기 속에는 유머도 유희도 없었다. 그것은 내가 랜드의 논리에서 결함을 발견하면서 이타주의를 받아들이기로 결심했거나, 또는 뉴딜 정책과 복지 국가를 지지했기 때문은 아니었다. 나의 반응은 그것보다 더 본능적인 것이었다. 그녀의 소설을 읽고 생각하면서 똑같은 말을 계속 반복하는, 그리고 좀처럼 입을 다물지 않는 수다쟁이와 함께 고장 난 엘리베이터 안에 갇혀버린 느낌이었다.

그리고 수십 년이 흘러, 나는 수수께끼에 맞닥뜨렸다. 나는 랜드의 주장에서 아무런 흥미도 느끼지 못했지만, 그녀의 소설들은 계속 인기를 끌었다. 세상을 떠난 지 오랜 세월이 흘렀음에도 랜드는 여전히 유명인이었다. 그녀의 소설들은 수천만 부나 팔렸다. 랜드는 기준을 바꿔놨다. 기준에 대한 사람들의 인식을 바꿔놨다. 그리고 이를 통해 사람들의 삶을 바꿔놨다. 그녀는 인간의 영혼에서 중요한 부분을 건드렸다. 어떻게 그럴 수 있었을까?

랜드의 열렬한 팬인 도널드 트럼프는 자신을 로아크라고 생각한다고 말했다. 그는 이렇게 주장했다. 《파운틴헤드》는 "비즈니스와 아름다움, 인생, 그리고 내면의 감정에 관한 이야기다. 그 책은 모든 것에 관한 이야기다".[7] 흔히 말하는 '패자(loser)'라는 경멸 섞인 표현의 의미를 이해하려면, 랜드가 말한 "침울한 표정(dour visage)"이라는 말에 주목해야 한다. 문화평론가 리사 더간(Lisa Duggan)은 침울한 표정이 "우리의 시대정신을 이끌고 있다"[8]고 말했다. 그리고 이렇게 설명했다. 랜드는 "탐욕적인 자본주의를 매력적으로 보이게 만들었다. 그녀는 피 끓는 수천 명의 10대를 동요하는 흥분의 파도 위에 실어 반동적인 정치 세상으로 나아가게 만들었다".[9]

《파운틴헤드》는 1943년에 출판된 이후로 전 세계에 걸쳐 900만 부가 팔렸다.[10] 그리고 일반적으로 랜드의 대표작으로 손꼽히는 《아틀라스》는 더 나아가 1,000만 부 이상의 판매고를 올렸다.[11] 그녀의 존재감은 특히 성공적인 사업가들 사이에서 더 컸다. 스티브 잡스와 피터 틸(Peter Thiel), 제프 베이조스 모두 랜드의 열렬한 팬임을 자처했다.[12] 유명 정치인들 역시 그녀의 작품에 경의를 표했다. 미 국무장관을 지낸 마이크 폼페이오(Mike Pompeo)는 《아틀라스》를 읽고 "정말로 큰 영향을 받았다"[13]고 심정을 밝혔다. 그리고 백악관 대변인을 지낸 폴 라이언(Paul Ryan)은 이렇게 말했다. "내가 공직에 들어온 것은 만약 한 명의 사상가를 믿어야 한다면 에인 랜드가 바로 그 사람이기 때문이었다."[14] 랜드의 전기를 쓴 제니퍼 번스(Jennifer Burns)는 이렇게 설명했다. "랜드는 반세기 넘게 사람들을 우파 세상으로 유혹한 약물이었다."[15] 그리고 많은 이들이 랜드의 책을 "일종의 성서"[16]처럼 여긴다고 말했다. 미국 정치계와 오늘날 공화당은 실제로 에인 랜드에게 많은 것을 빚지고 있다.

어쩌다가 그렇게 되었을까? 랜드는 1905년에 상트페테르부르크의 부유한 유대인 가정에서 태어났다. 그녀의 원래 이름은 알리사 지노비예브나 로젠바움(Alissa Zinovievna Rosenbaum)이었다.[17] 그녀는 열세 살에 자신이 무신론자라고 선언했다.[18] (나중에 밝힌 바에 따르면, 신이 "세상의 최고 존재라는 믿음은 인간을 열등하게 만들고, 무엇보다 인간이 열등하다는 생각에 참을 수 없었다".)[19] 1917년 볼셰비키 혁명이 일어났을 때, 랜드의 가정은 큰 타격을 입었다. 약사였던 아버지가 운영했던 약국은 압류되어 국영화되었다.[20] 볼셰비키에 대한 증오는 자본주의와 재분배에 대한 사고의 기반을 형성했다. 그녀는 나중에 이렇게 말했다. "열두 살 무렵에 인간은 조국을 위해 살아야 한다는 슬로건에 반감을 느꼈다. 그리고 그런 생각은 악덕이며 우리가 일상생활에서 만나게 되는 모든 악덕의 근원이라 믿었다."[21]

볼셰비키 정권은 랜드가 영화의 세상을 접하도록 기회를 줌으로써 그녀의 앞길에 큰 영향을 미쳤다. 당시 볼셰비키 정권은 영화산업을 크게 지원했고, 랜드는 영화의 잠재력에, 그리고 할리우드 영화에서 봤던 장면에 끌렸다.[22] 1924년에 랜드는 시나리오 작가가 되고자 국립 교육 기관에 등록했다. 그리고 시나리오 작가이자 소설가가 되겠다는 꿈을 안고 미국행을 결심했다.[23] 그녀는 여권을 신청해서 받았다. 그리고 미 영사관 직원에게 자신은 러시아 남성과 약혼했기 때문에 반드시 돌아올 것이라고 거짓말을 해서 미국 비자를 받았다. 1926년에 랜드는 소련을 떠났고 이후로 한 번도 부모님을 보지 못했다.[24]

랜드는 뉴욕에 도착해서 얼마 지나지 않아 에인 랜드로 이름을 바꿨다.[25] 그런데 어떻게 그런 이름을 떠올렸을까? 많은 추측이 있지만 정확한 이유는 알려지지 않았다. 밥 딜런을 떠올리게 하는 대목이다. 어쩌면 알리사 지노비예브나 로젠바움이라는 이름으로는 미국에서 작가로 성공하기는 어려울 것으로 생각했는지 모른다.

이후 랜드는 곧바로 할리우드로 넘어가 흠모했던 세실 B. 드밀(Cecil B. DeMille) 감독을 만났다. (둘의 만남이 어떻게 이뤄졌는지는 밝혀지지 않았다.) 드밀은 랜드를 보조 시나리오 작가로 채용했다.[26] 거기서 랜드는 아주 잘생기고 우아하지만 지적이지는 않은, 그리고 큰 성공을 거두지 못한 프랭크 오코너(Frank O'Connor)라는 배우도 만났다. 랜드는 오코너에 대해 이렇게 말했다. "오코너를 처음 만났을 때, 그가 내 모든 영웅의 육체적 형상이라는 사실을 깨달았다. 나는 곧바로 그를 사랑하게 되었다."[27] 실제로 그녀는 그를 집요하게 따라다녔다. 그리고 결국 1929년에 결혼에 성공했다. 둘은 캘리포니아에 자리를 잡았고 랜드는 시나리오 작가로서의 일을 이어나갔다. 사실 그녀는 처음부터 집안의 주 수입원이었다.[28]

1930년대에 처음으로《우리 살아 있는 자들(We the Living)》과《성가(Anthem)》(랜드의 열광자들은 두 작품을 고전으로 꼽는다)를 발표하면서 작가로서의 인지도를 조금 높였다.[29] 프랭클린 루스벨트 행정부의 정책과 미국 사회의 집단주의적 경향에 실망한 랜드는 앨버트 제이 노크(Albert Jay Nock)나 H. L. 멩켄(H. L. Mencken)처럼 루스벨트에 반대하는, 그리고 '자유주의자'(일반적으로 자유 시장을 열렬하게 옹호하고 국가 권력을 비판하는 사람들로 미 행정부의 많은 정책에 결과적으로 중대한 영향을 미친 지성 운동을 촉발했다)를 자처하는 이들의 글을 탐독했다.[30] 그리고 자본주의를 옹호하는 글을 쓰기 시작했다. 1941년에는 공산당 선언(The Communist Manifesto)에 맞선 '개인주의 선언(The Individualist Manifesto)'을 작성했다.[31] 그 선언은 평생에 걸쳐 랜드의 작품 속에

흔적을 남겼다. 선언문 일부를 잠깐 살펴보자.

> 자유의 권리란 개인의 행동과 선택, 시도, 그리고 재산에 대한 인간의 권리를 의미한다. 사유 재산권 없이는 어떤 독자적인 행동도 불가능하다.
>
> 행복 추구권이란 자신을 위해 살아가고, 개인의 행복을 이루는 것을 선택하고, 성공을 위해 노력하는 인간의 권리를 뜻한다. 이러한 선택에서 유일하면서 최종적인 심판은 개인이다. 인간의 행복은 자기 자신이 아닌 그 누구도 규정하지 못한다.[32]

랜드는 창조성이 절정에 이르렀던 일 년 동안 바로 이 선언문의 정신에 근거해서 《파운틴헤드》를 썼고 1943년에 출간했다.[33] 이 책은 입소문을 타고 엄청난 속도로 퍼져나가면서 미국 사회에 커다란 충격을 안겨다줬다. 독자들은 "정신을 번쩍 들게 만드는", 또는 "폭로"와 같은 표현으로 충격을 드러냈다.[34] 파운틴헤드마니아(Fountainheadmania) 집단은 종교와 비슷했다. (다시 살펴보겠지만, 이 집단은 결국 종교와 대단히 유사한 형태로 진화했다.) 랜드는 하룻밤 새 유명인이 되었다.

사람들은 랜드를 만나고 싶어 했다. 특히 남성들은 더 보고 싶어 했다. 팬들과의 관계가 남녀 관계로 넘어간 경우가 있는지 확실하지는 않지만, 거기에는 분명하게도 집요한 구애와 로맨틱한 감정이 있었다.[35] 당시 랜드의 남편은 경제적으로 무능해지면서 아내에게 더 많이 의존했다. 두 사람은 결혼 생활에서 전통적인 성 역할이 뒤바뀐 모습을 보여줬다. 랜드는 자기 소설에서 그려냈듯이 남성을 떠받드는 그런 결혼 생활은 하지 않았다.

제2차 세계대전이 끝나고 랜드는 반공주의자이자 냉전주의자로서 비미 활동위원회(House Un-American Activities Committee)에 출석해 당시 공산주의가 얼마나 깊숙이 영화계와 대중 영화 속에 침투했는지 증언했다.[36] 1944년에는 《아틀라스》 집필에 들어갔다. 이 작품은 무려 13년의 세월이 흘러서야 완성되었다.[37] 그 무렵 랜드는 정치적 투쟁에서 한발 물러나 있었고, 집단 양극화를 만들어내는 기계라 할 수 있는 소규모 모임에서 주로 활동했다. 이 모임은 랜드가 가장 신뢰하는 추종자인 네이선 블루먼솔(Nathan Blumenthal)이 랜드를 대신해 조직한 것이었다.[38] 블루먼솔은 잘생기고 열정적인 캐나다 청년으로 오랫동안 랜드를 존경해왔다. (그리고 랜드의 선언문을 기반으로 삼아 파트타임 심리학자로 일하기도 했다.)[39] 랜드보다 스물다섯 살이나 어린 블루먼솔은 이미 열네 살 때 《파운틴헤드》를 여러 번 읽었고 모든 구절을 외울 정도였다.[40] 그는 고등학교 시절에, 그리고 로스앤젤레스에 있는 캘리포니아대학교 시절에 랜드에게 팬레터를 줄기차게 보냈다.[41] 처음에 아무 답장을 하지 않았던 랜드는 1950년에 열아홉 살이 된 대학생 블루먼솔을 자기 집에 초대했다.[42]

적어도 블루먼솔의 설명에 따르면, 랜드와 처음 만났을 때 둘 사이에 불꽃이 튀었다. 그는 이렇게 말했다. "일상적인 현실이 어디론가 사라진 느낌이 들었다." 그리고 나중에는 이렇게 밝혔다. "그러고는 가장 간절한 열망의 단계로 넘어갔다."[43] 두 사람은 그날 저녁 8시에서 다음 날 새벽 5시 반까지 철학을 주제로 이야기를 나눴다. 남편 오코너는 그 자리에 아무 말 없이 앉아 있었다. 블루먼솔은 그때 자신이 "뭔가에 취해 있었고, 서로의 존재를 확인한 두 영혼은 충격을 받았다"고 말했다.[44]

블루먼솔은 랜드와 이야기를 끝내고 몇 시간이 지난 이른 아침에 여자친구인 바버라 와이드먼(Barbara Weidman)이 사는 아파트로 갔다. 그녀도 랜드의 열렬한 팬이었다. 그는 잔뜩 상기된 얼굴로 여자친구에게 말했다. "굉장한 사람이야. 논리 그 자체야."[45] 블루먼솔은 일주일 후 다시 랜드의 집을 찾았다. 이번에는 와이드먼과 함께였다. 그녀는 랜드에 대해 이렇게 말했다. "흔히 말하는 미인은 아니었지만, 그녀의 감수성과 관능미, 지성, 열정은 모두 조화를 이뤄 그녀를 매력적으로 만들어줬다."[46]

얼마 지나지 않아 블루먼솔과 랜드는 거의 매일 저녁 만나 이야기를 나눴다. 그들의 대화는 때로 몇 시간이나 이어졌다. 두 커플, 즉 랜드와 오코너, 그리고 블루먼솔과 와이드먼은 점차 가까워졌고 아주 절친한 사이가 되었다.[47] 1951년 블루먼솔과 와이드먼은 뉴욕대학교에서 공부하기 위해 뉴욕으로 이주했다.[48] 그리고 랜드와 오코너도 몇 달 뒤 그들을 따랐다.[49]

이들 네 사람은 랜드가 시작한 철학 운동의 초기 회원이었다. 랜드는 자신의 철학 운동을 객관주의라고 불렀다. 지금도 이어져 내려오고 있는 그 운동은 랜드의 명성이 오랫동안 이어지는 데 중요한 역할을 했다. 그런데 언젠가부터 그 흐름이 변하기 시작하더니 개인 숭배의 분위기가 나타나기 시작했다. 랜드의 신뢰를 받았던 네이선 블루먼솔은 너새니얼 브랜든(Nathaniel Branden)으로 개명하면서 이렇게 주장했다. "다른 사람이 지어준 이름을 왜 계속 써야 하죠?"[50] 1953년 1월에 너새니얼 브랜든은 바버라 와이드먼과 결혼했다. 결혼식에서 랜드와 오코너는 양측 들러리를 섰다.[51] 바버라는 결혼 후 브랜든을 성으로 썼다.

1954년 9월 랜드와 너새니얼은 각자의 배우자에게 두 사람이 서로 사랑에 빠졌다고 선언했다. 자칭 이성의 사도인 랜드는 바버라와 오코너에게 그들이 사랑에 빠지게 된 것은 지극히 당연한 일이라는 사실을 차분하게 설명했다. 그녀는 이렇게 말했다. "너새니얼과 내가 지금의 상태라면, 서로의 생각을 이해한다면, 우리가 내세운 가치를 끝까지 지킨다면 어떻게 사랑에 빠지지 않을 수 있겠어요?"[52] 그래도 사랑의 감정만 있을 뿐 둘 사이에 육체적인 관계는 없을 것이라 약속했다. 그녀는 바버라와 오코너에게 이렇게 말했다. "친구 관계를 넘어설 가능성은 없습니다."[53] 그러나 충분히 예상할 수 있듯이 두 사람의 관계는 육체적인 단계로 발전했다.[54] 그럼에도 랜드와 오코너는 결혼 생활을 그대로 유지했고 바버라와 너새니얼 역시 마찬가지였다. 그 무렵 랜드는 《아틀라스》 집필에 몰두했고 오코너와 브랜든 부부는 여러 차례 초고를 읽어줬다.

1,000페이지가 넘는 그 작품은 디스토피아 공상과학 소설이다. 그 이야기 속에서 가상의 미국 정부는 민간 분야를 거의 완벽하게

통제한다. 랜드는 첫 문장에서 독자의 호기심을 유발했다. "누가 존 갈트(John Galt)인가?" 그 세상에서 로아크와 같은 영웅인 갈트가 이끄는 조물주와 같은 창조자들(발명가와 과학자, 사상가, 건축가, 또는 뭔가를 실행하거나 만드는 사람들)은 파업에 들어가기로 결정을 내린다. 그들은 세상에서 한 걸음 물러서서 기생충과 약탈자들이 서로를 게걸스럽게 먹어 치우는 모습을 바라본다. 결국 정부는 무너지고 갈트는 개인주의 원칙을 기반으로 새로운 세상을 건설할 계획을 세운다.《아틀라스》의 마지막은 승리의 순간을 맞이한 갈트를 조명한다. "그는 손을 들어 황량한 땅 위의 여백에 달러 기호를 그려 넣었다."

랜드는 그 소설을 남편과 너새니얼 두 사람에게 바쳤다. 특히 너새니얼에 대해서는 이렇게 썼다.

> 《파운틴헤드》를 쓰면서 나는 이상적인 독자에게, 즉 이성적이고 독립적인 영혼의 소유자라고 생각하는 대상에 계속 말을 건넸다. 그리고 그런 독자를 실제로 발견했다.《파운틴헤드》를 읽은 열아홉 살 청년이 내게 보낸 팬레터를 통해서였다. 그는 내 지성의 후계자다. 그의 이름은 너새니얼 브랜든이다.[55]

랜드는《아틀라스》에 대해 이런 예상을 내놨다. "이번 세기에 가장 뜨거운 논란을 불러일으킬 것이다. 사람들은 모든 방법을 동원해 나를 증오하고 비난하고 나에 관한 거짓말을 퍼뜨리고 중상모략하려 들 것이다."[56]《파운틴헤드》가 큰 성공을 거뒀기에, 그리고 다른 한편으로 랜드가 종교와도 같은 조직의 지도자였기에 《아틀라스》에 많은 관심이 쏠릴 것은 충분히 예상할 수 있는 일이었다. 여기서 바로 마태 효과가 작용했다. "이번 세기에 가장 뜨거운 논란을 불러일으킬" 것이라는 예상은 랜드만의 고유한 당당함에서 비롯되었다. 그리고 그 예상은 지금도 맞아떨어지고 있다.

초반 평가는 랜드의 예상과 일치했다. 가장 심한 비난은 중도우파 잡지인 〈내셔널 리뷰(National Review)〉에서 나왔다. 공산주의자이자 보수주의 영웅인 휘태커 체임버스(Whittaker Chambers)는 그 기사에서 자신이 무신론자임을 한탄하며 이렇게 말했다. "평생 읽은 책 중에 오만함의 극치를 이렇게 분명하게 보여준 책은 도대체 떠올릴 수가 없다. 《아틀라스》의 거의 모든 페이지에서 '가스실을 향해-돌격!'이라고 외치는 고통스러운 명령의 목소리가 들려온다."[57]

이 작품은 전국적으로 인기를 끌었지만, 랜드는 비참했다. 그녀는 일반 독자보다 학자 등 유명 사상가들로부터 인정받기를 원했다. 그러나 그러지 못했다. 그녀는 깊은 우울감 속에서 브랜든 부부에게 이렇게 말했다. "존 갈트라면 이런 감정을 느끼지 않았겠죠."[58] (그것은 농담이 아니었다. 랜드는 자기를 비하하는 말을 절대 하지 않았다.) 결국 그녀는 다시 소설을 쓰지 못했다.

그럼에도 그녀의 영향력은 계속 커져갔다. 너새니얼은 랜드를 대신해 열정적인 사업가로 변신했다. 그는 객관주의를 주제로 다양한 강연 프로그램을 기획했다. 1961년에는 랜드에게 경의를 표하는 마음으로 너새니얼 브랜든 인스티튜트(Nathaniel Branden Institute, NBI)를 설립했다.[59] NBI는 랜드의 명성에 큰 도움을 줬다. 이 조직은 집단 양극화를 양산하는 기계로 작동했다.

그로부터 4년 후 브랜든 부부는 결혼 생활을 청산했지만, 그래도 바버라의 표현대로 "전우"처럼 함께 일했다.[60] 1967년에 두 사람은 50개 도시에 거주하는 3,500명의 학생들과 함께 조직적인 운동을 펼쳐나갔다.[61] NBI와 랜드의 사교 모임의 중심에는 연방준비제도 이사회 의장까지 올랐던 앨런 그린스펀(Alan Greenspan)을 비롯해 여러 지지자로 구성된 소규모 모임인 '컬렉티브(Collective)'가 있었다.[62] 컬렉티브는 주로 에인 랜드의 위대함을 칭송하는 확고한 반향실로 기능했다.

그러나 NBI 내부에 뭔가가 있었다. 비밀이 존재했다. 그 조직은 랜드와 너새니얼이 함께 이끌었는데, 둘의 뜨겁고 요란한 관계는 각자의 배우자만 알 뿐 다른 사람들은 전혀 알지 못했다. 게다가 교조적인 강압도 있었다. 랜드와 너새니얼은 컬렉티브와 NBI에서 사소한 반발도 용납지 않았다. 너새니얼이 자신의 회고록에서 냉소적인 유머로 밝힌 것처럼 강의에서 다음과 같은 내용을 가르쳤다.

- 에인 랜드는 역사상 가장 위대한 인물이다.
- 《아틀라스》는 세계 역사에서 인류가 만들어낸 최고의 걸작이다.
- 에인 랜드는 자신의 철학적 천재성 덕분에 무엇이 이성적이고 도

덕적인지, 또는 전 세계 모든 이들에게 무엇이 적합한지에 관한 모든 사안의 탁월한 중재자다.[63]

1968년에 상황은 파국으로 이어졌다. 랜드는 돌연 브랜든 부부와 갈라서면서 이해하기 힘들고 불안해 보이는 한 편지에서 이렇게 심정을 토로했다. "그들에 대한, 그리고 그들의 향후 작업 및 활동에 대한 지지를 철회한다. 두 사람에게서 나와 객관주의를 위한 대변인 지위를 완전히, 그리고 영구적으로 박탈한다."[64] 그녀는 여기서 경제적, 관계적 차원에서 여러 가지 문제를 언급하기는 했지만, 결별할 수밖에 없었던 실질적인 이유는 밝히지 않았다. 이에 브랜든 부부는 공개서한으로 맞섰다.[65]

진실은 밝혀지지 않았다. 문제는 지극히 개인적인 것이었다. 너새니얼은 랜드와 함께 일하고 그녀를 향한 사랑을 드러내는 동안에 육체적인 관계를 정리했고, 이와 관련해서 심리적인 것으로 추정되는 문제를 언급했다. (그는 이 문제로 랜드에게 "상담을 받았다".)[66] 그러나 사실 그동안 너새니얼은 몰래 다른 여성을 만나고 있었다. 그는 그 관계를 1966년에 바바라에게 털어놨다. 랜드는 바바라에게 너새니얼에게 무슨 문제가 있는지 집요하게 물었고, 결국 바바라는 랜드에게 진실을 말해줬다.[67]

랜드는 큰 충격을 받았다. 그녀는 바바라에게 너새니얼이 "이 세상"을 빼앗아 갔다고 했다.[68] 그녀는 참을 수 없는 분노에 빠졌고 그 감정은 평생 지속되었다. 랜드는 이후로 너새니얼과 다시는 말을 하지 않았다. 바버라는 너새니얼에게 많은 이야기와 함께 이런 말을 전했다. "랜드는 당신이 죽었으면 하고 바라고 있어요."[69] 랜드는 이후 《아틀라스》 인쇄에서 너새니얼을 향한 뜨거운 헌사를 삭제해 달라고 요청했다.

랜드는 감정적으로 완전히 무너졌지만 일과 글쓰기는 놓지 않았다. 그녀는 대학 캠퍼스를 돌아다니며 강연을 했고 TV 인터뷰를 했다. 화면에 등장한 랜드는 적극적이고 매력적인 모습이었고 때론 유쾌하게 웃기도 했다. 그리고 〈오브젝티비스트(Objectivist)〉라는 잡지와 〈에인 랜드 레터(Ayn Rand Letter)〉(랜드가 1971~1976년 동안 발행한 정기 간행물-옮긴이)에 긴 분량의 수필을 게재했다.[70]

랜드의 건강은 1970년대에 들어서 크게 나빠졌다. 평생 담배를 피운 그녀는 1974년에 폐암 판정을 받았다.[71] 그리고 5년 후 오코너가 세상을 떠나면서 랜드는 다시 한 번 감정적으로 무너졌다.[72] 랜드 자신은 1982년에 생을 마감했다.[73] 말년에 그녀는 친구들 대부분을 멀리하거나 아예 만나지 않았다.

랜드는 그녀가 살았던 시대의 정치적 사고에 많은 영향을 미쳤다. 그리고 그것은 자신의 이념을 통해서라기보다 《파운틴헤드》와 《아틀라스》에서 영웅적으로 그려낸 자본주의와 자본주의자들에 대한 초상을 통해서였다. 랜드는 이들 영웅을 패자와 거지, 세금과 규제를 통해 빼앗으려 하는 "남에게 의존해서 먹고사는 이들"과 대조적으로 그려냈다. 그녀는 부의 재분배, 그리고 재산권과 시장 질서에 대한 개입에 반대하는 목소리를 냈고 그러한 주장을 독려했다. 이러한 태도에 경제계와 공화당은 격하게 환영했다. 한편으로 랜드는 시대정신을 포착했다. 그리고 파도를 탔고 그 파도를 더 크게 키웠다.

그렇다면 랜드는 진지한 사상가였던가? 그렇다고 단정 짓기는 힘들다. 랜드는 자신의 이념을 놓고 논쟁을 벌일 정도로 자기주장을 강하게 피력하지는 않았다. (《파운틴헤드》에서 자유를 이렇게 정의했다. "아무것도 요구하지 않고, 아무것도 기대하지 않고, 누구에게도 의지하지 않는 것.")[74] 그럼에도 랜드는 자신의 객관주의를 정당화하기 위해 엄격한 철학적 차원에서 많은 글을 발표했다. 영향력 강한 자유주의 철학자인 로버트 노직(Robert Nozick)은 그녀의 생각을 진지하게 받아들였다. 그리고 미국 철학 학회(American Philosophical Society)와 교류가 있던 에인 랜드 소사이어티(Ayn Rand Society, 랜드의 객관주의 철학을 연구하고 홍보하기 위해 설립된 학술 기관-옮긴이)는 그녀의 작품들을 다룬 논문과 책을 출간했다.[75] 하지만 자유 시장과 계약의 자유, 사유재산의 중요성에 관심 있는 독자라면 차라리 프리드리히 하이예크(Friedrich Hayek)나 밀턴 프리드먼(Milton Friedman), 또는 노직의 책을 읽는 편이 더 나을 것이다.

랜드의 명성과 지속적인 영향력은 그녀의 소설에 대한 독자들의 숭배적 반응에서 비롯되었다. 다시 말해 개인의 도전과 인간의 독립성, 그리고 모든 형태의 속박으로부터의 자유를 향한 뜨거운 열정을 전하는 랜드의 탁월한 역량에 대한 독자들의 반응이 큰 역할을 했다. 랜드는 폭포 효과를 일으켰고 특별한 형태의 집단 양극화로부터 도움을 얻었다. 그 결과 랜드는 주류 우파적 사고의 심리적 근간을 자극하고 뒷받침했다. 로아크의 야심 찬 계획을 의심했던 한 사람은 그에게 이렇게 물었다. "친애하는 동지여, 누가 당신을 허락할 것인가?" 로아크는 대답했다. "그건 중요하지 않다. 중요한 질문은 이것이다. 누가 나를 막을 것인가?"[76]

이들의 대화는 루스벨트의 뉴딜 정책과 환자 보호 및 부담 적정 보험법(Affordable Care Act), 소비자 금융 보호국(Consumer Financial Protection Bureau), 대기 오염 방지법(Clean Air Act)을 비롯해 1964년 시민권법(Civil Rights Act)과 같은 사안을 바라보는 미국인들의 관점이 잘못되었을 뿐 아니라 부도덕하기까지 하다고 말한다. 이러한 생각을 '누가 나를 막을 것인가 자본주의(Who-Will-Stop-Me Capitalism)'라고 불러도 좋겠다. 이러한 생각은 특히 사춘기 소년들 사이에서 큰 반향을 일으키면서 동시에 더 광범위한 사회 분야에서 관심을 촉발했다. 그런데 문제는 "상대를 경멸하는 듯한 사형 집행인이나 성자의 굳게 닫힌 입"을 가진 인물을 떠받들어야 할 사람들이 뭔가를 두려워하고 있다는 사실이었다.[77] 이타주의는 정말로 좋은 것이다. 도움이 필요한 이들에 대한 재분배는 절대 인간의 권리를 침해하는 게 아니다.

랜드에게는 굴하지 않는 영웅과 로맨스, 그리고 섹스에 관한 이야기를 통해 사람들의 정치적 신념을 바꾸는 특별한 재주가 있었다. 이러한 점에서 우리는 그녀의 작품들을 "욕망이라는 연료로 작동하는 전향 기계"[78]라고 말할 수 있겠다. 랜드가 세상을 떠나고 수십 년이 흐른 뒤에 너새니얼은 이렇게 인정했다. "랜드와 나뿐만이 아니라, 우리 모두가 열광의 중독자였다. 누구도 그런 표현을 쓰지는 않았지만, 그것이 바로 핵심이었다."[79]

11장

존, 폴, 조지, 링고

백악관에서 일하던 시절에 오바마 대통령이 이렇게 말하는 것을 들었다. “CEO들은 내가 그들을 미워한다고 생각하는 것 같군요. 하지만 아닙니다. 절대 아니에요.” 그리고 잠깐 뜸을 들였다가 이렇게 말했다. “내가 알고 있는 사실은 그들이 운이 좋아서 지금의 자리까지 올라갔다는 겁니다. 물론 능력도 있었겠죠. 그래도 운이 좋았기 때문입니다. 엄청난 행운이 따랐던 겁니다.” 그리고 다시 한 번 뜸을 들이고는 이렇게 덧붙였다. “그런데 일부는 그걸 모르는 것 같아요. 하지만 이는 명백한 사실입니다. 저를 보세요. 저도 지금까지 잘 해왔지만, 그것도 많은 행운이 따랐기에 가능했죠.”

노래의 내재적 가치 덕분에 비틀마니아의 등장은 당연한 결과였다고 주장하는 ‘예스터데이’ 가설로 다시 돌아가보자. 사람들은

〈I Saw Her Standing There〉, 〈Let It Be〉, 〈Hey Jude〉와 같은 노래를 지금 처음 들었다고 해도 그게 정말로 대단한 곡이라는 사실을 곧바로 깨달을 것이다. 그 노래를 1954년이나 1964년, 1974년, 1984년, 1994년, 2004년, 아니면 2044년에 들었냐는 중요하지 않다. 마찬가지로 집에서 혼자 들었는지, 사회적 영향이 차단된 환경에서 들었는지, 또는 이런 장르의 노래를 여러 가지 이유로 좋아하는 사람들로 구성된 집단 내에서 들었는지도 역시 중요하지 않다.

그러나 다른 한편으로 '예스터데이' 가설은 지나치게 단순하다. 이 가설은 전반적인 사회적 영향, 특히 폭포 효과가 비틀마니아 탄생에 중요한 역할을 했다고 본다. 그러나 이러한 주장은 너무 애매모호해서 검증하기가 힘들다. 그 가설은 다양한 형태로 나타날 수 있다. 가장 온건한(그리고 아마도 진부한) 형태는 비틀스의 성공이 그들의 천재성에 비춰볼 때 당연한 결과였다는 주장이다. 동시에 엄청나게 높은 초기 다운로드와 같은 요인이 작용했다는 점에서 비틀스의 성공은 특정한 방식과 속도로 이뤄졌다.

이 주장에는 그럴듯해 보이는 가상의 세상이 존재한다. 이 세상에서 비틀스는 끝내 성공을 거두지만, 그 성공은 흥미롭게도 다른 방식으로, 그리고 다른 속도로 이뤄진다. 이 주장은 비교적 진부하며 우리는 그 이유를 쉽게 이해할 수 있다. 이 주장은 사실 내가 '예스터데이' 가설이라고 부른 주장과 일맥상통한다.

다음으로 더 강력한 형태는 훨씬 대담하고 전혀 진부하지 않다. 그리고 이 주장에도 가상의 세상이 존재한다. 이 세상에서는 높은 초기 다운로드와 같은 요인이 작용하지 않았고, 비틀스는 결국 포기하고 만다. 여기서 비틀스는 〈Trapped in an Orange Peel〉과 비슷한 운명을 맞이한다. 이 세상은 아마도 영화 〈예스터데이〉의 세상과 비슷할 것이다. 또는 바로 그 '예스터데이' 세상일 수도 있다. (비틀스가 왜 성공하지 못했는지는 설명해주지 않는다.) 그렇다면 우리는 그 영화의 미스터리를 해결할 수는 없다고 해도 쉽게 설명할 수는 있을 것이다. 비틀스는 1960년대에 실패했는데, 어떻게 그 밴드의 노래가 지금 큰 인기를 끌고 있을까?

하지만 이러한 설명의 타당성은 검증하기 힘들다. (마지막으로 한 번만 더 말하자면) 역사는 한 번으로 끝나기 때문이다. 이를 자세히 들여다보기에 앞서, 폴 매카트니의 최고 전기 작가가 했던 의미심장한 이야기에 대해 생각해보자. "비틀스는 분명 역사상 가장 위대한 팝 밴드였다. 동시에 가장 운 좋은 팝 밴드이기도 했다."[1] 실제로 비틀스는 행운의 벼락을 적어도 두 번 맞았고, 그게 없었다면 성공하지 못했을 것이다. 첫 번째 벼락은 브라이언 엡스타인을 매니저로 맞이한 것이었다. 두 번째 벼락은 엡스타인이 결국 비틀스의 프로듀서를 맡게 된 조지 마틴(George Martin)을 우연히 만났다는 것이다. 이 둘은 가장 중요한 행운이었다. 그러나 비틀스를 상징적인 밴드로 만들어준 크고 작은 우연은 그 이후로도 계속 이어졌다.

비틀스와 관련해서 무작위 통제 실험이나 많은 가상의 세상과 같은 것은 존재하지 않는다. 비틀스의 성공이 필연적이었는지, 그리고 어떤 점에서 필연적이었는지를 판단하기 위한 유일한 방법은 실제 역사(우리에게 주어진 유일한 자료)를 자세히 들여다보고 실마리를 찾아내는 것이다. 실제로 그런 시도는 많이 있었다. 나는 그러한 여러 가지 시도에 대해, 특히 영국 역사가 마크 르위슨(Mark Lewisohn)의 신중한 논의에 주목해보고자 한다. 르위슨은 자신의 뛰어난 책을 통해 비틀스를 성공할 수 있게 했던 뜻밖의 재미있는 여러 사건을 다루면서 비틀마니아가 존재하지 않는 가상의 세상을 그려보고 있다.[2] 우리는 어떤 점에서 비틀스의 성공에 대한 르위슨의 설명을, 문학적 명성에 관한 잭슨의 연구를 시간의 차원에서 압축한 유사 이론으로 이해할 수 있다.

르위슨을 비롯한 많은 이들이 자세히 설명한 것처럼(흥미롭게도 그들의 설명이 온전히 일치하지는 않았지만) 초창기 비틀스는 리버풀 지역의 클럽들을 중심으로 꽤 인기가 있었지만, 그 인기를 확장하는 과정에서 어려움을 겪었다.[3] 사회적 영향과 같은 여러 다양한 요인들은 비틀스에게 유리하게 작용하지 않았다. 매니저도 없이 잠재력만 있었던 비틀스 멤버들은 실패할지 모른다는 두려움을 느꼈고 1961년에는 실제로 해체 위기를 맞았다.[4] 그들은 당시 비틀스의 리버풀 팬클럽을 운영하고 있던 두 젊은 비서에게 매니저를 맡아 달라고 부탁했다. 그러나 그들은 비틀스가 설 수 있는 무대를 찾는 일이 쉽지 않다는 사실을 곧 깨달았다.

첫 번째 행운은 당시 리버풀의 한 음반 매장을 관리하던 스물일곱 살의 엡스타인이 점심시간에 한 클럽에서 비틀스의 이야기를 우연히 들으면서 찾아왔다. 엡스타인은 비틀스의 노래가 마음에

젊은 시절의 비틀스

출처: Bernard Gotfryd, The Beatles, The Ed Sullivan Show [New York], 1964.

들었고 그들이 "엘비스보다 더 크게"[5] 될 것으로 확신했다. 그리고 뜻밖에도 그는 비틀스 멤버들에게 자신이 매니저를 맡겠다고 제안했다. 엡스타인은 밴드 매니저를 한 번도 해본 적이 없었고 당시 비틀스는 기획사들 사이에서 인기가 없었음에도, 게다가 르위슨의 표현대로 비틀스는 "믿음이 가지 않고, 시간을 잘 안 지키고, 건방진" 밴드로 알려진 "하자품"[6]이었음에도 그런 결정을 내렸다.

엡스타인은 초반에 이렇다 할 성과를 내지 못했다. 영국의 유명 음반사 EMI는 비틀스와의 계약을 거절했다. 이후 엡스타인은 비틀스를 EMI의 경쟁사인 데카(Decca)로 데려갔다. 그들은 데카의 스튜디오에서 꽤 훌륭한 연주를 들려줬지만, 데카 관계자들은 뭔가 중요한 게 빠졌다고 평가했다. 또한 비틀스 멤버들이 런던에서 한참이나 떨어진 리버풀 출신이라는 점도 도움이 되지 못했다.[7] 데카의 담당자는 엡스타인에게 이렇게 귀띔해줬다. "걔들은 안 될 겁니다."[8]

결국 데카는 비틀스 대신에 런던에서 정육점을 운영했던 브라이언 풀(Brian Poole)과 그가 속해 있던 밴드인 트레멜로스(Tremeloes)와 계약하기로 결정했다.[9] 비틀스 멤버들은 데카의 결정에 큰 충격을 받았다. 그때 존 레넌은 이런 생각이 들었다고 했다. "이제 끝이군."[10] 폴 매카트니는 이런 말을 했다. "피비린내 나는 지옥이로군. 이제 뭘 해야 하지?"[11] 그러나 엡스타인은 포기하지 않고 조금이라도 가능성이 있는 모든 음반사를 찾아갔다. 그러나 그들 모두 비틀스와의 계약을 거부했다. 음반사 대표들은 비틀스가 엘비스보다 더 유명해질 것이라고 주장했던 엡스타인을 보고 제정신이 아니라고 했다. 한 사람은 엡스타인 가족이 하던 전자제품 매장 이야기를 하며 이렇게 말했다. "엡스타인 씨, 괜찮은 사업입니다. 거기에 집중하지 그래요?"[12]

크게 실망한 엡스타인은 EMI로 돌아갔다. 그리고 거기서 조지 마틴이라는 프로듀서를 만나 녹음 테이프로 비틀스 노래를 들려줬다. 그러나 마틴은 별 감흥을 느끼지 못했다. 나중에 그는 "정신없고", "그저 그런 노래"를 부르는 "어수선한 밴드"[13]라고 생각했다고 밝혔다. 만약 여기서 킴 베넷(Kim Bennett)과 시드 콜먼(Sid Colman)이 끼어들지 않았다면 상황은 그것으로 끝났을 것이다. 당시 베넷과 콜먼은 EMI의 여러 음반 발매사 중 한 곳에서 일하고 있었다. 엡스타인은 베넷과 콜먼에게도 비틀스 노래 몇 곡을 들려줬고 두 사람은 꽤 마음에 들어 했다. 그리고 뜻밖에도 콜먼은 비틀스 음반 녹음에 들어가는 비용을 대겠다고 EMI에 제안했다. 그러나 별 관심이 없던 마틴이 감독했던 녹음 작업은 순조롭게 이어지지 못했고, 결국 마틴은 한 곡도 발표하지 않기로 결정했다. 나중에 그는 이렇게 털어놨다. "괜찮은 노래가 하나도 없었어요. 비틀스는 제게 히트곡을 쓸 수 있다는 증거를 보여주지 못했습니다."[14]

그래도 비틀스가 다시 스튜디오로 돌아왔을 때, 마틴은 비록 비틀스에 대한 마음이 변한 것은 아니었지만 〈Love Me Do〉 정도면 싱글로 낼 수 있겠다고 마지못해 결정했다. 그런데 여기서 마틴은 영국의 어떤 프로듀서도 하지 않았을 놀라운 선택을 했다. 그것은 커버 곡이 아니라 레넌-매카트니가 만든 노래를 녹음하기로 했던 것이다.[15] 물론 그렇다고 해서 그가 〈Love Me Do〉의 성공 가능성을 확신한 것은 아니었다. 마틴이 그 이상한 밴드 이름을 EMI 동료들에게 말했을 때, 그들은 배꼽을 잡고 웃었다고 했다.

EMI는 그 앨범은 따로 홍보하지 않기로 했다. 무엇보다 경영진은 노래가 이해하기 어렵다고 생각했다.[16] 그들은 그저 코미디 음반 정도로 여겼다. 마틴은 말했다. "아무도 기대하지 않았습니다."[17] 실제로 앨범을 발표하고 나서 EMI는 홍보 작업을 하지 않았다. 그 노래를 틀었던 DJ들도 농담으로 여기며 '비틀스'라는 이름의 밴드가 실제로 있을 리 없다고 생각했다. 리버풀의 팬들도 그 노래가 비틀스의 무대 이미지와 어울리지 않는다며 실망한 분위기였다.

〈Love Me Do〉는 비틀스의 예상대로 돌멩이처럼 굴러떨어질 수 있었다. 그러나 엡스타인만큼은 집요했다. 그는 자체적으로 홍보팀을 꾸리고 노래를 알리기 위한 구체적인 목표를 세웠다. 그리고 그 비용을 사비로 충당했다.[18] 그런데 그 홍보팀에는 토니 칼더(Tony Calder)라는 인재가 있었다. 그 노래를 무척 좋아했던 열아홉 살의 칼더는 영국의 주요 무도회장 체인인 탑랭크(Top Rank)와 메카(Mecca)에 홍보 테이프를 무료로 배포하자는 아이디어를 냈다.[19] 소문에 따르면, 엡스타인은 그 노래를 톱 20위에 진입시키기 위해 직접 만 장의 음반을 구매했다고 했다.[20]

레넌은 그런 일은 없을 것이며, 차라리 입소문에 기대를 걸어보는 게 더 나을 것이라 했다. 하지만 리버풀의 열성 팬들이 그 음반을 사기 시작하면서 정보 폭포가 모습을 드러냈다. 음반에 대한 반응은 엇갈렸지만, 그래도 칼더의 전략은 유효했다. 초반에 그 노래는 TV나 라디오에 나오지 않았다. 그러나 무도회장을 중심으로 점차 퍼져나갔다. 엡스타인의 집요한 노력은 시간이 지나면서 누구도 예상치 못한 대성공으로 이어졌다. 사람들은 그 노래를 코미디가 아닌 팝송으로 받아들였고 차트 17위까지 올랐다.[21] 출연 섭외가 밀려들었다. 비틀스는 지역 방송국을 비롯해 BBC 국영 라디오로부터 출연과 연주 요청을 받았다.[22]

그 무렵 처음에 회의적이었던 마틴도 어느 정도 높아진 인지도를 활용해보기로 마음을 먹었다. 그는 비틀스 멤버들에게 《Please

Please Me》라는 새로운 싱글 앨범을 녹음하도록 했다. 게다가 그 오리지널 발라드곡을 로이 오비슨(Roy Orbison, 미국의 싱어송라이터-옮긴이) 스타일로 템포를 바꿔 록으로 편곡했다("와우, 예!"). 첫 녹음이 끝난 후 마틴은 비틀스 멤버들에게 처음으로 정상을 차지할 앨범이 나왔다는 말을 했다.[23] 그의 예측이 옳았을까?

엡스타인은 비틀스가 대중 앞에 설 수 있도록 쉼 없이 노력했다. 레넌의 한 전기 작가는 이렇게 표현했다. 당시 "비틀스가 잠시 인기를 끌다가 사라진 많은 이들과 다른 점이 있다면 끊임없이 노력하고 철저하게 뻰뻰한 매니저가 있다는 사실이었다".[24] 엡스타인은 〈탱크 유어 럭키 스타스(Thank Your Lucky Stars)〉(정말 멋진 이름 아닌가?)라는 유명한 토요 방송 프로그램에 출연 예약을 잡았다. 그 무대에서 비틀스는 〈Please Please Me〉를 연주했다. 비틀스가 화면에 등장했을 때, 밖에는 100년 만의 폭설이 내리고 있었다. 이 말은 많은 10대가 집에서 TV를 시청하고 있었다는 뜻이다.[25] 그 노래는 두 달 만에 정상에 올랐다.

그리고 얼마 후 마틴은 다시 한 번 깜짝 놀랄 만한 결정을 내렸다. 그것은 레넌-매카트니가 만든 노래들을 중심으로 본격적인 앨범을 만들기로 한 것이다. 앨범 이름은 당연하게도 "Please Please Me"가 되었다. 그 밖에도 이 앨범에는 〈I Saw Her Standing There〉, 〈P.S. I Love You〉, 〈Do You Want to Know a Secret?〉이 수록되었다. 그런데 한 가지 문제가 있었다. 그때도 비틀스를 신뢰하지 않았던 EMI는 앨범 제작에 큰돈을 들일 생각을 하지 않았다.

하지만 여기서도 마틴은 자신이 새내기 밴드를 위한 최고의 프로듀서임을 드러냈다. 비록 순조로운 출발은 아니었지만, 어쨌든 비틀스는 그렇게 항해를 시작했다.

성공에 이르는 여정은 다양하다. 우리는 여러 가지 가상의 세상에서 엡스타인과 베넷, 콜먼, 마틴이 없는 비틀스를 상상해볼 수 있다. 레넌은 비틀스가 세계 최고 밴드라고 주장하면서('세계'와 '최고' 앞에 비속어를 넣어서) 이렇게 말했다. "우리는 그렇게 믿었기에 성공할 수 있었습니다. 모두가 우리를 알아보게 되는 것은 단지 시간문제였습니다."[26] 아마도 그랬을 것이다. 이러한 점에서 레넌은 '예스터데이' 가설을 받아들인 셈이다.

물론 시간이 흐른 뒤에 그렇게 말하는 것은 쉽다. 그러나 비틀스의 미래가 불확실했던 중요한 시기에 대한 최고의 설명들은 여러 다양한 가상 세상의 가능성을 보여주면서 그 성공이 절대 운명 지워진 것은 아니었다는 사실을 말해준다. 그리고 앞서 살펴본 것처럼 '운명 지워진'이라는 표현은 많은 의문을 제기한다. 우리는 가상의 세상에서 무엇이 그대로 남아 있고 무엇이 바뀌었는지 알아야 한다. 예를 들어 폴 매카트니가 존 레넌을 다른 시기에 만났더라면? 운명의 날에 레넌의 기분이 좋지 않았더라면? 레넌이 매카트니의 어린 친구인 조지 해리슨에 관심을 보이지 않았더라면? 엡스타인이 비틀스를 보지 못했더라면? 초반에 마틴의 회의적인 생각이 끝까지 이어졌더라면?

몇 가지 뜻밖의 흥미로운 요소는 사회적 영향과 무관하다는 사실에 주목할 필요가 있다. 엡스타인의 합류와 열정은 핵심적인 역할을 했다. 나 역시 엡스타인이 없었다면 비틀스가 어떻게 나아갈 길을 발견할 수 있었을 것인지 의문스럽다. 하지만 엡스타인을 초기 다운로드와 같은 요인으로 이해하는 것은 무리한 해석일 것이다. 또한 베넷과 콜먼의 참여도 중요한 역할을 했다. 그럼에도 비틀스는 1961년에 (충분히 높은) 초기 인지도를 얻지 못했고, 결국 불행한 운명을 맞이할 수도 있었다. 그렇게 될 가능성은 얼마나 높았을까? 물론 우리는 알지 못한다. 게다가 1963년에 나온 〈Love Me Do〉의 경우, 엄청난 초반 다운로드와 대단히 유사한 현상이 나타나면서 상황은 완전히 달라졌다. 이는 비틀스의 성공에 중요한 역할을 했을까? 만약 〈Love Me Do〉가 망했다면 비틀스는 결국 실패했을까? 우리는 그것도 알 수 없다.

그렇다면 비틀스가 성공하지 못한 가상의 세상을 상상하는 것이 가능할 일일까? 예를 들어 비틀스가 없는 대신에 킨크스마니아(Kinksmania)나 홀리스마니아(Holliesmania)와 같은 밴드 마니아가 존재하는 그런 세상을 상상할 수 있을까?

이런 질문은 어쩌면 터무니없어 보일 수도 있다. 비틀스의 지속적인 성공, 즉 팬들이 세대에 걸쳐 이어지고, 또한 해체하고 나서도 큰 성공을 거뒀다는 사실은 비틀스가 고유한 밴드였으며, 그 고유함이야말로 비틀스의 성공에 핵심적인 이유로 작용했다는 주장을 뒷받침하는 증거로 이해할 수 있다. 이는 전적으로 수준에 관한 관점이다. 수준 역시 분명히 중요하다. H. J. 잭슨이 만든 점수표를 떠올려보자(5장 참조). 킨크스의 레이 데이비스(Ray Davies)는 분명히 창조적이고 독창적이었다(〈Lola〉를 들어보자). 그리고 원래 홀리스의 멤버였던 그레이엄 내시(Graham Nash)도 단지 좋은 수준을 훌쩍 넘어섰다(〈Our House〉를 들어보자). 하지만 두 사람 모두 레넌이나 매카트니와 같은 반열에 올라서지는 못했다.

하지만 우리는 이 주제에 대해, 그리고 여러 다양한 사안에 대해 신중하게 접근해야 한다. 가장 먼저 1961년, 또는 1963년에 레넌과 매카트니는 지금 우리가 아는 레넌과 매카트니가 아니었다. 비틀스의 초기 성공은 우리가 당연하게 여기는 그들의 천재성이 꽃피우기 위한 분명한 필요조건이었다. 레넌과 매카트니는 시간과 돈이 많았고 확신이 강했기에 어려움을 겪지 않았다. 그리고 혁신을 창조할 수 있었다. 그들은 실험에 도전할 수 있었다. 또는 예전과는 완전히 다른 존재가 될 수 있었다. 다음으로 1960년대 초 비틀스가 엄청난 성공을 거뒀다면, 데이비스와 내시, 또는 많은 다른 이들이 무엇을 했을지, 또는 어떻게 되었을지 알 수 없다.

이제 코니 컨버스 사례로 돌아가보자. 컨버스가 1961년에 작곡을 그만두지 않았다면 향후 몇십 년 동안 어떤 장르의 음악을 만들어냈을까? 컨버스가 비교적 짧은 기간에 주로 가족이나 친구에게만 자신의 고유한 창조성을 보여줬다는 사실은 만약 그녀가 아주 풍요로운 시절에 포크 음악 부활에 앞장섰더라면 과연 어떤 일을 해냈을지와 관련해서 여러 가지 흥미로운 질문을 던지게 만든다. 그녀는 어떤 인물, 또는 어떤 존재가 되었을까?

/ 에필로그 /

유리한 상황에서

제인 프랭클린이 오빠 벤저민에게 전했던 가슴 아픈 이야기를 떠올려보자. 그녀는 "유리한 상황에 있지 못하고 적절한 도움을 얻지 못했다는 이유만으로 세상의 주목을 받지 못하고 무시와 천대 속에 살다가 죽어간 수많은 보일과 클라크, 뉴턴들"을 안타까워했다.[1] 그렇다면 누가 유리한 상황에 있는가? 그리고 누가 불리한 상황에 있는가?

여기서 우리는 교육의 문제를 거론할 수 있다. 프랭클린은 충분한 교육을 받지 못했다. 그리고 빈곤이나 경제적 기회의 부족에 대해 이야기할 수 있다. 또한 부모의 지원 부족에 대해 말할 수 있다. 또는 차별에 관한 이야기를 할 수도 있다. 아니면 더 구체적이고 개인적인 차원에서 스승과 조력자, 타인의 인정, 놀라운 대상을 목격한 경험, 자금 유입, 안식년, 끊임없이 용기를 주는 친구나 가족의 부재를 이야기할 수도 있다.

전반적인 혁신과 관련해서 사회과학자들은 제인 프랭클린과 대단히 비슷한 어조로 "어릴 적에 혁신을 경험했더라면 대단히 놀라운 업적을 일궈냈을 주목받지 못한 아인슈타인"에 대해 말한다.[2] 특히 그들은 인종과 성별, 사회경제적 지위와 같은 인구 통계적 요소와 성공에 기여하는 롤모델 및 네트워크 효과의 중요성에 주목한다. 과학과 비즈니스 등의 분야에서 수많은 잠재적 혁신가는 지원을 하지 않거나 할 수 없는, 올바른 롤모델을 발견할 수 없는, 또는 여러 측면에서 억압적이거나 네트워크의 도움을 얻을 수 없는 가정에서 태어난다. 그리고 결국 혁신을 이루지 못한다. 그들은 인생의 복권은 물론 여러 사소한 복권에도 당첨되지 못한다.[3]

어린 캐시어스 클레이가 자전거를 도둑맞지 않았다면 세계에서 가장 유명한 사람이 될 수 있었을까? 그리고 무하마드 알리보다 실력이 더 뛰어나지만, 대중 앞에 한 번도 서지 못한 스포츠 선수도 있지 않을까? 물론 알리는 내가 개인적으로 좋아하는 사람이라 이렇게 대답하기는 가슴이 아프지만, 분명히 있었을 것이다.

세간의 주목받지 못한 수많은 다빈치와 셰익스피어, 밀턴, 오스틴, 블레이크, 스탠 리, 밥 딜런들이 있었을 것이다. 그리고 수많은 아인슈타인과 테슬라[자동차가 아니라 전기공학자이자 과학자인 니콜라 테슬라(Nikola Tesla)]가 있었을 것이다. 그들은 저마다 다른 이유로 주목받지 못했다.

자유주의, 그리고 자유주의 정치 전통이 추구하는 핵심 목표는 파괴적인 억압을 철폐하는 것이다. 이러한 점에서 존 스튜어트 밀(John Stuart Mill)의 《여성의 종속》은 자유주의 이념의 고전으로 인정받고 있다(또한 자유주의에 반대하는 이들의 필독서이기도 하다). 밀은 개인의 자율성을 강조하면서 이렇게 한탄했다. "여성과 남성 사이의 권리적 불평등의 근원은 다름 아닌 강자의 법칙이다." 밀은 중요한 대목에서 이렇게 지적했다.

> 현대 사회의 특징은 무엇인가? 현대적 제도와 사회 이념, 현대적인 삶 그 자체를 과거의 그것들과 구분해주는 기준은 무엇인가? 그것은 인간은 더 이상 태어날 때부터 삶의 자리가 결정되지 않고, 태어난 자리에서 벗어날 수 없는 족쇄에 구속되지 않고, 자신의 재능을 자유롭게 발휘하고 유리한 기회를 활용해서 자신이 가장 바라는 많은 것을 성취할 수 있다는 사실이다.[4]

여기서 밀은 글의 맥락보다 좀 더 미묘한 주장을 하고 있다. 분명하게도 그는 재능에 따른 삶의 여정, 즉 기회를 잡고 가장 소망하는 삶을 추구할 수 있는 권리에 대해 말한다. 이는 또한 원치 않는 족쇄와 구속의 해체에 관한 자유주의적 주장이다. 그런데 여기서 밀은 "그들을 찾아오는 모든 행운"의 중요성으로 조심스럽게 시선을 옮긴다. 이상적인 차원에서 자유주의 전통은 복권이 모든 곳에 존재한다고 강조한다. 이는 곧 "행운"이 존재하는 장소와 모습을 드러내는 다양한 방식을 말한다. 이러한 생각을 끝까지 밀고 나간 것이 바로 존 롤스(John Rawls)의 《정의론》이다.

여기서 내가 말하고자 하는 바는 혁신가들은 인구 통계적 요인은 물론, 자신에게 유리하게 작용하지 않은 다양한 요인 때문에 실패한다는 것이다. 아마도 시대정신이 그들 편에 서 있지 않았을 것이다. 올라타야 할 파도가 일지 않았을 수도 있다. 올바른 경쟁자와 영감의 대상, 또는 최고의 존재를 발견하지 못했을 수도 있다. 어쩌면 네트워크로부터 도움을 받지 못했을 것이다. 아무도 그들에게 길을 보여주지 않았거나, 적절한 시점에 미소나 용기의 말을 건네지 않았거나, 힘을 불어넣어주지 않았거나, 계약을 제안하지 않았을 것이다.

잭슨의 표현대로, 우리는 수많은 "헌트와 사우디들에게 또 한 번의 기회를 주고자 한다. 그 주요한 이유는 그들이 우발적인 상황 때문에 실패했기 때문이다".[5] 우리는 많은 이들에게 똑같은 이유로 또 한 번의 기회를 주고자 한다.

이러한 생각은 비극을, 또는 수많은 비극을 언급하는 것이기도 하다. 그것은 세상의 관심을 받지 못한 이들의 비극일 뿐만 아니라, 그들이 기회를 얻지 못해서, 사람들의 관심을 받지 못해서 그들의 존재를 발견하지 못한 우리의 비극이기도 하다. 이는 여러 가지 측면에서 진정한 비극이다.

하지만 이러한 생각은 또한 가능성, 또는 영감을 가리키는 것이기도 하다. 관심을 받지 못한 수많은 아인슈타인이나 셰익스피어,

또는 밀턴들은 얼마든지 새롭게 발견될 수 있다. 실제로 그들은 매일 발견되고 있다. 〈모나리자〉와 제인 오스틴, 윌리엄 블레이크, 존 키츠, 로버트 존슨, 코니 컨버스가 새롭게 발견된 것과 똑같이 여전히 발견되고 있다. 그리고 지금 바로 우리 사이에 있을지 모르는 그들의 존재에 계속 주의를 기울인다면 관심을 받지 못하고 사라지는 이들은 애초에 더 적을 것이다.

/ 감사의 글 /

이 책에 관한 이야기는 어떤 점에서 이 책의 주제를 요약한 것이기도 하다. 2021년에 나는 미 국토안보부에서 선임 자문으로 일했다. 그런데 2022년에 내 역할이 파트타임으로 줄어들면서 자유롭게 글을 쓸 수 있는 여건이 마련되었다. 그리고 나는 새로운 프로젝트를 찾기 시작했다. 그때 한 공지가 눈에 들어왔다. 리버풀대학교 출판부에서 〈비틀스 연구 저널(The Journal of Beatles Studies)〉이라는 새로운 잡지를 출간할 계획을 알리는 내용이었다. 나는 비틀스를 사랑한다(말을 했던가?). 그래서 기쁨과 흥분을 느끼며 그 잡지에 글을 기고해도 좋지 않을까 생각했다. 나는 그 잡지의 편집자인 홀리 테슬러(Holly Tessler)에게 메일을 보냈다. 거기서 나는 비틀스의 명곡인 〈Norwegian Wood〉를 밥 딜런의 다소 신랄한 곡인 〈Fourth Time

Around〉와 비교하는 글을 써보겠다고 했다. 사실 밥 딜런의 그 노래는 어떤 면에서 〈Norwegian Wood〉의 모조품이자 패러디였다. 또는 다른 한편으로 경쟁에서 이기려는 인상적인 도전이기도 했다. 흥미로운 주제가 아닌가? 테슬러도 흔쾌히 한번 해보자고 했다.

그러나 결과물은 형편없었다. 너무 아마추어 같았다. 그래서 비틀마니아의 기원을 쫓아가는 완전히 다른 주제에 도전했다. 테슬러도 싫어하는 눈치는 아니었다. 그녀는 그 글을 동료들에게 보여줬다. 그들 역시 내 글을 싫어하지 않았고 소중한 피드백까지 줬다. 나는 그 짧은 글의 초기 원고를 사회과학 연구 네트워크 사이트에 올렸다. 거기는 내가 아주 좋아하는 곳이기는 하나, 많은 이들에게 글을 보여주기에는 적절한 곳은 아니다. 그런데 놀랍게도 분명히 여러 차례 우연을 통해 많은 이들의 관심을 받았다. 그렇다고 내 글이 유명해진 것은 아니었지만, 간략히 덧붙이자면 〈뉴욕타임스〉와 〈사이언티픽 아메리칸〉, 그리고 〈가디언〉에서도 내 글을 다뤘다. 그리고 얼마 지나지 않아 몇몇 편집자들이 내게 그 주제를 가지고 책을 써볼 생각이 없는지 물었다. 난 거절하지 않았다. 그렇게 지금 이 글을 쓰고 있다.

많은 이들에게 그들의 도움에 대한 감사의 말을 전하고 싶다. 특히 몇 사람의 이름은 여기서 언급하고자 한다. 가장 먼저 소중한 조언과 함께 여러 단계에서 중요한 도움을 준 제프 케호에게 고마움을 전한다. 그리고 질 레포어는 대단히 가치 있는 제안을 줬고, 이를 바탕으로 책의 방향을 새롭게 수정할 수 있었다. 다음으로 네

명의 검토자들이 내놓은 중요한 아이디어 덕분에 책의 내용을 다듬을 수 있었다. 거기에는 친구이자 내 영웅 중 한 사람인 던컨 와츠가 있다. 이 주제와 관련해서 탁월한 글을 썼던 그에게 나는 많은 도움을 받았다. 또한 내가 글쓰기에 몰두해 있는 동안에 흥미롭고 영감을 주는 대화를 함께 나눠준 것에 대해서도 감사드린다. 마찬가지로 검토 작업을 맡아준 타일러 코웬은 모르는 게 없는 인물로 역시 내 훌륭한 토론 상대가 되어줬다. 마찬가지로 친구이자 또 한 명의 영웅인 로버트 프랭크도 논의 방향을 잡아나가는 과정에서 큰 도움을 줬다.

라이스 클라벨과 하워드 피시먼, 대니얼 카너먼, 제랄딘 슈바르츠, 죠프리 스톤, 리처드 탈러는 몇몇 중요한 사안에 대해 너그럽게도 나와 많은 이야기를 나눠줬다. 그리고 특별히 코니 컨버스에 관한 훌륭한 책을 썼던 피시먼에게 감사의 말을 전한다. 그의 책은 정말로 큰 도움이 되었다. 또한 토론과 더불어 기억에 관한 이야기를 들려준 슈바르츠에게도 특별한 감사를 드린다. 닉 카푸토와 이선 주드, 새러 토스, 빅토리아 유는 조사 과정에서 중요한 역할을 해줬다. 이 책을 끝내기까지 많이 노력해준 유에게 특별히 고마움을 전한다.

앞서 언급한 홀리 테슬러는 내게 꼭 필요한 존재다. 테슬러는 친절하게도 리버풀대학교에 나를 초청해줬다. 거기서 함께 한 토론은 너무나 소중한 경험이었다. 그리고 내 에이전트인 새러 찰펀트는 철저하게 똑똑한 자문 역할을 맡아줬다. 내 아내 서맨사 파워는 이번 프로젝트에, 또는 적어도 그 프로젝트를 향한 내 열정에 높은 관심과 지지를 보여줬다. 나는 아내가 제시한 많은 아이디어를 이 책에 소개했다. (또한 1장에서 아내의 이야기를 언급할 수 있도록 허락해줬다.) 또한 하버드 로스쿨과 행동경제학 프로그램, 그리고 훌륭한 학장인 존 매닝이 보내준 여러 가지 도움과 지원에도 감사드린다.

다음으로 내가 글을 쓰는 동안에 참고했던 자료들을 소개한다(물론 이야기를 풀어가는 방식을 많이 수정하거나 때로는 크게 바꾸기도 했지만). 참조를 허락해준 이들에게 최고의 감사함을 전한다.

- 1장과 11장(때로 다른 장에서도): "Beatlemania: On Informational Cascades and Spectacular Success," Journal of Beatles Studies 97 (2022)
- 6장: The World According to Star Wars, 2nd edition (New York: Dey Street Books, 2018). 특히 이 책을 바탕으로 글을 쓸 수 있게 허락해준 데이스트릿북스와 사이먼&슈스터에 감사드린다.
- 8장: "Marvelous Belief," Los Angeles Review of Books (September 21, 2020)
- 9장: "She Was Houdini's Greatest Challenge," New York Review of Books (December 17, 2015)
- 10장: "The Siren of Selfishness," New York Review of Books (April 9, 2020)

/ 주 /

프롤로그

1 James Barron, "Historic Hysterics: Witnesses to a Really Big Show," *New York Times*, February 7, 2014, https://www.nytimes.com/2014/02/08/nyregion/the-beatles-debut-on-ed-sullivan.html.

2 Ed Sullivan Show, https://www.edsullivan.com/artists/the-beatles/.

3 Poor Richard (Benjamin Franklin), *An Almanack for the Year of Christ* (Philadelphia: B. Franklin, 1734).

4 Samuel Johnson, "No. 118," in *The Rambler*, vol. 4 (London: J. Payne and J. Bouquet, 1752).

5 Samuel Johnson, "No. 21," in *The Rambler*, vol. 1 (London: J. Payne and J. Bouquet, 1752).

6 Samuel Johnson, "No. 106," in *The Rambler*, vol. 4 (London: J. Payne and J. Bouquet, 1752).

7 Johnson, "No. 106."

8 Samuel Johnson, "Preface," in *The Plays of William Shakespeare* (London: J. and R. Tonson, C. Corbet, H. Woodfall, J. Rivington, R. Baldwin, L. Hawes, Clark and Collins, W. Johnston, T. Caslon, T. Lownds, and the Executors of B. Dodd, 1765).

9 Johnson, "Preface."

10 "The 14th Academy Awards," Academy of Motion Picture Arts and Sciences, https://www.oscars.org/oscars/ceremonies/1942.

11 "Biography," Robert Johnson Blues Foundation, https://robertjohnsonbluesfoundation.org/biography/.

12 "Biography."

13 "Biography."

14 See Reggie Ugwu, "Overlooked No More: Robert Johnson, Bluesman Whose Life Was a Riddle," *New York Times*, September 25, 2019, https://www.nytimes.com/2019/09/25/obituaries/robert-johnson-overlooked.html.

15 See Jon Wilde, "Robert Johnson Revelation Tells Us to Put the Brakes on the Blues," *Guardian*, May 27, 2010, https://www.theguardian.com/music/musicblog/2010/may/27/robert-johnson-blues.

16 Bob Dylan, *Chronicles*, vol. 1 (New York: Simon & Schuster, 2004), 284.

17 Dylan, 282.

18 Dylan, 287.

19 Bruce Conforth and Gayle Dean Wardlow, *Up Jumped the Devil: The Real Life of Robert Johnson* (Chicago: Chicago Review Press, 2019); Tom Graves, Crossroads (Memphis: Devault-Graves Agency, 2017); Matt Frederick, *A Meeting at the Crossroads: Robert Johnson and the Devil* (Chickenfeet Press, 2022).

20 "Testimonials," Robert Johnson Blues Foundation, https://robertjohnsonbluesfoundation.org/testimonials/.

21 For very different answers, see Harold Bloom, *The Western Canon: The Books and Schools of the Ages* (New York: Houghton Mifflin Harcourt, 1994); Dean Keith Simonton, *Greatness: Who Makes History and Why* (New York: Guilford Press, 1994).

1장

1 Maureen Cleave, "How Does a Beatle Live? John Lennon Lives Like This," *London Evening Standard*, March 4, 1966.

2 물론 명성과 성공 사이에는 차이가 있다. 성공이 아무리 엄청나다고 해도 마찬가지다. 얼마 전 나는 아주 부유한 자선사업가를 만났다. 그런데 그는 유명인은 아니었다(유명인이 되고 싶은 생각도 없었다). 여기서 이

름을 밝힐 수는 없지만, 그는 사업을 통해 엄청난 성공을 거뒀다. 만약 인지도와 영향력을 기준으로 성공을 평가한다면, 프랭크 미첼먼(Frank Michelman)은 내가 아는 가장 성공한 법학 교수 중 하나이고, 매튜 라빈(Matthew Rabin)은 내가 아는 가장 성공적인 경제학자 중 하나이며, 존 엘스터(Jon Elster)는 내가 아는 가장 성공한 정치학자 중 하나다. 그러나 이들 중 누구도 크게 유명하지는 않으며, 각자의 학술 분야 외에는 별로 알려지지 않았다. 어느 분야에서건 일부 유명인은 많은 것을 성취하지 못했거나 존재감이 두드러지지 않는다. 가령 리얼리티 TV 프로그램에 나오는 스타들을 떠올려보자. 이 책에서 논의의 핵심은 인기지만, 때로는 인기의 여부를 떠나 엄청난 성공 사례에 대해서도 살펴볼 생각이다.

3 여기에는 사실 하나가 아닌 두 개의 오류가 있다. 첫 번째 오류는 종속 변수상에서 선택했다는 것이다. 성공한 사람들 사이에서 공통적인 특성 중 일부는 실패한 사람들 사이에서도 공통으로 드러날 수 있다. 다시 말해 성공한 이들 사이에 공통점이 존재한다고 해도 그것이 성공에 기여했다는 사실을 말해주는 것은 아니다. 다음으로 두 번째 오류는 좀 더 미묘한 것으로 '독립' 변수 중에서 선택했다는 것이다. 가령 다음 주장을 생각해보자. "난독증은 성공에 도움을 준다." 이러한 주장을 하는 사람은 성공한 사람들만 주목하고, 또한 그들 사이에서도 드물게 나타나는 특정 요인을 선택한다(이 경우에는 난독증). "어떤 인물이나 기업도 다양한 특성(독립 변수)을 드러낼 수 있다. 하지만 감정적 차원에서 만족감을 주는 설명은 그러한 특성 중 하나, 또는 소수만을 강조한다. 성공을 거둔 사람들로 이뤄진 소규모 집단이 존재할 때, 우리는 거기서 쉽게 공통점을 발견할 수 있다. 그리고 특정한 공통점에 주목할 때, 그러한 요소를 드러내는 소규모 집단을 어렵지 않게 발견할 수 있다. 하지만 선택한 소규모 집단이 특정한 공통점을 드러낸다고 해서, 그것이 반드시 '성공한 사람들 사이에서' 발견되는 특성이라고 말할 수는 없다. George Lifchits et al., "Success Stories Cause False Beliefs about Success," *Judgment and Decision Making* 16, no. 6 (November 2021): 1439–1440.

4 Jim Collins, *Good to Great: Why Some Companies Make the Leap...and Others Don't* (New York: HarperBusiness, 2001).

5 Thomas J. Peters and Robert H. Waterman Jr., *In Search of Excellence*

(New York: Collins Business Essentials, 2012).

6 See Dean Keith Simonton, *Greatness: Who Makes History and Why* (New York: Guilford Press, 1994).

7 See Lifchits, "Success Stories."

8 Donald Sassoon, *Mona Lisa: The History of the World's Most Famous Painting* (London: HarperCollins Publishers, 2001).

9 See "The Theft That Made the 'Mona Lisa' a Masterpiece," All Things Considered, NPR, July 30, 2011, https://www.npr.org/2011/07/30/138800110/the-theft-that-made-the-mona-lisa-a-masterpiece.

10 Duncan Watts, *Everything Is Obvious* (New York: Crown Business, 2011), 60. I have been greatly influenced by Watts's brilliant book, and I draw on his account here.

11 H. J. Jackson, *Those Who Write for Immortality* (New Haven: Yale University Press, 2015), xii–xiii.

12 See, e.g., Simonton, *Greatness*; Dean Keith Simonton, *Creativity in Science: Change, Logic, Genius, and Zeitgeist* (Cambridge: Cambridge University Press, 2004).

13 For its website, *see Journal of Genius and Eminence*, ICSC Press, https://icscpress.com/journals/jge/.

14 See Simonton, *Greatness*, 227.

15 Dean Keith Simonton, "Philosophical Eminence, Beliefs, and Zeitgeist: An Individual-Generational Analysis," *Journal of Personality and Social Psychology* 34, no. 4 (1976): 630–640.

16 See Dean Keith Simonton, "Cinematic Success Criteria and Their Predictors," *Psychology and Marketing* 26, no. 5 (May 2009): 400–420.

17 See Dean Keith Simonton, "Popularity, Content, and Context in 37 Shakespeare Plays," *Poetics* 15, no. 4 (1986): 493–510.

18 Simonton, *Greatness*, 138.

19 For an engaging discussion of one-hit wonders, and the role of chance in their single hits, see Aaron Kozbelt, "One Hit Wonders in Classical Music: Evidence and (Partial) Explanations for an Early Career Peak," *Creativity Research Journal* 20, no. 2 (2008): 179–195.

20 Robert Shelton, "Bob Dylan: A Distinctive Folk-Song Stylist," *New*

York Times, September 29, 1961.

21 John Maynard Keynes, *The General Theory of Employment, Interest and Money* (London: Macmillan, 1936), 113–114.

22 John Maynard Keynes, "The General Theory of Employment," *Quarterly Journal of Economics* 51, no. 2 (February 1937): 212, 213.

23 Keynes, 212, 213.

24 Keynes, 212, 213.

25 Matthew J. Salganik et al., "Measuring the Predictability of Life Outcomes with a Scientific Mass Collaboration," *Proceedings of the National Academy of Sciences (PNAS)* 117, no. 15 (April 2020): 8398–8403.

26 Salganik, "Predictability of Life Outcomes."

27 Salganik, "Predictability of Life Outcomes."

28 Salganik, "Predictability of Life Outcomes."

2장

1 See Howard Fishman, *To Anyone Who Ever Asks: The Life, Music, and Mystery of Connie Converse* (New York: Dutton, 2023).

2 Fishman, 329.

3 Fishman, 329.

4 Fishman, 328.

5 Fishman, 26.

6 Fishman, 485.

7 Fishman, 445.

8 Matthew J. Salganik, Peter Sheridan Dodds, and Duncan J. Watts, "Experimental Study of Inequality and Unpredictability in an Artificial Cultural Market," *Science* 311, no. 5762 (February 2006): 854–856.

9 뮤직 랩 실험은 이후 많은 연구에 영감을 줬다. 초기 성공은 시간의 흐름에 따라 조금씩 줄어드는 거대한 초반 향상을 촉발한다는 발견은 다음을 참조하자. Arnout van de Rijt et al., "Field Experiments of Success-Breeds-Success Dynamics," *Proceedings of the National Academy of Sciences (PNAS)* 111, no. 19 (April 2014): 6934–6939. 더 나은 대안들이 새로운 실험에서 스스로 수정해나가는 역량을 바탕으로 인기를 얻

는다는 사실을 말해주는 뮤직 랩 실험에 대한 유용한 재분석은 다음을 참조하자. Arnout van de Rijt, "Self-Correcting Dynamics in Social Influence Processes," *American Journal of Sociology* 124, no. 5 (March 2019): 1468–1495. 다양한 효과를 구분하는 의미 있는 시도에 대해서는 다음을 참조하자. Tad Hogg and Kristina Lerman, "Disentangling the Effects of Social Signals," *Human Computation* 2, no. 2 (2015): 189–208. 예측 모형은 "얼리어답터들, 그리고 음악과 책, 사진, URL에 이르기까지 그들의 소셜 네트워크 특성"에 주목할 때, 정확성이 높아진다는 중요하면서도 흥미로운 발견은 다음을 참조하자. Benjamin Shulman, Amit Sharma, and Dan Cosley, "Predictions of Popularity: Gaps between Prediction and Understanding," *Proceedings of the International AAAI Conference on Web and Social Media* 10, no. 1 (2016): 348–357. 특히 리트(Rijt)의 발견은 뮤직 랩 실험에 대한 가장 폭넓은 해석과 관련해서 조심스러운 주장을 제기하지만, 나는 그것이 그 실험에 대한 나의 활용 방식과 모순된다고는 생각하지 않는다(내 입장을 옹호하자면, 나는 허먼 멜빌과 빈센트 반 고흐, 제인 오스틴, 윌리엄 블레이크, 존 키츠, 로버트 존슨을 내 첫 번째 증인들이라고 부른다).

10 Michael Macy, Sebastian Deri, Alexander Ruch, and Natalie Tong, "Opinion Cascades and the Unpredictability of Partisan Polarization," *Science Advances* 5, no. 8 (August 2019): 1–7.

11 Ziv Epstein et al., "Social Influence Leads to the Formation of Diverse Local Trends," *Proceedings of the ACM on Human-Computer Interaction* 5, no. CSCW2 (October 2021): 1–18.

12 See Jason Cohen, "iOS More Popular in Japan and US, Android Dominates in China and India," *PC Mag*, September 4, 2020, https://www.pcmag.com/news/ios-more-popular-in-japan-and-us-android-dominates-in-china-and-india.

13 See Katie McLaughlin, "Fleetwood Mac's 'Rumours' at 35: Still the 'Perfect Album,'" CNN, June 27, 2012, http://edition.cnn.com/2012/06/26/showbiz/fleetwood-mac-rumours/index.html.

14 See Lindsey Buckingham, Stevie Nicks, and Christine McVie, interview, 1977, https://www.youtube.com/watch?v=lLaWDjNLC_4.

15 Buckingham, Nicks, and McVie, interview.

16 Buckingham, Nicks, and McVie, interview.

17 Buckingham, Nicks, and McVie, interview.

18 Mark Olsen, "Oscars 2013: 'Searching for Sugar Man' Wins Best Documentary," *Los Angeles Times*, February 24, 2013, https://www.latimes.com/entertainment/envelope/la-xpm-2013-feb-24-la-et-mn-oscars-2013-best-documentary-20130220-story.html.

19 "JK Rowling's Crime Novel Becomes Bestseller," *Guardian*, July 15, 2013, https://www.theguardian.com/books/2013/jul/15/jk-rowling-cuckoos-calling-bestseller.

3장

1 See Colin Martindale, "Fame More Fickle Than Fortune: On the Distribution of Literary Eminence," *Poetics* 23, no. 3 (1995): 219–234.

2 Martindale, "Fame More Fickle."

3 Martindale, "Fame More Fickle."

4 Martindale, "Fame More Fickle."

5 Robert K. Merton, "The Matthew Effect in Science," *Science* 159, no. 3810 (January 1968): 56–63.

6 David Easley and Jon Kleinberg, *Networks, Crowds, and Markets: Reasoning about a Highly Connected World* (New York: Cambridge University Press, 2010), 483.

7 Merton, "The Matthew Effect in Science."

8 Merton, 58.

9 Merton, 59.

10 Merton, 62.

11 Easley and Kleinberg, *Networks, Crowds, and Markets*, 549–550.

12 See Anna Collar, *Religious Networks in the Roman Empire: The Spread of New Ideas* (Cambridge: Cambridge University Press, 2014).

13 Easley and Kleinberg, *Networks, Crowds, and Markets*, 426.

14 Matthew J. Salganik and Duncan J. Watts, "Leading the Herd Astray: An Experimental Study of Self-Fulfilling Prophecies in an Artificial Cultural Market," *Social Psychology Quarterly* 71, no. 4 (2008): 338–355.

15 See Salganik and Watts, "Leading the Herd Astray."

16 See Hans Luijten, *Jo van Gogh-Bonger: The Woman Who Made Vincent Famous* (London: Bloomsbury, 2022).

17 Cass R. Sunstein, Reid Hastie, and David Schkade, "What Happened on Deliberation Day," *California Law Review* 95, no. 3 (June 2007): 915–940.

18 Sunstein, Hastie, and Schkade, 930.

19 See Roger Brown, *Social Psychology*, 2d ed. (New York: Free Press, 1986), 224.

20 David G. Myers, "Discussion-Induced Attitude Polarization," *Human Relations* 28, no. 8 (1975): 699–714.

21 David G. Myers and George D. Bishop, "Discussion Effects on Racial Attitudes," *Science* 169, no. 3947 (1970): 779.

22 Myers and Bishop, 779.

23 Richard J. Butler, Benjamin W. Cowan, and Sebastian Nilsson, "From Obscurity to Bestseller: Examining the Impact of Oprah's Book Club Selections," *Publishing Research Quarterly* 20, no. 4 (Winter 2005): 23–34.

24 See Howard Markel, "Truman Capote's Unhappy Ending," *NewsHour*, PBS, October 1, 2022, https://www.pbs.org/newshour/health/truman-capotes-unhappy-ending.

25 Michela Ponzo and Vincenzo Scoppa, "Famous after Death: The Effect of a Writer's Death on Book Sales," *Journal of Economic Behavior and Organization* 210 (June 2023): 210–225.

26 See David Maddison and Anders Jul Pedersen, "The Death Effect in Art Prices: Evidence from Denmark," *Applied Economics* 40, no. 14 (2008): 1789–1793; see also R. B. Ekelund Jr. et al., "The 'Death-Effect' in Art Prices: A Demand-Side Exploration," *Journal of Cultural Economics* 24, no. 4 (2000): 283–300.

27 Dean Talbot, "Number of Books Published Per Year," WordsRated, February 2, 2022, https://wordsrated.com/number-of-books-published-per-year-2021/. This might be an overestimate, for reasons that are too boring to discuss here.

28 See "Death Rate, Crude (per 1,000 People)," The World Bank, https://data.worldbank.org/indicator/SP.DYN.CDRT.IN.

4장

1 See Jill Lepore, *Book of Ages: The Life and Opinions of Jane Franklin* (New York: Vintage Books, 2014), 218.

2 Lepore, 218.

3 See Lepore, xi.

4 Virginia Woolf, *A Room of One's Own* (London: Hogarth Press, 1929), 46–47.

5 Jeanne Peijnenburg and Sander Verhaegh, "Analytic Women," *Aeon*, August 1, 2023, https://aeon.co/essays/the-lost-women-of-early-analytic-philosophy.

6 See Jeanne Peijnenburg and Sander Verhaegh, *Women in the History of Analytic Philosophy* (Cham: Springer, 2022).

7 George Orwell, *1984* (New York: Harcourt, Brace, 1949), 195.

8 See Maurice Halbwachs, *On Collective Memory*, trans. and ed. Lewis A. Coser (Chicago: University of Chicago Press, 1992).

9 Halbwachs, 21–22.

10 Orwell, *1984*, 195.

11 A brilliant discussion is Géraldine Schwarz, *Those Who Forget*, trans. Laura Marris (New York: Scribner, 2020). Don't not read it.

12 Halbwachs, *On Collective Memory*, 234.

13 Halbwachs, 234.

14 Halbwachs, 92.

15 Halbwachs, 94.

16 Halbwachs, 94.

17 Halbwachs, 95.

18 Halbwachs, 101.

19 Halbwachs, 102.

20 Aleida Assmann, "Canon and Archive," in *Cultural Memory Studies*, ed. Astrid Erll and Ansgar Nünning (Berlin: Walter de Gruyter, 2008), 97.

21 Halbwachs, *On Collective Memory*, 107.

22 Halbwachs, 115.

23 See Elaine Pagels, *The Gnostic Gospels* (New York: Vintage Books, 1989).

24 Halbwachs, *On Collective Memory*, 203. For a valuable collection, see Astrid Erll and Ansgar Nünning, eds., *Cultural Memory Studies* (Berlin: Walter de Gruyter, 2008).

25 For one of my favorites, see Robert Charles Wilson, *Mysterium* (New York: Orb, 2010).

26 See John K. Papadopoulos, "Canon Creation/Destruction and Cultural Formation: Authority, Reception, Canonicity, Marginality," in *Canonisation as Innovation*, eds. Damien Agut-Labordère and Miguel John Versluys (Leiden: Brill, 2022), 3. A valuable overview is Lee Martin McDonald, *The Formation of the Biblical Canon*, vol. 2, *The New Testament: Its Authority and Canonicity* (London: Bloomsbury T&T Clark, 2021).

27 McDonald, 350.

28 McDonald, 7.

29 McDonald, 351.

30 McDonald, 4.

31 Pagels, *The Gnostic Gospels*, 142.

32 McDonald, *The Formation of the Biblical* Canon, vol. 2, 219.

33 See Herbert Grabes, "Cultural Memory and the Literary Canon," in *Cultural Memory Studies*, eds. Astrid Erll and Ansgar Nünning (Berlin: Walter de Gruyter, 2008), 311; Robert von Hallberg, ed., *Canons* (Chicago: University of Chicago Press, 1984).

34 See Sandra Lapoint and Erich Reck, eds., *Historiography and the Formation of Philosophical Canons* (New York: Routledge, 2023).

35 논의를 위해서 다음을 참조하자. Ralf von Appen and Andre Doehring, "Nevermind the Beatles, Here's Exile 61 and Nico: 'The Top 100 Records of All Time'—Canon of Pop and Rock Albums from a Sociological and an Aesthetic Perspective," *Popular Music* 25, no. 1 (January 2006): 21-39. 이 글은 꽤 많은 안정적인 특성을 찾아내고 있으며, 우리는 이를 폭포 효과의 지속성과 순수한 수준, 또는 비틀스에 대한 찬사로 해석할 수 있다.

36 Harold Bloom, *The Western Canon: The Books and Schools of the Ages* (New York: Houghton Mifflin Harcourt, 1994), 27.

37 Bloom, 27.

38 See Hugh Kenner, "The Making of the Modernist Canon," in *Canons*, ed. Robert von Hallberg (Chicago: University of Chicago Press, 1984), 363.

39 Preface to the First Folio, http://www.shakespeare-online.com/biography/firstfolio.html.

40 Gerard Manley Hopkins, "Spring and Fall." *Gerard Manley Hopkins: Poems and Prose* (Penguin Classics, 1985).

41 Bloom, *The Western Canon*, 27–28.

42 For relevant discussion, see Gillian Gualtiari, "Canonized Women and Women Canonizers: Gender Dynamics in *The Norton Anthology of English Literature's* Eight Editions," *Gender Issues* 28 (2011): 94–109; Sean Shesgreen, "Canonizing the Canonizer: A Short History of The Norton Anthology of English Literature," *Critical Inquiry* 35, no. 2 (Winter 2009): 293–318. On the general issue, see John Guillary, *Cultural Capital: The Problem of Literary Canon Formation* (Chicago: University of Chicago Press, 1993); Bloom, *The Western Canon*.

43 Michelle Levy and Mark Perry, "Distantly Reading the Romantic Canon: Quantifying Gender in Current Anthologies," *Women's Writing* 22, no. 2 (2015): 136.

44 Gualtiari, "Canonized Women and Women Canonizers," 95.

45 Shesgreen, "Canonizing the Canonizer," 315–316.

46 Ken Gewertz, "Greenblatt Edits 'Norton Anthology,'" *Harvard Gazette*, February 2, 2006, https://news.harvard.edu/gazette/story/2006/02/greenblatt-edits-norton-anthology/.

47 I am exaggerating. I hope. See Bloom, *The Western Canon*.

48 See Bloom, 3.

5장

1 Leigh Hunt, "Jenny Kiss'd Me." *Poetry Foundation*, November 1938, https://www.poetryfoundation.org/poems/50495/jenny-kissd-me.

Accessed November 2023.

2 Leigh Hunt, "Jenny Kiss'd Me."

3 See H. J. Jackson, *Those Who Write for Immortality* (New Haven: Yale University Press, 2015).

4 Jackson, 114.

5 Jackson, 115.

6 Jackson, 161.

7 Jackson, 117.

8 Jackson, 116.

9 Jackson, 115.

10 Jackson, 117.

11 Jackson, 118.

12 Jackson, 120.

13 Jackson, 122.

14 Jackson, 125.

15 Jackson, 125.

16 Jackson, 127.

17 Jackson, 156.

18 Jackson, 155.

19 Jackson, 161.

20 Jackson, 163.

21 Jackson, 163.

22 Jackson, 163.

23 Jackson, 40–41.

24 Jackson, 112.

25 Steve Jones and Joli Jensen, eds., *Afterlife as Afterimage: Understanding Posthumous Fame* (New York: P. Lang, 2005), xix.

26 Jackson, *Those Who Write for Immortality*, 113.

27 Jackson, 113.

28 Jackson, 113.

29 Jackson, 114.

30 Jackson, 131.

31 Jackson, 85.

32 Jackson, 85.

33 Quoted in Jackson, 86.

34 Jackson, 87.

35 Jackson, 88.

36 Jackson, 88.

37 Jackson, 91–92.

38 Jackson, 95.

39 Jackson, 95.

40 See Devoney Looser, *The Making of Jane Austen* (Baltimore: Johns Hopkins University Press, 2017), 2.

41 Looser, 4.

42 Looser, 6.

43 Looser, 4.

44 Jackson, *Those Who Write for Immortality*, 96.

45 Jackson, 98.

46 Looser, *The Making of Jane Austen*, 19.

47 Looser, 20.

48 Jackson, *Those Who Write for Immortality*, 101.

49 See Looser, *The Making of Jane Austen*, 75.

50 Jackson, *Those Who Write for Immortality*, 104.

51 Jackson, 104.

52 Jackson, 105.

53 William Blake, "Jerusalem," *Preface to Milton: A Poem in Two Books* (1810).

54 William Blake, "Jerusalem."

55 Jackson, *Those Who Write for Immortality*, 168.

56 Jackson, 168.

57 Jackson, 172.

58 Jackson, 168.

59 Jackson, 177.

60 Jackson, 183.

61 Jackson, 183.

62 Jackson, 162.

63 Jackson, 218.

64 Jackson, 166.

65 글래디스 엥겔 랭(Gladys Engel Lang)과 커트 랭(Kurt Lang)은 특히 판화에 대한 참조를 바탕으로 예술 작품의 인기가 예술가 사후에 얼마나 오랫동안 이어지는지를 살펴봤다. 다음을 참조하자. Gladys Engel Lang and Kurt Lang, "Recognition and Renown: The Survival of Artistic Reputation," *American Journal of Sociology* 94, no. 1 (July 1988): 79–109. 그들은 사회학에서 말하는 '집단 기억'이라는 개념에서 출발했다. 여기서 그들은 이렇게 물었다. "왜 어떤 사람의 이름, 그리고 명성의 기반이 된 성취가 한때 비슷한 찬사를 받았던 다른 이들의 이름과 성취보다 더 널리 기억되는가?" 잭슨의 연구와의 연관성이 가장 두드러지게 드러나는 대목이다.
랭과 랭은 "사람들이 행위자에 관해서 무엇을 기억하게 될 것인지에 대해 그 행동이 미칠 영향력에 대해서는 논의하지 않았다". 그들이 보기에 최고 성과자들 사이의 차이는 미세하지만, 우리는 갈채의 수준에서 거대한 차이를 보게 된다. 물론 이는 마태 효과를 말해준다. 랭과 랭은 집단 기억 내 생존 여부를 결정하는 과정에서 "외부 영향으로 추정되는 것"을 포함해 여러 사회학적 요소들의 역할에 주목한다. 그들은 대규모 데이터에 대한 분석을 바탕으로 예술가에게는 "그의 명성의 영속성과 관련해 감정적, 또는 경제적 차원에서 이해관계가 있는 살아 있는 사람"이 대단히 중요하다는 사실을 확인했다. 가족과 가까운 친척이 여기에 해당한다. 그리고 가족과 친척이 없을 때, 친구와 추종자들의 역할이 모든 차이를 만들어낸다. 또한 랭과 랭은 "인맥과 모임"의 중요성도 강조한다.

66 Leigh Hunt, "Song of Fairies Robbing an Orchard." *Poetry Foundation*, 1938, https://www.poetryfoundation.org/poems/44436/song-of-fairies-robbing-an-orchard. Accessed November 2023.

6장

1 J. W. Rinzler, *The Making of Star Wars* (New York: Ballantine Books, 2007), 294.

2 Rinzler, 295.

3 Chris Taylor, *How Star Wars Conquered the Universe* (New York: Basic

Books, 2014), 182; Rinzler, 294.

4 See Michael Coate, "The Original First-Week Engagements of 'Star Wars,'" *in70mm*, May 25, 2003, https://www.in70mm.com/presents/1963_blow_up/titel/s/star_wars/index.htm.

5 Taylor, *How Star Wars Conquered the Universe*, 187.

6 Rinzler, *The Making of Star Wars*, 304.

7 Michael Zoldessy, "Celebrating the Original Star Wars on Its 35th Anniversary," *Cinema Treasures*, May 25, 2012, http://cinematreasures.org/blog/2012/5/25/celebrating-the-original-star-wars-on-its-35th-anniversary.

8 Zoldessy, "Celebrating the Original Star Wars."

9 Rinzler, *The Making of Star Wars*, 304.

10 Rinzler, 304.

11 Rinzler, 302.

12 Rinzler, 300.

13 See "Star Wars: Episode IV—A New Hope," Box Office Mojo, https://www.boxofficemojo.com/title/tt0076759/?ref_=bo_se_r_1.

14 See "Feature Film, Released between 1977-01-01 and 1977-12-31 (Sorted by US Box Office Descending)," IMDb, https://www.imdb.com/search/title/?title_type=feature&year=1977-01-01,1977-12-31&sort=boxoffice_gross_us,desc.

15 See "Feature Film, Released between 1977-01-01 and 1977-12-31."

16 "Top Lifetime Adjusted Grosses," Box Office Mojo, https://www.boxofficemojo.com/chart/top_lifetime_gross_adjusted/?adjust_gross_to=2019.

17 See "Top Lifetime Adjusted Grosses."

18 See "GDP (current US$)—Samoa," World Bank, https://data.worldbank.org/indicator/NY.GDP.MKTP.CD?locations=WS.

19 See "Franchise: Star Wars," Box Office Mojo, https://www.boxofficemojo.com/franchise/fr3125251845/.

20 See "Top Lifetime Adjusted Grosses."

21 Paul Scanlon, "George Lucas: The Wizard of 'Star Wars,'" *Rolling Stone*, August 25, 1977, https://www.rollingstone.com/feature/george-lucas-

the-wizard-of-star-wars-2-232011/.

22 Rinzler, *The Making of Star Wars*, 36.

23 Rinzler, 36.

24 Scanlon, "George Lucas: The Wizard of 'Star Wars.'"

25 Taylor, *How Star Wars Conquered the Universe*, 156.

26 Kirsten Acuna, "George Lucas Was Convinced 'Star Wars' Would Be a Disaster until This Phone Call in 1977," *Business Insider*, April 18, 2015, https://www.yahoo.com/entertainment/news/first-time-george-lucas-understood-140554197.html.

27 Acuna.

28 Taylor, *How Star Wars Conquered the Universe*, 184.

29 Taylor, 156–157.

30 Sally Kline, ed., *George Lucas: Interviews* (Jackson, MS: University Press of Mississippi, 1999), 81.

31 Scanlon, "George Lucas: The Wizard of 'Star Wars.'"

32 Taylor, *How Star Wars Conquered the Universe*, 157. I draw at various points here on Taylor's superb treatment.

33 Mike Musgrove, "Review: 'How Star Wars Conquered the Universe,' by Chris Taylor," *Washington Post*, October 10, 2014, https://www.washingtonpost.com/entertainment/books/review-how-star-wars-conquered-the-universe-by-chris-taylor/2014/10/09/6cd5afa2-32bc-11e4-8f02-03c644b2d7d0_story.html.

34 Taylor, *How Star Wars Conquered the Universe*, 187.

35 Susana Polo, "Stephen Colbert and George Lucas Talk Star Wars, Wooden Dialogue and Howard the Duck," *Polygon*, April 18, 2015, https://www.polygon.com/2015/4/18/8448685/stephen-colbert-george-lucas-tribeca-talk.

36 *When Star Wars Ruled the World*, aired September 18, 2004, on VH1.

37 *When Star Wars Ruled the World*.

38 Gavin Edwards, "The Many Faces of Vader," *Rolling Stone*, June 2, 2005, https://www.rollingstone.com/tv-movies/tv-movie-news/the-many-faces-of-vader-67888/.

39 *When Star Wars Ruled the World*.

40 Carrie Fisher, "The Arrival of the Jedi," *Time*, March 31, 2003, https://content.time.com/time/specials/packages/article/0,28804,1977881_1977891_1978545,00.html.

41 Taylor, *How Star Wars Conquered the Universe*, 145.

42 Polo, "Stephen Colbert and George Lucas Talk Star Wars."

43 Paul Young, "Star Wars (1977)," in *Fifty Key American Films*, eds. John White and Sabine Haenni (New York: Routledge, 2009), 180.

44 Rinzler, *The Making of Star Wars*, 247.

45 Rinzler, 256.

46 Rinzler, 288.

47 Taylor, *How Star Wars Conquered the Universe*, 184.

48 Rinzler, *The Making of Star Wars*, 297.

49 Vincent Canby, "'Star Wars'—A Trip to a Far Galaxy That's Fun and Funny," *New York Times*, May 26, 1977, https://www.nytimes.com/1977/05/26/archives/star-wars-a-trip-to-a-far-galaxy-thats-fun-and-funny.html.

50 See Taylor, *How Star Wars Conquered the Universe*, 164.

51 Joseph Gelmis, "Superb Sci-Fi," *Newsday*, May 27, 1977, https://www.newsday.com/entertainment/movies/star-wars-newsday-s-original-1977-movie-review-f53771.

52 Taylor, *How Star Wars Conquered the Universe*, 187.

53 "The 50th Academy Awards," Academy of Motion Picture Arts and Sciences, https://www.oscars.org/oscars/ceremonies/1978/S?qt-honorees=1#block-quicktabs-honorees.

54 "'Star Wars': Their First Time," *New York Times*, October 28, 2015, https://www.nytimes.com/interactive/2015/10/28/movies/star-wars-memories.html.

55 Rinzler, *The Making of Star Wars*, 298.

56 Rinzler, 298.

57 Jonathan Lethem, "13, 1977, 21," in *A Galaxy Not So Far Away*, ed. Glenn Kenny (New York: Holt, 2015), 1.

58 Todd Hansen, "A Big Dumb Movie about Space Wizards: Struggling to Cope with The Phantom Menace," in *A Galaxy Not So Far Away*, ed.

Glenn Kenny (New York: Holt, 2015), 181.

59 Gary Arnold, "'Star Wars': A Spectacular Intergalactic Joyride," *Washington Post*, May 25, 1977, https://www.washingtonpost.com/news/arts-and-entertainment/wp/2015/12/20/how-does-the-original-1977-star-wars-review-from-the-washington-post-hold-up/.

60 See *Time*, May 30, 1977, https://content.time.com/time/magazine/0,9263,7601770530,00.html.

61 Rinzler, *The Making of Star Wars*, 195–196.

62 Rinzler, 297.

63 Rinzler, 297.

64 Arion Berger, "A Night Out at the Memeplex," in *A Galaxy Not So Far Away*, ed. Glenn Kenny (New York: Holt, 2015), 64.

65 Ann Friedman, "You Can't Miss a Universal Event," *Akron Beacon Journal*, December 29, 2015, https://www.beaconjournal.com/story/opinion/columns/2015/12/29/ann-friedman-you-can-t/10718665007/.

66 Berger, "A Night Out at the Memeplex," 66.

67 Taylor, *How Star Wars Conquered the Universe*, 187 n.4.

68 Rinzler, *The Making of Star Wars*, 297.

69 Taylor, *How Star Wars Conquered the Universe*, 189.

70 Taylor, 189.

71 Taylor, 189.

72 Star Wars: The Legacy Revealed, aired May 28, 2007, on History Channel.

73 Friedman, "You Can't Miss a Universal Event."

74 A. O. Scott, "How 'Star Wars' Defined My Generation," *New York Times*, October 28, 2015, https://www.nytimes.com/2015/11/01/movies/star-wars-elvis-and-me.html.

75 Taylor, *How Star Wars Conquered the Universe*, 163.

76 David Wilkinson, *The Power of the Force* (Oxford: Lion, 2000), 67–69.

77 *Star Wars: The Legacy Revealed.*

78 *Star Wars: The Legacy Revealed.*

79 President Jimmy Carter, Report to the American People on Energy (February 2, 1977), https://www.nytimes.com/1977/02/03/archives/the-text-of-jimmy-carters-first-presidential-report-to-the-american.html.

7장

1 See "Brand: Marvel Comics," Box Office Mojo, https://www.boxofficemojo.com/brand/bn3732077058/.

2 "Brand: Marvel Comics."

3 "Brand: Marvel Comics."

4 See "Stan Lee," Encyclopedia Britannica, https://www.britannica.com/biography/Stan-Lee.

5 Megan McCluskey, "These Are Some of the Most Beloved Heroes and Villains You'd Never Know without Stan Lee," Time, November 12, 2018, https://time.com/5452364/stan-lee-marvel-characters/.

6 Bryce Morris, "Stan Lee's First Marvel Fan Club Paved the Way for Modern Fandom," *Screen Rant*, August 28, 2021, https://screenrant.com/stan-lee-merry-marvel-marching-society-fan-club/.

7 Michael Cavna, "'The Avengers' to 'Spider-Man': Nearing 90, Marvel Mastermind Stan Lee Shoots from the Still-Hip (About Whedon, Kirby, and RDJ)," *Washington Post*, May 3, 2012, https://www.washingtonpost.com/blogs/comic-riffs/post/the-avengers-to-spider-man-nearing-90-marvelmastermind-stan-lee-shoots-from-the-still-hip-about-whedon-kirbyand-rdj/2018/11/12/9011abfe-94d2-11e1-ac40-12b3c15489c0_blog.html.

8 Cavna.

9 Percy Bysshe Shelley, "A Defence of Poetry," in *Essays, Letters from Abroad, Translations and Fragments, by Percy Bysshe Shelley*, ed. Mary Wollstonecraft Shelley (London: Edward Moxon, 1840), 86.

10 내가 여기서 소개하는 이야기는 리 자신을 포함해 많은 이들이 여러 곳에서 이미 했던 것이다. 그 이야기는 때로 조금씩 변형된다. 나는 그중에서 가장 타당해 보이는, 또는 적어도 다른 것들보다 적절해 보이는 것을 선택했다. 이와 관련해서 내가 많은 것을 배울 수 있었던 두 가지 뛰

어난 논의는 다음을 참조하자. Liel Leibovitz, *Stan Lee: A Life in Comics* (New Haven: Yale University Press, 2020); and Reed Tucker, *Slugfest: Inside the Epic, 50-Year Battle between Marvel and DC* (New York: Da Capo Press, 2017). 이 장에서 소개한 몇몇 사건 및 인용은 리보비츠(Leibovitz)가 쓴 훌륭한 책을 참조했다. 나는 최대한 주석을 줄이고자 했고, 이 주석을 전반적인 설명으로 제시하는 바다.

11 Tucker, *Slugfest*, xii.

12 Tucker, 16.

13 Leibovitz, *Stan Lee*, 1-2.

14 Tucker, *Slugfest*, 17.

15 Leibovitz, *Stan Lee*, 3.

16 Leibovitz, 34.

17 Richard Lea and Sian Cain, "Stan Lee: Spider-Man, X-Men and Avengers Creator Dies Aged 95," *Guardian*, November 12, 2018, https://www.theguardian.com/books/2018/nov/12/stan-lee-spider-man-x-men-avengers-marvel-universe-dies.

18 Lea and Cain.

19 Bruce Munro, "A True Marvel: How Stan Lee Led the 1960s Superhero Revolution," *BBC*, November 12, 2018, https://www.bbc.co.uk/programmes/articles/YdCRCCdSc6ZdBf0Hl6mS5G/a-true-marvel-how-stan-lee-led-the-1960s-superhero-revolution.

20 Tucker, *Slugfest*, 19.

21 Leibovitz, *Stan Lee*, 93.

22 Leibovitz, 102.

23 See Matt Miller, "Stan Lee's Powerful 1968 Essay about the Evils of Racism Is Still Necessary Today," *Esquire*, November 12, 2018, https://www.esquire.com/entertainment/movies/a25022397/stan-lee-marvel-racism-1968-essay/.

24 See Jef Rouner, "Stan Lee's Immortal Message about Politics in Pop Art," *Houston Press*, November 13, 2018, https://www.houstonpress.com/houston/Print?oid=11035025.

25 Tucker, *Slugfest*, 21.

26 Leibovitz, *Stan Lee*, 12.

27 See Joseph Campbell, *The Hero with a Thousand Faces* (New York: Meridian Books, 1949).

28 Campbell, 30.

29 Stan Lee (@TheRealStanLee), Twitter, November 9, 2010, 5:54 PM, https://twitter.com/TheRealStanLee/status/2131837090529280?lang=en.

30 Jim Beard, "Stan's Soapbox: Elevating Excelsior," *Marvel*, August 29, 2019, https://www.marvel.com/articles/culture-lifestyle/stan-s-soapbox-elevating-excelsior.

31 Tucker, *Slugfest*, 41.

32 Tucker, 23.

8장

1 A detailed discussion can be found in Tali Sharot and Cass R. Sunstein, *Look Again* (New York: Atria/One Signal Publishers, forthcoming).

2 See Daniel Simons et al., "Induced Visual Fading of Complex Images," *Journal of Vision* 6, no. 10 (2006): 1093–1101.

3 See, e.g., Paul Dolan, *Happiness by Design* (New York: Hudson Street Press, 2014).

4 Shigehiro Oishi and Erin C. Westgate, "A Psychologically Rich Life: Beyond Happiness and Meaning," *Psychological Review* 129, no. 4 (2022): 790–811.

5 See Oishi and Westgate, "A Psychologically Rich Life."

6 Jack Kerouac, *On the Road* (New York: Viking Press, 1957), 5.

7 See *No Direction Home*, directed by Martin Scorsese, aired September 27, 2005, on PBS.

8 See generally Bob Dylan, *The Philosophy of Modern Song* (New York: Simon & Schuster, 2022).

9 Jonathan Cott, ed., *Bob Dylan: The Essential Interviews* (New York: Wenner Books, 2006), 104.

10 Cott, 104.

11 See Joe Garza, "Bob Dylan's High School Yearbook Showed His Dreams of Musical Stardom Started Early," MSN, November 4, 2022,

https://www.msn.com/en-us/music/news/bob-dylan-s-high-school-yearbook-showed-his-dreams-of-musical-stardom-started-early/ar-AA13KaBk?ocid=a2hs.

12 Curt Eriksmoen, "After a Summer in Fargo, Bob Dylan Went from Rock 'n' Roll Aspirant to Folk Music Legend," *Inforum*, March 20, 2021, https://www.inforum.com/lifestyle/arts-and-entertainment/after-a-summer-in-fargo-bob-dylan-went-from-rock-n-roll-aspirant-to-folk-music-legend.

13 Eriksmoen.

14 Eriksmoen.

15 Eriksmoen.

16 Ed Bradley, "Bob Dylan Gives Rare Interview," *60 Minutes*, CBS News, December 5, 2004, https://www.cbsnews.com/news/60-minutes-bob-dylan-rare-interview-2004/.

17 Bob Dylan, *Chronicles*, vol. 1 (New York: Simon & Schuster, 2004), 288.

18 See Sam Kemp, "Why Did Bob Dylan Change His Name? Exploring Anti-Semitism and Acceptance in 1960s Showbusiness," *Far Out Magazine*, January 28, 2022, https://faroutmagazine.co.uk/why-did-bob-dylan-change-his-name-anti-semitism/.

19 See Eriksmoen, "After a Summer in Fargo."

20 Anthony Scaduto, "Bob Dylan: An Intimate Biography, Part One," *Rolling Stone*, March 2, 1972, https://www.rollingstone.com/music/music-news/bob-dylan-an-intimate-biography-part-one-244147/.

21 Scaduto.

22 Patrick Filbin, "Read Bob Dylan's Full MusiCares Person of the Year Speech," American Songwriter, https://americansongwriter.com/read-bob-dylans-full-musicares-person-year-speech/.

23 Billy Heller, "How Bob Dylan Talked His Way into His First Recording Session 60 Years Ago," *New York Post*, November 17, 2021, https://nypost.com/2021/11/17/how-bob-dylan-landed-his-first-recording-session-60-years-ago/.

24 Heller.

25 Heller.

26 Clinton Heylin, *Bob Dylan: The Recording Sessions, 1960–1994* (New York: St. Martin's Press, 1995), 8.

27 Scaduto, "Bob Dylan: An Intimate Biography, Part One."

28 Scaduto.

29 Scaduto.

30 *No Direction Home.*

31 Pearce Marchbank, ed., *Bob Dylan in His Own Words* (New York: Quick Fox, 1978), 53.

32 See Evan Andrews, "The Day Dylan Went Electric," History Channel, August 26, 2018, https://www.history.com/news/the-day-dylan-went-electric.

33 Andrews.

34 Andrews.

35 See Anthony Scaduto, "Bob Dylan: An Intimate Biography, Part Two," *Rolling Stone*, March 16, 1972, https://www.rollingstone.com/music/music-news/bob-dylan-an-intimate-biography-part-two-237760/.

36 Kevin Rutherford, "Bob Dylan Scores First-Ever No. 1 Song on a Billboard Chart with 'Murder Most Foul,'" *Billboard*, April 8, 2020, https://www.billboard.com/pro/bob-dylan-murder-most-foul-first-number-one-song-chart/.

37 Cott, ed., *Bob Dylan: The Essential Interviews*, 153.

38 Cott, 338.

39 Cott, 41.

40 Cott, 107.

41 See "Bob Dylan Records 'Blowin' in the Wind,'" History Channel, July 7, 2020, https://www.history.com/this-day-in-history/bob-dylan-records-blowin-in-the-wind.

42 Cott, ed., *Bob Dylan: The Essential Interviews*, 62.

43 Cott, 54.

44 Cott, 184.

45 Cott, 340.

46 See Bob Spitz, *Dylan: A Biography* (New York: W. W. Norton, 1991),

241.

47 Cott, ed., *Bob Dylan: The Essential Interviews*, 55.

48 Cott, 329.

49 Dylan, *Chronicles*, vol. 1, 238–239. Dylan's "It Ain't Me Babe" was much influenced by Niles.

50 Bob Dylan, *interview by Martin Bronstein*, February 20, 1966, Montreal, https://alldylan.com/feb-20-1966-bob-dylan-martin-bronstein-interview-montreal-audio/.

51 Cott, ed., *Bob Dylan: The Essential Interviews*, 338.

52 Cott, 339.

53 Harold Bloom, *The Western Canon* (Boston: Houghton Mifflin Harcourt, 1994), 11.

9장

1 Mark Brown, "The Letters, Cards and Poems of People Facing the Enormity of War," *Guardian*, June 18, 2014, https://www.theguardian.com/world/2014/jun/18/first-world-war-exhibition-british-library-letters-poetry.

2 Arthur Conan Doyle, *The New Revelation* (New York: George H. Doran Co., 1918), vi.

3 "Arthur Conan Doyle's Interest in Spiritualism," *The Victorian Web*, November 14, 2013, https://victorianweb.org/authors/doyle/spiritualism.html.

4 "Oliver Joseph Lodge," *New World Encyclopedia*, https://www.newworldencyclopedia.org/entry/Oliver_Joseph_Lodge.

5 Oliver Lodge, *Raymond, or, Life and Death* (New York: George H. Doran Co., 1916).

6 "Oliver Joseph Lodge."

7 See Robert Michael Brain, "Materialising the Medium: Ectoplasm and the Quest for Supra-Normal Biology in Fin-de-Siècle Science and Art," in *Vibratory Modernism*, eds. Anthony Enns and Shelley Trower (London: Palgrave Macmillan, 2013), 115.

8 See Kristin Tablang, "Thomas Edison, B. C. Forbes and the Mystery of

the Spirit Phone," *Forbes*, October 25, 2019, https://www.forbes.com/sites/kristintablang/2019/10/25/thomas-edison-bc-forbes-mystery-spirit-phone/?sh=7629cf9529ad.

9 David Jaher, *The Witch of Lime Street* (New York: Broadway Books, 2016), 23.

10 Jaher, 31.

11 Jaher, 33.

12 Jaher, 27.

13 Jaher, 65.

14 Jaher, 42.

15 Jaher, 70-71.

16 Jaher, 70-71.

17 Jaher, 82.

18 Jaher, 76.

19 Jaher, 77.

20 Jaher, 75.

21 Jaher, 78.

22 Jaher, 87.

23 Jaher, 103.

24 Jaher, 122.

25 Jaher, 84.

26 Jaher, 15.

27 Jaher, 54.

28 Jaher, 404.

29 Jaher, 84.

30 Jaher, 84.

31 Jaher, 84-85.

32 Jaher, 85.

33 Jaher, 102.

34 Jaher, 100.

35 Jaher, 102.

36 Jaher, 102.

37 Jaher, 124.

38 Jaher, 126.

39 Jaher, 127.

40 Jaher, 171.

41 Jaher, 171.

42 Jaher, 161.

43 Jaher, 196.

44 Jaher, 166.

45 Jaher, 199.

46 Jaher, 208.

47 Jaher, 207.

48 Jaher, 203.

49 Jaher, 213.

50 Massimo Polidoro, *Final Séance* (Amherst, NY: Prometheus Books, 2001), 137.

51 Jaher, *The Witch of Lime Street*, 224.

52 Jaher, 221.

53 Jaher, 225.

54 Crandon to Conan Doyle, June 6, 1924, on file at Harry Ransom Center, University of Texas, Austin.

55 Jaher, *The Witch of Lime Street*, 231.

56 Jaher, 232.

57 Jaher, 234.

58 Jaher, 241.

59 "Margery Pamphlet," *American Experience*, PBS, https://www.pbs.org/wgbh/americanexperience/features/houdini-margery-pamphlet/.

60 Jaher, *The Witch of Lime Street*, 268.

61 "Margery Pamphlet."

62 Jaher, *The Witch of Lime Street*, 268.

63 "Timeline of Houdini's Life," *American Experience*, PBS, https://www.pbs.org/wgbh/americanexperience/features/houdini-timeline/.

64 Mark Wyman Richardson and Charles Stanton Hill, *Margery, Harvard, Veritas: A Study in Psychics* (Boston: Blanchard Printing Co., 1925), 10.

65 Jaher, *The Witch of Lime Street*, 368.

66 Jaher, 330.

67 Jaher, 378.

68 Jaher, 393.

69 Jaher, 357.

70 Polidoro, *Final Séance*, 234.

71 Jaher, *The Witch of Lime Street*, 404.

72 Jaher, 246.

73 Jaher, 402.

74 Jaher, 341.

75 William Kalush and Larry Sloman, The Secret Life of Houdini (New York: Atria, 2007), 491.

76 Kalush and Sloman, 495.

77 Jaher, *The Witch of Lime Street*, 377.

78 Jaher, 410.

10장

1 Ayn Rand, *The Fountainhead* (New York: Bobbs-Merrill Co., 1943), 9.

2 Rand, 743.

3 Rand, 113.

4 Ayn Rand, *For the New Intellectual* (New York: Random House, 1961), 77.

5 Rand, *The Fountainhead*, 738.

6 Rand, 738.

7 Ed Kilgore, "Donald Trump's Role Model Is an Ayn Rand Character," *New York Magazine*, April 12, 2016, https://nymag.com/intelligencer/2016/04/trumps-role-model-is-an-ayn-rand-character.html.

8 Lisa Duggan, "How Ayn Rand Became the Spirit of Our Time," *Literary Hub*, May 31, 2019, https://lithub.com/how-ayn-rand-became-the-spirit-of-our-time/.

9 Duggan.

10 *The Fountainhead*, Ayn Rand Institute, https://aynrand.org/novels/the-fountainhead/.

11 *Atlas Shrugged*, Ayn Rand Institute, https://aynrand.org/novels/atlas-shrugged/.

12 Shana Lebowitz, Allana Akhtar, and May Teng, "16 Books Steve Jobs Always Turned to for Inspiration," *Business Insider*, February 24, 2021, https://www.businessinsider.com/steve-jobs-reading-list-favorite-books-2015-10; Anna Wiener, "What Is It about Peter Thiel?" New Yorker, October 27, 2021, https://www.newyorker.com/news/letter-from-silicon-valley/what-is-it-about-peter-thiel; Andreas Kluth, "Elon Musk and the Confessions of an Ayn Rand Reader," *Washington Post*, November 27, 2022, https://www.washingtonpost.com/business/elon-musk-and-the-confessions-of-an-ayn-rand-reader/2022/11/27/0587ba4c-6e32-11ed-8619-0b92f0565592_story.html ("Jeff Bezos and quite a few other...tech tycoons adulate Ayn Rand").

13 Jonathan Freedland, "The New Age of Ayn Rand: How She Won Over Trump and Silicon Valley," *Guardian*, April 10, 2017, https://www.theguardian.com/books/2017/apr/10/new-age-ayn-rand-conquered-trump-white-house-silicon-valley.

14 Jan Frel, "Ryan's Ayn Rand Obsession," *Salon*, August 13, 2012, https://www.salon.com/2012/08/13/ryans_ayn_rand_obsession_salpart/.

15 Jennifer Burns, *Goddess of the Market* (Oxford: Oxford University Press, 2009), 4.

16 Michael Shermer, "The Real Rogue Warrior: Ayn Rand, Not Sarah Palin," Huffpost, May 25, 2011, https://www.huffpost.com/entry/the-real-rogue-warrior-ay_b_367954.

17 Lisa Duggan, *Mean Girl: Ayn Rand and the Culture of Greed* (Oakland: University of California Press, 2019), 13.

18 Duggan, *Mean Girl*, 15.

19 Nathaniel Branden, *Judgment Day: My Years with Ayn Rand* (Boston: Houghton Mifflin, 1989), 46.

20 Duggan, *Mean Girl*, 18.

21 Branden, *Judgment Day*, 62.

22 Duggan, 21–22.

23 Duggan, 20.

24 Duggan, 22.

25 Duggan, 33.

26 Duggan, 34.

27 Jennifer A. Grossman, "5 Things to Know about Frank O'Connor, Ayn Rand's Husband," *The Atlas Society*, November 9, 2016, https://archive.atlassociety.org/index.php/commentary/commentary-blog/6101-5-things-to-know-about-frank-o-connor-ayn-rand-s-husband.

28 Duggan, *Mean Girl*, 110.

29 Duggan, *Mean Girl*, 30–43.

30 See generally Jennifer Burns, "The Three 'Furies' of Libertarianism: Rose Wilder Lane, Isabel Paterson, and Ayn Rand," *Journal of American History* 102, no. 3 (December 2015): 746–774.

31 Duggan, *Mean Girl*, 44.

32 Ayn Rand, "The Individualist Manifesto" (unpublished manuscript, 1941).

33 Duggan, *Mean Girl*, 39.

34 Duggan, 51.

35 Duggan, 39.

36 Duggan, 41.

37 Duggan, 54.

38 Duggan, 56.

39 Duggan, 56.

40 Duggan, 56.

41 Duggan, 56.

42 Duggan, 56.

43 Steve Chawkins, "Nathaniel Branden Dies at 84; Acolyte and Lover of Ayn Rand," *Los Angeles Times*, December 9, 2014, https://www.baltimoresun.com/la-me-nathaniel-branden-20141209-story.html.

44 Branden, *Judgment Day*, 36–37.

45 Anne C. Heller, *Ayn Rand and the World She Made* (New York: Anchor Books, 2010), 222.

46 Barbara Branden, *The Passion of Ayn Rand* (New York: Doubleday, 1986), 234.

47 Duggan, *Mean Girl*, 56.

48 Duggan, 56.

49 Duggan, 56.

50 Branden, *Judgment Day*, 118.

51 Heller, *Ayn Rand and the World She Made*, 243.

52 Branden, *Judgment Day*, 133.

53 Branden, 134.

54 너새니얼 브랜든의 《*Judgment Day: My Years with Ayn Rand*》는 관계에 대한 통찰로 가득 찬 흥미진진한 이야기다. 또한 헬러(Heller)의 《*Ayn Rand and the World She Made*》와 번스(Burns)의 《*Goddess of the Market*》도 훌륭한 전기다.

55 Ayn Rand, *Atlas Shrugged* (New York: Random House, 1957).

56 Branden, *Judgment Day*, 176.

57 Whittaker Chambers, "Big Sister Is Watching You," *National Review*, December 28, 1957, https://www.nationalreview.com/2005/01/big-sister-watching-you-whittaker-chambers/.

58 Duggan, *Mean Girl*, 66.

59 Branden, *Judgment Day*, 206.

60 Branden, 81.

61 Duggan, *Mean Girl*, 67.

62 Duggan, 86.

63 Branden, *Judgment Day*, 226.

64 Branden, 359.

65 Branden, 360.

66 Branden, 326.

67 Branden, 341.

68 Branden, 336.

69 Branden, 355.

70 Duggan, *Mean Girl*, 73.

71 Duggan, 79.

72 Duggan, 80.

73 Duggan, 80.

74 Rand, *The Fountainhead*, 149.

75 See Robert Nozick, "On the Randian Argument," *Pacific Philosophical Quarterly* 52, no. 2 (1971): 282–304.

76 Rand, *The Fountainhead*, 17.

77 Rand, 9.

78 Duggan, *Mean Girl*, 5.

79 Branden, *Judgment Day*, 403.

11장

1 Philip Norman, *Paul McCartney: The Life* (New York: Little, Brown, 2016), 156.

2 Mark Lewisohn, *Tune In: The Beatles, All These Years* (New York: Crown Archetype, 2013).

3 비틀스의 초기 시절에 대한 다양한 설명은 세부적인 차원에서 서로 다르지만, 나는 중요한 순간들을 가장 타당하게 설명한 것을 선택하고자 최선을 다했다.

4 Lewisohn, *Tune In*, 397–489.

5 Lewisohn, 514.

6 Lewisohn, 505.

7 How well they did in their Decca test is disputed; see Norman, *Paul McCartney: The Life*, 147.

8 Lewisohn, *Tune In*, 558.

9 Lewisohn, 558.

10 Lewisohn, 562.

11 Lewisohn, 591.

12 Norman, *Paul McCartney: The Life*, 152.

13 Lewisohn, *Tune In*, 571.

14 Lewisohn, 766.

15 Norman, *Paul McCartney: The Life*, 157.

16 See Philip Norman, *John Lennon: The Life* (New York: Ecco, 2008), 281.

17 Lewisohn, *Tune In*, 717.

18 Norman, *Paul McCartney: The Life*, 283.

19 Norman, 287.

20 Norman, 287.

21 "The Beatles," Official Charts, accessed January 11, 2024, https://www.officialcharts.com/artist/10363/beatles/.

22 Lewisohn, *Tune In*, 717.

23 Norman, *Paul McCartney: The Life*, 289.

24 Norman, 290.

25 Norman, 292.

26 Lewisohn, *Tune In*, 803.

에필로그

1 Jill Lepore, *Book of Ages* (New York: Knopf, 2013), 218.

2 Alex Bell et al., "Who Becomes an Inventor in America? The Importance of Exposure to Innovation," *Quarterly Journal of Economics* 134, no. 2 (2019): 647–713.

3 A superb, moving treatment is Robert H. Frank, *Success and Luck: Good Fortune and the Myth of Meritocracy* (Princeton: Princeton University Press, 2016).

4 John Stuart Mill, *The Subjection of Women* (Philadelphia: J. B. Lippincott & Co., 1869), 13, 30–31.

5 H. J. Jackson, *Those Who Write for Immortality* (New Haven: Yale University Press, 2015), xxii.

페이머스: 왜 그들만 유명할까

제1판 1쇄 인쇄 | 2025년 2월 13일
제1판 1쇄 발행 | 2025년 2월 20일

지은이 | 캐스 선스타인
옮긴이 | 박세연
펴낸이 | 김수언
펴낸곳 | 한국경제신문 한경BP
책임편집 | 이혜영
교정교열 | 이근일
저작권 | 박정현
홍 보 | 서은실·이여진
마케팅 | 김규형·박도현
디자인 | 이승욱·권석중

주 소 | 서울특별시 중구 청파로 463
기획출판팀 | 02-3604-556, 584
영업마케팅팀 | 02-3604-595, 562 FAX | 02-3604-599
H | http://bp.hankyung.com E | bp@hankyung.com
F | www.facebook.com/hankyungbp
등 록 | 제 2-315(1967. 5. 15)

ISBN 978-89-475-4996-7 03320

책값은 뒤표지에 있습니다.
잘못 만들어진 책은 구입처에서 바꿔드립니다.